「十三五」国家重点图书出版规划项目
国家出版基金资助项目
四川省社会科学高水平研究团队「农村精准扶贫创新研究」支持项目

多维贫困与贫困治理

中国扶贫攻坚前沿问题研究丛书

ZHONGGUO FUPIN GONGJIAN QIANYAN WENTI YANJIU CONGSHU

丛书主编◇黄承伟
本册著者◇庄天慧 杨 浩 蓝红星

CTS | 湖南人民出版社

中国扶贫攻坚前沿问题研究丛书编委会

总序

加强中国新时代脱贫攻坚的理论创新和实践创新研究

习近平总书记在2018年新年贺词中指出："到2020年我国现行标准下农村贫困人口实现脱贫，是我们的庄严承诺。一诺千金。到2020年只有3年的时间，全社会要行动起来，尽锐出战，精准施策，不断夺取新胜利。3年后如期打赢脱贫攻坚战，这在中华民族几千年历史发展上将是首次整体消除绝对贫困现象，让我们一起来完成这项对中华民族、对整个人类都具有重大意义的伟业。"这既是打赢脱贫攻坚战的动员令，也为加强脱贫攻坚实践总结、理论研究指明了方向。

一

中国改革开放以来的扶贫开发取得了举世瞩目的减贫成就，新时代脱贫攻坚取得决定性进展，创造了人类发展史上的奇迹。

中国曾是世界上贫困人口最多的国家，也是世界上最早进行国家救助的国家之一。几千年来，在中华民族发展史上，扶危济困、改善民生始终是中国传统文化的内在追求。从先秦诸子百家倡导的"仁爱""民本""兼爱""大同"等思想理念，到中国共产党消除贫困、改善民生的使命追求，消除贫困始终是华夏民族孜孜不倦的向往追求。中国共产党成立至今97年来，一直把为人民谋幸福、为中华民族谋复兴作为使命。中华人民共和国成立以后，更是把全心全意为人民服务作为执政理念和根本宗旨，建立了社会主义制度，为消除贫困奠定了制度基础。改革开放以来，特别是从20世纪80年代中期开始，我国开始实施有组织、有计划、大规模的扶贫开发，先后制定实施了《国家八七扶贫攻坚计划（1994—2000年）》《中国农村扶贫开发纲要（2001—2010年）》，2011年颁布实施《中国农村扶贫开发纲要（2011—2020年）》。改革开放以来的中国扶贫开发取得了举世瞩目的成就，7亿多贫困人口脱贫，对全球减贫贡献率超过70%。

2012年11月，中国共产党召开第十八次全国代表大会。此后，以习近平同志为核心的党中央把扶贫开发纳入“五位一体”总体布局和“四个全面”战略布局进行部署，把贫困人口脱贫作为全面建成小康社会、实现第一个百年目标的底线任务和标志性指标，在全国范围全面打响了脱贫攻坚战，中国扶贫开发进入新时代脱贫攻坚阶段。经过全党全国全社会的共同努力，中国新时代脱贫攻坚战取得决定性进展。截至2017年末，全国农村贫困人口从2012年末的9899万人减少至3046万人，减贫幅度达到70%；贫困发生率从2012年末的10.2%下降至3.1%，累计下降7.1个百分点；年均脱贫人数1370万人，是1994—2010年间年均减贫人数的两倍多，取得了中国减贫历史上最好的成绩。脱贫攻坚明显改善了贫困地区的生态环境，促进了贫困地区农村基础条件的明显改善和公共服务水平的明显提升，明显提高了贫困地区基层治理能力和管理水平；脱贫攻坚激发了贫困地区贫困群众的内生动力，为建立稳定脱贫长效机制奠定了基础；脱贫攻坚还培养锤炼了一大批干部和人才，营造了良好的社会氛围。

联合国秘书长古特雷斯在致“2017减贫与发展高层论坛”的贺信中，高度评价中国的精准扶贫成就，称赞“精准减贫方略是帮助贫困人口、实现2030年可持续发展议程宏伟目标的唯一途径。中国已实现数亿人脱贫，中国的经验可以为其他发展中国家提供有益借鉴”。脱贫攻坚不仅成为中国特色道路自信、理论自信、制度自信、文化自信的生动写照，而且也成为全球反贫困事业的亮丽风景。

二

习近平扶贫思想为新时代脱贫攻坚理论创新和实践创新研究提供了指导思想。根据党的十九大关于脱贫攻坚的新部署新要求，新时代脱贫攻坚进入了决战决胜阶段，形成了新时代脱贫攻坚理论创新和实践创新研究的宏观背景。

习近平扶贫思想成为新时代中国特色社会主义思想的伟大创新，为新时代脱贫攻坚理论创新和实践创新研究提供了根本遵循。第一，习近平扶贫思想是马克思主义反贫困理论的继承和发展。习近平运用马克思主义立场、观点、方法，深刻思考中国贫困问题演变规律，基于长期担任地方领导的实践积淀，深刻阐述了中国扶贫开发在治国理政中的战略地位作用，科学提出了精准扶贫精准脱贫方略，鲜明指出了深化国际减贫合作、共建人类命运共同体的前进方向，是马克思主义反贫困理论中国化的最新成果。第二，习近平扶贫思想体现了中国传统优秀文化继承及与现代的结合。习近平创新性地提出文化自信，作为“四个自信”的重要内容。显然，中国几千年的优秀传统文化滋养和涵养着习近平扶贫开发思想。第三，习近平扶贫思想具有丰富内涵。坚持党对脱贫攻坚的领导，是政治基础；实施精准扶贫精准脱贫，是思想内核；构建大扶贫格局，是动力保障；激发内生动力，是目标导向；实行最严格考核制度，是根本要求；携手共建人类命运共同体，是价值取向。六个方面的重要思想逻辑严密、自成体系，具有长远性、普遍性，是中国特色社会主义的重要理论创新和实践创新。第四，习近平扶贫思想具有鲜明的理论品格。集中体现在人民性、实践性、科学性、开放性、国际性等方面，这些理论品格和新时代中国特色社会主义思想所贯穿的精神实质完全一致，为我们解决贫困问题、制定更好的扶贫政策提供了思想方法和指导原则。第五，习近平扶贫思想的核心——精准扶贫精准脱贫方略，不仅为打赢脱贫攻坚战提供了理论武装和思想动力，而且对推进国家治理体系和治理能力现代化具有方法论的意义。第六，习近平扶贫思想呈现出巨大的国际价值。这种价值体现在习近平扶贫思想回应了其他发展中国家在解决贫困问题中的世界难题，比如：如何在经济下行、经济复苏缓慢进程中发挥政府在减贫中的主导作用，更好地动员更多力量、构建更完善有效的贫困治理体系？如何通过由上到下、由下到上的互动，形成一个更精准的识别机制，把大规模的贫困人口识别出来？如何采用更综合性、更体系化的机制应对综合性贫困、多维贫困的治理挑战？等等。伟大的思想引领伟大的实践。习近平扶贫思想的中国实践既是扶贫理论实践研究的动力，更为新时代脱贫攻坚理论创新提供了广阔的发展空间。

新时代脱贫攻坚的艰巨性、复杂性进一步凸显，对新时代脱贫攻坚理论创新和实践创新研究提出了新挑战、新需求。习近平总书记指出，脱贫攻坚不是敲锣打鼓一下子就能够完成的。随着攻坚进入深水区、决胜期，其艰巨性、复杂性在多个方面呈现。第一，在最贫困的地方按照最精准的要求开展扶贫工作，各种不精准问题的必然性就是其中的重要挑战。这些挑战在实践中贯穿精准扶贫真正生根落地的全过程。如何通过深入总结不同的实践，总结各种成功做法，从而促进精准扶贫真正落地生根，成为需要研究的重要议题。第二，党的十九大把精准脱贫作为三大攻坚战之一，而且有明确的时限、明确的目标，是中国共产党对人民、对全球的庄严承诺，必须兑现。打好精准脱贫攻坚战，攻克深度贫困地区脱贫任务是关键的关键。深度贫困问题，包括深度贫困区域、深度贫困群体以及深度贫困中的深度贫困。所谓深度贫困中的深度贫困，是指老人、留守妇女、残疾人等深度贫困群体中的特殊贫困群体，解决这类特殊贫困群体难度更大、更复杂，是“坚”中之“坚”。第三，激发内生动力的问题。习近平总书记高度重视扶贫同扶志扶智相结合，多次对此做出重要论述、重要批示。贫困人口内生动力的激发培育是一个世界难题，不少拉美国家陷入福利陷阱，形成“养懒汉”现象，根本原因就是没有把内生动力的建立、提高作为扶贫的根本目标。对于我国脱贫攻坚实践中出现的各种对政府过于依赖的思想、行为，必须予以高度关注和切实解决。同时，内生动力的建立需要以社会整体发展、整体提升为支撑。如果整个社会风气没有在脱贫攻坚战中得到相应的改善，全社会互助互爱的社会氛围没有在高强度的脱贫攻坚投入中形成，都是脱贫攻坚战没能打好的表现。这也体现了脱贫攻坚战的艰巨性和复杂性。上述三个方面的问题，是目前最突出的，需要持续、深入地研究，寻找问题演变规律，形成破解难题对策。

新时代脱贫攻坚的战略性、长期性特征逐步呈现，要求新时代脱贫攻坚理论创新和实践创新研究立足当前、面向长远。脱贫攻坚的战略性和长期性集中体现在习近平总书记在党的十九大报告中提出的“脱真贫、真脱贫”要求上。这六个字富含哲理，意味着脱贫攻坚既是短时间内要实现的目标，更是长远治理要实现的目标。“脱真贫”，要求各种资源一定要瞄准贫困人口，一定要保证经济社会发展中落在后面的区域和群体能够通过精准扶持，赶上主流发展的水平。这是解决不平衡、不充分发展的前提，是实现共同富裕的基础。如何把脱真贫落到实处，不仅是短期问题，更是长期问题。还应该看到，脱贫攻坚建立的治理体系，不是到2020年就结束了，而是将在2020年后的扶贫工作中继续发挥作用，确保始终实现脱真贫。“真脱贫”，富含一系列精准脱贫体系。从政策资源的整合投入、大扶贫格局的完善、东西部扶贫协作、攻克深度贫困地区脱贫任务、扶贫同扶志扶智结合，到实行最严格的考核评估制度，都是围绕真脱贫而逐步形成的精准脱贫体系。同样，这套治理体系也不应随着2020年脱贫攻坚战的结束而结束，而是要在新征程的发展中继续发挥真脱贫的作用。由此，扶贫理论实践的研究，不仅要总结研究经验的有效性，更需要从制度、机制、理念等层面研究脱贫攻坚制度体系对于国家更平衡发展、更充分发展，为我们实现共同富裕的进程奠定基础的角度，进行总结和判断、提炼。

脱贫攻坚取得决定性进展所呈现的多重意义及深远影响，为新时代脱贫攻坚理论创新和实践创新研究提供了新视角新议题。就一般性的总结来说，脱贫攻坚成效明显，贫困人口大幅度减少，贫困地区基础设施明显改善，公共服务水平不断提高，同时锻炼了干部，促进了大扶贫格局的完善，营造了更好的社会氛围。除此之外，脱贫攻坚的意义和影响还体现在以下方面：第一，打赢脱贫攻坚战是中国2020年前发展的底线任务。实际上，从人类发展史看，任何的发展阶段，减贫都是必须面对的底线任务。如何分析其中蕴含的规律，需要深入研究。第二，脱贫攻坚中形成的理论和实践启示，对于农村治理、乡村振兴、新发展理念的落实，都具有重要价值，这些价值需要总结、提炼和转化。第三，在脱贫攻坚中体现出的"短板意识""底线思维"，是国家治理的宝贵经验。"短板意识"不仅重视在现实发展进程中促进均衡发展，促进不平等状况的改善，更重要的是提供了科学的思维方法，这对完善政策，提升社会经济发展的包容性有重要启示。第四，从价值观层面看，脱贫攻坚是以人民为中心的发展思想的生动体现和实践。以人民为中心是中国共产党最重要的发展理念，是初心和使命。脱贫攻坚正是最能呈现共产党执政理念、呈现初心的最生动实践。如何理解和体现习近平扶贫思想的价值观及其影响，是需要加强研究的重要内容。第五，脱贫攻坚成就成为坚定"四个自信"的重要载体。有效解决最底层、最贫困人群的脱贫和发展问题，体现发展尊严，这是中国特色社会主义制度优越性的呈现，这就是制度自信、道路自信、理论自信和文化自信的底气。第六，脱贫攻坚是国家治理体系和治理能力现代化的呈现。习近平扶贫思想引领下的脱贫攻坚，逐步建立中国特色扶贫制度体系，是国家治理体系的重要组成部分。打赢脱贫攻坚战的过程，实际上就是国家治理能力现代化的过程。可见，新时代脱贫攻坚理论实践研究，不仅需要从直接影响效果层面进行全面总结，而且需要从更高、更理性层面，从治国理政层面，从中国共产党执政新思想新理念层面进行深入系统的理论凝练。

三

习近平扶贫思想指引下的新时代脱贫攻坚的理论创新和实践创新，产生了一系列总结研究新议题，这些研究将为打赢脱贫攻坚战提供理论支撑，将推进中国特色扶贫开发理论的丰富发展以及为全球减贫治理提供中国智慧、中国方案。

新时代脱贫攻坚理论创新和实践创新研究，是习近平扶贫思想引领中国扶贫理论丰富发展的需要。很显然，中国最终要为全球、为全人类的进步做出更大的贡献，扶贫是不可或缺的重要领域。扶贫的贡献不仅仅体现在贫困人口的减少，更体现出支撑减贫成效的理论体系具有普遍价值，而这套中国特色扶贫理论正是在习近平扶贫思想的引领下得到了不断丰富和发展。基于实践创新提炼理论创新成果，既是习近平扶贫思想价值的体现，也是在习近平扶贫思想引领下推动实践创新取得的重要成效。只有经过足够的理性思考和理论提炼，中国的扶贫经验才能形成新的理念，才能既可用于指导脱贫攻坚进程，也可为2020年后扶贫工作提供理性层面的指导。新时代脱贫攻坚理论创新和实践创新的目的，正是适应国家扶贫战略转型、新贫困治理体系构建奠定理论基础的需要。

新时代脱贫攻坚理论创新和实践创新研究，是完善脱贫攻坚顶层设计及其政策体系的需要。脱贫攻坚战打响以来，中央致力于脱贫攻坚的顶层设计，创新建立了责任、政策、投入、动员、考核、督查等六大制度体系，出台了两百多项政策，全党、全国、全社会都动员起来了。从顶层设计到基层落实，各种政策与实际的适应以及产生的综合效应需要评估，以为部分政策的完善提供依据。当然，这里的总结不仅是一般性的经验总结，而更应该是从理性层面进行深入思考的普遍性、规律性总结。这样的总结，才能够为进一步完善顶层设计、完善政策措施提供有力支撑。

新时代脱贫攻坚理论创新和实践创新研究，是深化精准扶贫、不断提高脱贫攻坚管理水平的需要。习近平总书记2017年提出了深化精准扶贫的重要思想。深化精准扶贫，需要对实践进行梳理总结，需要明确深化方向，需要把深化落到实处。只有在深化精准扶贫精准脱贫过程中，不断解决现存问题，才能实现从以顶层设计为主向完善顶层设计和促进政策落实并重转变，促进脱贫攻坚管理水平的不断提高。而只有脱贫攻坚管理水平不断提高，精准扶贫、精准脱贫工作中所产生的问题和风险才能够得到及时的化解和防范。由此证明习近平扶贫思想的科学性和正确性。

新时代脱贫攻坚理论创新和实践创新研究，是充分发挥典型引领作用、有力有效地推进工作的需要。从全国看，各地涌现出各种各样的脱贫攻坚典型。总结、推广一批立得住、叫得响、可复制的好典型，对于引领扶贫工作可以起到提高效果、减少成本、培养队伍、激发理念、推动创新的作用。需要从丰富的成功实践中总结、提炼经验，加以理性地总结运用，充分发挥典型的示范引领作用。

新时代脱贫攻坚理论创新和实践创新研究，是营造良好社会氛围、广泛动员社会参与脱贫攻坚的需要。通过总结研究，其成果一方面用于促进顶层设计、政策措施的不断完善，另一方面通过总结推出一系列生动案例和成功实践，可以让更多人在更大范围形成共识，这对于社会良好氛围的形成无疑具有重要推动作用。比如，2017 年有一位残疾人通过办电商平台，自强自立并带动邻里脱贫，这看起来只是一件小事，但是，它所产生的社会正能量却是不可估量的。其中的精神就需要总结、需要研究。再比如，一些革命老区，在脱贫攻坚中，把老区精神、优秀传统文化结合起来，探索出各种文化扶贫、精神扶贫模式。这既是中国共产党精神财富的传承，更是夯实党的执政基础的重要途径。加强这方面的实践总结和理论研究，其重要性不言而喻。

新时代脱贫攻坚理论创新和实践创新研究，是讲好中国扶贫故事、增强中国软实力和参与全球治理话语权的需要。中国扶贫实践特别是脱贫攻坚波澜壮阔的伟大实践，需要总结，需要研究，需要凝练。通过丰富的中国扶贫故事、科学的中国扶贫理论，可以以理性的方式让国际社会更深入地了解、理解中国的减贫事业。讲好中国扶贫故事，需要对实践的生动呈现，需要用更生动的方式、国际化的语言和视野，促进中国扶贫经验的国际分享。

四

湖南人民出版社组织的“中国扶贫攻坚前沿问题研究”丛书，是新时代脱贫攻坚理论创新和实践创新研究的尝试和探索，也是至今关于新时代脱贫攻坚最为全面的理论读物。

该丛书被列入“十三五”国家重点图书出版规划，并获得2018年国家出版基金资助，这表明这套丛书得到了国家层面的认可，体现了丛书出版的价值。丛书共10卷。1卷1个主题，10个方面的选题都是扶贫攻坚的前沿问题。所谓前沿问题，是指在扶贫实践中呈现出趋势，但在理论研究上尚未深入开展，而且很可能对扶贫政策产生影响的问题集合。

第1卷《减贫目标与减贫手段》，在分析以人民的幸福感作为扶贫目标的背景和意义的基础上，阐释了党和国家与时俱进调整减贫的手段和任务。全书围绕扶贫手段的变与扶贫脱贫目标的不变这一矛盾统一体的对立统一关系展开。

第2卷《多维贫困与贫困治理》，通过总结贫困测量的国际国内理论与实践发展进程及趋势，分析多维贫困的特征及测量方法，探讨当前贫困类型的精准识别问题和未来的发展趋势，阐释了各种贫困治理模式的理论成果和实践效果。

第3卷《三维资本协同反贫困机制》，总结了扶贫从物质资本范式到人力资本范式再到社会资本范式的历程及模式，对扶贫理论框架中涉及的基础概念及物质资本、人力资本、社会资本等三维资本结构做了原创性的界定和内涵延伸，构建了三维资本结构的扶贫理论框架及作用机制，阐述了三维资本协同激发内生动力的机理及对策。

第4卷《社会保障与减贫发展》，从贫困、减贫与社会保障概念出发，阐述了社会保障减贫发展的机理，深入分析社会保障视角下的贫困和贫困人口特征以及社会福利、社会保险、社会救助与减贫发展的关系，总结论证了社会保障与扶贫开发的衔接与协作，对社会保障减贫发展进行了展望。

第 5 卷《新型城镇化与减贫发展》，围绕新型城镇化快速进程中如何脱贫发展这一主题，深刻地阐述了如何通过建机制、转方式，在城乡统筹发展的框架下实现工业化与农业现代化相协调，人口、经济、资源与环境相协调，大中小城市与小城镇相协调，人口积聚、“市民化”与基本公共服务相协调，按照产城融合、节约集约、生态宜居的路子走下去等诸多重大理论和实践问题。

第 6 卷《扶贫对象主体性与组织化》，从扶贫对象的组织化定义、内涵、意义出发，对扶贫对象主体性建构过程进行了回顾总结，分析了扶贫对象主体性的现状，阐述了扶贫对象主体性建构动力，从组织化视角分析了扶贫对象主体性的实践，对扶贫对象组织化进行了反思，就社会工作参与扶贫对象组织化提出了相关建议。

第 7 卷《扶贫机制创新的理论与实践》，系统回顾了中国农村扶贫开发的历程，系统分析新时代脱贫攻坚面临的新形势以及新战略定位，全面阐述扶贫攻坚机制创新的目标任务、农村扶贫开发模式创新发展重点，指出扶贫机制模式创新的发展趋势和规律，阐释了扶贫机制的理论创新和实践创新。

第 8 卷《政府市场社会大扶贫格局》，针对扶贫工作“政府热、社会弱、市场冷”的局面，阐述构建政府、市场和社会三者之间各司其职、协调发展、共同作用的和谐互动模式和符合国情、政情的“政府主导、市场能动、社会参与”的中国特色大扶贫格局，总结提炼了国内外引导并鼓励社会力量和市场力量参与扶贫工作的经验及模式。

第 9 卷《政治制度优势与贫困治理》，以中国减贫发展的政治制度承诺为导论，回顾了中国减贫发展的政治逻辑，对深化贫困治理面临的制度挑战进行分析，阐述了精准扶贫与中国政治制度的立体嵌构关系，总结了贫困治理与社会建设的关系和以党建促扶贫的政治定力，通过地方探索的成功案例，呈现了政治制度优势与贫困治理关系，最后以从贫困治理到建设人类命运共同体的大国担当作为结论。

第10卷《精准扶贫精准脱贫方略》，系统地分析和阐释了精准扶贫精准脱贫方略提出与形成的国际国内背景、基本内涵、重要内容、实施体系和重大意义，总结评估了精准扶贫精准脱贫从顶层设计到基层落实的实践现状、主要做法、经验和模式。以习近平精准扶贫思想为指导，论证了精准扶贫精准脱贫方略的创新发展方向。

丛书体现了以下特点：一是始终坚持以习近平扶贫思想为指导，二是始终坚持问题导向，三是坚持规范性与实证性相结合，四是坚持理论性和前瞻性并重。

五

党的十九大把打好精准脱贫攻坚战作为决胜全面小康社会的三大攻坚战之一，再次展现了中国共产党决战决胜贫困的信心和决心。2018年5月31日，习近平总书记主持召开中央政治局会议，审议《关于打赢脱贫攻坚战三年行动的指导意见》，对未来三年打赢脱贫攻坚战做出全面部署，新时代脱贫攻坚的理论创新和实践创新研究的重要性将进一步凸显。

到2020年，中国将在人类历史上第一次消灭绝对贫困问题，这注定会载入人类发展的史册。但消灭绝对贫困现象，并不意味着中国与贫困做斗争的事业终结。随着经济社会的快速转型，相对贫困问题的有效治理将成为推动乡村振兴战略、城乡一体化发展和社会主义现代化建设中的重大议题。

2020年后中国将继续加强扶贫工作。首先，这是由中国共产党的性质决定的。中国共产党的初心和使命，就是为中国人民谋幸福，为中华民族谋复兴。扶贫开发，最能体现中国共产党的初心和使命，最能体现中国共产党以人民为中心的发展思想，最能体现中国共产党的宗旨和社会主义的本质要求。其次，理论和国际发展实践表明，任何社会，即使是发达国家，总会存在一定比例的相对贫困人口。扶贫开发，是中国解决新时代不平衡不充分发展主要矛盾的重要举措，是实施乡村振兴战略的重要基础，是逐步实现共同富裕的重要途径。再次，从国内外减贫历史看，扶贫工作往往会进入“扶贫—脱贫—返贫”的恶性循环，要打破这一循环，就必须始终保持对扶贫工作的重视，避免贫富差距越拉越大，增加工作成本及难度。最后，我国是全球最大的发展中国家，人口众多，不管采取什么标准，相对贫困人口规模都不会小，短期内很难像西方国家那样主要通过福利救济兜底解决贫困问题，必须坚持开发式扶贫和保障性扶贫结合，不仅要减贫，而且要通过开发增强贫困人口的劳动技能，提升民族的整体素质。

今后三年，中国政府在全力打赢打好脱贫攻坚战的同时，将同时研究2020年后扶贫战略，这既是建立稳定脱贫机制的需要，更是实现脱贫攻坚战和战后扶贫工作无缝衔接的需要；既是中国共产党向第二个百年奋斗目标进军的需要，也是在提前10年完成联合国2030年发展议程减贫目标的基础上继续引领全球减贫事业、为全人类做出更大贡献的需要。

立足当前三年，面向新征程的长远，加强新时代脱贫攻坚理论创新和实践创新研究，更显得紧迫而重要。一方面，需要加强精准扶贫精准脱贫前沿问题研究，为完善相关政策、确保打赢脱贫攻坚战提供参考。另一方面，需要加强2020年后扶贫工作的相关研究。可以预期，中国在2020年后将瞄准相对贫困问题，需要在扶贫标准、目标任务、工作范围、基本方略、体制机制、政策体系、保障措施等方面开展深入研究，同时有力、有效地向国际社会推介习近平扶贫思想和中国减贫方案，为全球减贫贡献中国智慧。

但愿本丛书的出版，能够为推动中国新时代脱贫攻坚理论创新和实践创新研究贡献一份微薄力量。

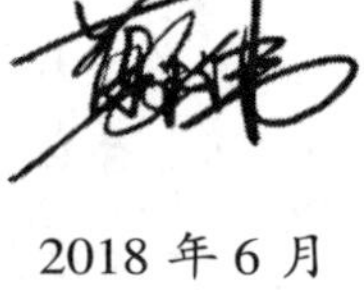

2018年6月

目录

·第一章· 概述

缓解和消除贫困是人类社会和谐和可持续发展的基本要求。随着人类对贫困认识的不断演进和深化，贫困概念已经从最初“经济上的贫困”这个单一的维度，演变成收入以外，包含教育、健康、住房以及公共物品等多个维度的综合解释，从而显示出学者们对贫困研究和治理的日趋重视。深度认识贫困治理路径与模式，总结全球范围内贫困治理的成功经验，有利于广大发展中国家走出贫困治理困境。中国在贫困治理方面取得了巨大成就，因此特别有必要总结中国贫困治理经验与模式，以新理念、新探索和新行动，全面加快改善全球贫困人口的福祉，有效缓解广大发展中国家的贫困状况。

本书重点要探讨的问题是：多维贫困与贫困治理基本理论与机理是什么？如何运用多维贫困测量方法对农村多维贫困进行测度并进行多维贫困的比较分析？发达国家和发展中国家多维贫困治理的国际经验和相关政策启示有哪些？中国在多维贫困治理方面的经验与贡献是什么？“一带一路”倡议背景下，如何强化中国多维贫困治理经验的推广？后小康时代中国多维贫困治理的战略如何构建？

一、背景

（一）消除贫困是世界性难题，是人类发展的共同使命

贫困问题是一个世界性难题，消除贫困是人类共同的历史使命。反贫

困不仅关系广大发展中国家的生存和发展，也关系着世界的和谐、繁荣和稳定。在2000年联合国千年首脑会议上，世界各国领导人就消除贫穷、饥饿、疾病、文盲、环境恶化等方面确定了千年发展目标，签署了《千年宣言》。进入21世纪以来，全球贫困状况有所缓解，根据世界银行的测算，从1999年到2012年，全球贫困人口减少了8.5亿，减少了49%，特别是东亚地区，其贫困发生率从1999年的37.6%下降到了2012年的7.2%，同时期该地区贫困人口减少了5.4亿，占到全球同时期脱贫人口的63.5%。①

尽管全球贫困已经有了明显的缓解，但是从整体来看，全球范围内消除贫困仍旧任重而道远。根据世界银行的报告，目前全球仍旧有10亿人处于极端贫困中，其中大部分集中在撒哈拉以南非洲和南亚地区。② 在全球经济下行的背景之下，大部分贫困人口还处于脆弱性贫困状态中，且面临各种冲突甚至战争，生活环境较为恶劣，生活改善还不明显。历史证明，贫困和发展不均衡，往往和战争、饥荒等相伴。一部分国家、地区，一部分人口的富裕，并不能给世界带来和平和幸福。相反，收入差距的拉大，将可能带来整个社会的动荡和不安。消除贫困，提高贫困地区发展水平，是实现人类可持续发展的必然要求。

（二）全球贫困呈现多维特性，贫困治理面临严峻挑战

联合国2015年后全球发展议程将消除饥饿，提高健康、教育、性别平等、水与环境卫生条件作为可持续发展的目标，体现了多维度提升贫困地区、贫困人口生活福祉的思想。多维贫困是人类对贫困以及贫困治理深度认识的体现。联合国开发计划署1990年公布的人类发展指数（HDI）首次突破单一的收入维度贫困视角，进一步从健康、教育和收入3个角度衡量

① 余芳东. 国际贫困线和全球贫困现状［J］. 调研世界，2016（5）：62-64.

② CRUZ M，FOSTER J，QUILLIN B，SCHELLEKENS P. Ending Extreme Poverty and Sharing Prosperity：Progress and Policies［R］. World Bank Group，2015，10：1.

了人类发展状况。2010 年，由联合国授权和支持的“牛津贫困与人类发展项目”小组发布了一个界定绝对贫困人口的新指数，即以日均花费 1 美元作为划分贫困人口的标准，并对一些国家的“多维贫困指数”进行了统计，将贫困的测量拓展到了 10 个指标，从多维度视角衡量贫困和人类发展状况，通过多维贫困指数来整合单位家庭的关键因素，包括教育、健康、财产、服务、是否享有良好的烹饪材料、电力、营养和卫生系统等方面的指标，从而更全面地展现贫困的现实及其内在影响因素，并进一步反映出贫困家庭所面临的挑战。

根据联合国《2010 年人类发展报告》公布的多维贫困指数，在 104 个国家和地区中，约 1/3 的人口，即 17.5 亿，正经受着多维贫困，他们可能生活在这样的家庭中——家庭中有人营养不良、曾有孩子早夭、家里没有人接受过 5 年以上的教育、学龄儿童不能去学校上学；他们也可能生活在这样的家庭中——其做饭用燃料、卫生设施、饮用水、电、屋内地面和耐用消费品被剥夺了。[①] 由此来看，多维度贫困既是全球贫困的重要特征，也是今后发展中国家发展的重要议题之一，需要各国携手共同予以解决。

（三）“一带一路”倡议部署，携手治理贫困迎来契机

“一带一路”倡议是中国适应全球新形势，扩大与各国，特别是与发展中国家经济合作和共赢的重大举措。2013 年 9 月 7 日，习近平主席在哈萨克斯坦纳扎尔巴耶夫大学发表演讲时表示，为了使各国经济联系更加紧密、相互合作更加深入、发展空间更加广阔，我们可以用创新的合作模式，共同建设“丝绸之路经济带”，以点带面，从线到片，逐步形成区域大合作。2013 年 10 月 3 日，习近平主席在印尼国会发表演讲时表示：中国愿同东盟国家加强海上合作，使用好中国政府设立的中国-东盟海上合

① 王小林. 贫困测量：理论与方法［M］. 北京：社会科学文献出版社，2012：43-65.

作基金，发展好海洋合作伙伴关系，共同建设21世纪“海上丝绸之路”。2014年11月8日，在加强互联互通伙伴关系对话会上，习近平主席指出：共同建设丝绸之路经济带和21世纪海上丝绸之路与互联互通相融相近、相辅相成。如果将“一带一路”比喻为亚洲腾飞的两只翅膀，那么互联互通就是两只翅膀的血脉经络。

“一带一路”倡议不仅是贸易、投资战略，也是规模庞大的国家间合作式扶贫战略。一方面，从地理上看，“一带一路”涉及沿线60多个国家，共44亿人口。其中大部分国家是发展中国家，不少地区和人口是贫困地区和贫困人口。另一方面，从“一带一路”的作用与共同目标来看，就是要通过国家之间的合作，将沿线的国家和人民从经济全球化的边缘带入主流范围，并使这些国家和地区实现持续的经济增长，广泛增进人民的生活福祉和实现脱贫。此外，从“一带一路”的实施项目和内容来看，其以交通基础设施为突破，以建设融资平台为抓手，以人文交流为纽带，开展从基础设施到金融等各方面全方位建设，而这些正是制约发展中国家和地区不发达的重要因素。

“一带一路”倡议改变了全球化中的扶贫困境，是全球贫困治理的新模式和新契机。在全球化过程中，发展中国家通过经济发展而实现脱贫的道路显得艰难而漫长。从内部因素看，发展中国家大多经历过长期的内乱与冲突，种族、宗教问题复杂，政治的稳定性较弱，从而影响了经济的发展。同时，发展中国家往往资本缺乏，技术较为落后，人口过度增长，生态环境恶化，教育水平较低，这些因素也不利于经济的发展和人们生活水平的持续改善，从而严重阻碍了发展中国家有效实现贫困治理的步伐。“一带一路”倡议的部署，为广大发展中国家和地区携手治理贫困提供了难得的契机。

（四）中国减贫成效举世瞩目，贫困治理经验值得借鉴

中国政府一直致力于消除贫困，并取得了举世瞩目的成就。中国实施扶贫开发以来，农村贫困人口大幅度减少。中国国家统计局分布的数据显示，仅从2000年至2014年，中国贫困人口在标准提高的同时仍旧减少了25.53%。党的十八大以来，中国政府更是加快了脱贫攻坚步伐。习近平总书记提出了“精准扶贫”的要求，党中央、国务院将精准扶贫作为新阶段国家扶贫开发新方略，十八届五中全会明确提出了到2020年实现现有标准下7017万贫困人口脱贫的目标，这也与联合国2015年后全球发展议程确立的减贫目标高度契合。

在大力实施精准扶贫精准脱贫的贫困治理战略背景下，中国政府积极探索和创新“五个一批”（发展生产脱贫一批、易地扶贫搬迁脱贫一批、生态补偿脱贫一批、发展教育脱贫一批、社会保障兜底一批）、“六个精准”（扶持对象精准、项目安排精准、资金使用精准、措施到户精准、因村派人精准、脱贫成效精准）等贫困治理方式。如今，中国已经成为全世界减贫人口数量最多和第一个提前实现千年减贫目标的国家，不仅取得了举世瞩目的伟大成就，成功走出了一条具有中国特色社会主义的贫困治理道路，而且为其他发展中国家提供了可以借鉴的贫困治理经验，受到了国际社会广泛赞誉和高度认可。

二、多维贫困与贫困治理概要

（一）多维贫困的含义

尽管国外对多维贫困的关注较早，但直到阿马蒂亚·森1985年将能力贫困纳入贫困分析框架中才真正引起人们的高度关注。20世纪90年代，阿马蒂亚·森在福利经济学的基础上，提出用能力方法定义贫困，创立了

以可行能力为核心的多维贫困理论。阿马蒂亚·森认为生活是由相互联系的功能的集合构成的，对人类来说，最起码的功能是享有必要的营养、良好的身体状况、避免早逝、不受可预防疾病的感染等，更复杂的功能则包括尊严、参与社区生活、参与政治选举等。"功能" 在这里被理解为福利的基本要素。基本可行能力包括的功能不仅具有消除贫困的工具价值，而且它本身就代表了一种人类福利，这种福利不仅包含个体的客观福利，也包括了个体对其生活状况的主观评价。衡量贫困和界定发展是一项问题成堆且饱受外界质疑的工作，与能力方法相关的多维贫困测量能够提供更加准确的信息，便于识别人们的能力剥夺。多维贫困理论采用以能力定义贫困的方法，认为人的贫困不仅仅是收入的贫困，也包括饮用水、道路、卫生设施等其他客观指标的贫困和对福利的主观感受的贫困。在森等人的贫困思想的基础上，人类贫困指数（Human Poverty Index）和多维贫困指数（Multidimensional Poverty Index）被采用。

基于阿马蒂亚·森等人的理论，本书认为多维贫困是一种多维度认识贫困的思想，是指不仅限于收入的贫困，还包括诸如可接入基础设施所提供的服务（如自来水、道路、卫生设施）、获得的社会福利及保障等指标，以及对这些福利的主观感受的贫困。多维贫困的核心观点是，人的贫困不仅仅是收入低下，也包括饮用水、道路、卫生设施等其他客观指标和主观感受。

（二）贫困治理的含义

"治理" 一词是20世纪末兴起的一个新概念。1992年成立的全球治理委员会将治理定义为"各种公共的或私人的个人和机构管理其共同事务的诸多方式的总和"。从扶贫角度而言，贫困治理可以概括为由外部援助机构发起的，有组织、有计划的针对贫困地区的援助过程。实践当中，人们常常使用诸如"反贫困""扶贫""减贫"等词语来表达大致相同的意思。

事实上，贫困治理与扶贫等概念是有一定差异的，贫困治理涵盖了非政府组织的作用，更加强调扶贫对象的参与性和制度的作用，同时更强调扶贫、脱贫的持续性。

本书中将贫困治理界定为：一种由政府主导，民间组织以及企业等主体多方参与和推动的，针对贫困地区、贫困人口的扶贫活动，目的在于持续性、制度化地推动贫困人口福祉的全面提升。

（三）单维视角下贫困治理的现实困境

单维度的贫困治理具有操作简便、简单易行的优势，而多维度的贫困治理则更加复杂，在实际操作中难度较大。但是，在实践中，单维度的贫困治理往往只能起到“治标”的作用，难以发挥“治本”的效果。不少案例表明，无论是对贫困人口的识别，还是对贫困人口的帮扶，多维度的贫困治理往往更能起到促进贫困人口稳定、持续脱贫的效果。

从贫困识别层面看，相比单维度识别，多维度识别更能够提高贫困治理瞄准精度。多维贫困是一种表现形式，也是贫困识别的重要依据。贫困产生的原因是多样化的，而贫困的表现形式也是多维度的。比如，教育资源可获性的缺乏，可能导致贫困人口在人力资本方面的明显不足，进而影响其长期发展和稳定脱贫。又比如，水资源、医疗资源等的缺乏，可能导致贫困人口身体健康受到威胁，从而影响其未来生活及增收能力。根据贫困人口及贫困发生的实际情况，将单维度扩展到多维度，通过某些维度识别、认定贫困，能够提高对贫困治理对象的瞄准精度。

案例

单维识别还是多维识别?

中国云南省迪庆藏族自治州某村，户主和某某，女，39岁，烹饪专业中专毕业，因身体不好，毕业后选择回乡发展。2009年之前在乡上的一所学校做厨师；2010年开始，为照顾年迈的母亲，回到家中务农。和某某家中4口人，分别是患有高血压的八旬母亲、外出务工的丈夫、5岁的儿子与自己。丈夫因只有小学文化，外出务工只能干苦力，收入较少，除了回家时能够给家中添些日常生活用品和孩子的零食外，基本没有余钱。

和某某的母亲常年患病，和某某家每年不得不为此而担负巨额医药费。2003年，家中房屋因地震损坏变为危房，故新修一座约80平方米的平房。新房的修建得到政府补贴11000元，家中还借款10000元，目前仍有4000元未还清。家中主要收入来源是家禽销售，前一年家中出售1头猪和8只鸡，总销售收入约2600元；政府各类补贴1600元；政府给父亲的抚恤金700元，当年总收入4900元。当时家里借给亲戚800元，年底无积蓄，手头有现金1800元。

家中购买大件贵重物品时，采取的是集体商议的办法，但最终的决定权还是属于户主和某某。和某某因家中收入主要依靠家禽家畜养殖，经济来源较单一，丈夫务工收入较少，所以对目前的生活不是很满意。她平时很少去市场赶集，除非是为了购买一些较为贵重的物品，主要休闲娱乐活动是参加村里的联欢晚会表演。目前享受过的政府针对妇女的优惠政策只有皮脉手术——该手术是为了计划生育，可以间接减轻妇女家庭因超生带来的负担——她对于这项政策还是很满意的。

传统上对贫困人口的识别普遍依据家庭人均纯收入，当家庭人均纯收入低于某一水平则将该家庭人口视作贫困人口。目前在实际操作中识别贫困人口多采用这种方法。然而，当贫困人口在收入之外出现明显的基本福利缺失的时候，单一维度的识别就会有所偏误。

在上述案例中，贫困特征表现呈现较强的多维性：在和某某回家照顾母亲以后，家中主要收入来源是家禽销售收入和政府补贴。作为家庭主要劳动力的丈夫，并没有因外出务工而给家庭带来一定的收入。同时，家庭却有年迈的母亲需要供养、5 岁的儿子需要培育，以及房屋需要新建等巨额开支。和某某母亲常年患病，每年不得不为此支付大量医药费用；家中房屋因地震损坏变为危房，使得他们不得不新修房屋，且为此而欠下巨额债务。虽然从收入角度看，年人均纯收入达到了当年（2015 年）国家贫困线标准（即 2800 元），但是新修 80 平方米的平房、高额的医疗和教育开支，明显给这个家庭的生活水平带来了极为不利的影响，使其实际生活陷入贫困之中。这也说明，简单从收入维度进行评估，可能会忽略许多贫困人口的生活信息，导致贫困瞄准的偏误。

从贫困帮扶层面看，多维贫困帮扶为贫困治理提供了“治本”的手段。从贫困恶性循环的角度看，多维贫困既是贫困的表现，又是贫困的成因。某一维度的贫困可能导致未来继续在该维度的贫困，比如贫困人口在生计资本方面的极度缺乏或积累不足，可能导致未来或下一期生计资本的匮乏。同时，某一维度的贫困还可能导致未来在其他维度产生贫困，比如贫困人口在某一时期教育的不足，会导致未来在收入维度出现贫困。因此，多维贫困能较好地反映贫困的成因，从多维度治理贫困能起到“治本”的效果。

案例

单维帮扶还是多维帮扶?

云南省香格里拉市某村社，钦某某与父亲、姐姐一起生活，她读完小学就主动辍学了。钦某某家里共有4.5亩耕地，其中2亩种植土豆（部分用于销售），其他用于种植玉米、大麦、青稞以及白菜等（用于自用）。钦某某的母亲是小学教师，在钦某某8岁时因病去世了；父亲因两年前工伤未愈，落下病根，先后患上脑梗死、高血压等病，基本丧失劳动力。为了减轻家庭负担和补贴家用，姐姐和钦某某先后主动辍学。一年前，姐姐嫁给同村男子。男方家人因为办酒席花了很多钱以及对新妇不满意，结婚当天就辱骂了她。姐姐不堪羞辱趁外出销售土豆时离家出走，并长期在外地餐馆以洗盘子为生。姐姐工资较低，并没有多余的钱接济家里。钦某某成了家庭的主要劳动力，负责家里的家务、种地以及农产品销售，夏天还会上山挖松茸补贴家用。

由于家庭经济来源单一、生活压力大，钦某某对自己现在的生活状态很不满意。参加村里的联欢晚会表演是她唯一的娱乐活动。因为交通不便且家务多，她只有在需要购置大件物品或贵重物品时才会去赶集。村干部每年会给她家送去2000元钱补助。去年钦某某抽中了给贫困户派发的电视机，对此，她很是开心。她的愿望是自己能够找个好男人结婚，为家庭增加劳动力，改善现在的生活。

贫困人口的致贫原因是复杂的，特别是连片贫困地区，生活环境、家庭因素等内外因都会影响到贫困人口的生存状态。上述案例中，贫困的原因既有代际传递的家庭因素，也有思想观念等因素。由于缺乏劳动力，钦某某主动辍学了，虽然为家庭带来了暂时的收入，但是却放弃了自己未来更好发展的可能机会。家庭的贫困导致了钦某某儿童时期便处于多维贫困剥夺中，并且可能贯穿其一生。钦某某因辍学和繁重的劳动感到不快乐，在此背景下她寻求改善生活的途径是结婚嫁人而不是学习一项技能给自己带来更好的未来就业机会。以依赖男性作为家庭脱贫的寄托，这可能是有一定效果的，但是却并不是稳定的，毕竟她的姐姐就是因生活不和谐而出走的。可见，钦某某的思想观念仍旧比较陈旧。而这种思想的成因可能是贫困生活的迫使，也可能是并未得到积极的引导，即家中成年人未发挥好家庭教育功能（尤其是担任小学教师的母亲在她 8 岁时就去世了）。另一方面，钦某某姐姐的婚姻的促成、男方大摆酒席导致的家庭冲突、钦某某姐姐的出走都源于思想观念的陈旧。贫困人口的生产生活方式是在发展演变过程中不断沉淀形成的，然而，随着时代的发展，其与现代文明的冲突愈发明显。移风易俗是一个漫长的过程，这要求贫困治理不仅要治“贫”，还要改变一些落后陈旧的风俗和思想观念。因此，在贫困人口脱贫过程中，单维度的帮扶，比如仅仅从增收角度进行帮扶，可能并不能起到“治本”的作用，而可能只是“头痛医头，脚痛医脚”，难以阻断和打破贫困的恶性循环。

（四）精准扶贫中的多维贫困及其治理

精准扶贫是十八大后党中央国务院提出的一种新的贫困治理模式。精准扶贫是中国国家扶贫治理体系的重要组成部分，其实质是使扶贫资源更好地瞄准贫困目标人群，[①] 使扶贫政策和措施针对真正的贫困家庭和人口，通过对贫困人口有针对性的帮扶，从根本上消除导致贫困的各种因素和障碍，实现可持续脱贫的目标。[②] 精准扶贫能够变“粗放漫灌”为“精准滴

① 黄承伟，覃志敏. 论精准扶贫与国家扶贫治理体系建构［J］. 中国延安干部学院学报，2015，(1)：131-136.

② 汪三贵，郭子豪. 论中国的精准扶贫［J］. 贵州社会科学，2015，(5)：147-150.

灌”，以定点、定时、定量消除贫困为目标，以政府、市场、社会、社区、扶贫对象协同参与为基础，以资源统筹、供需匹配为保障，从而形成扶贫对象的精准识别、精准扶持、精准管理等贫困治理模式。[①] 精准扶贫注重对贫困人口从识别到帮扶的精准性、有效性，其针对的不仅仅是收入贫困，还包括住房、教育、医疗等维度。同时，精准扶贫强调稳定、持续脱贫，因而是多维的贫困治理方式，是中国政府对多维贫困开展有效治理的实践创新。

专栏

四川巴中市残疾人贫困治理

巴中市残疾人贫困识别，在以人均纯收入为标准的传统识别基础上，根据残疾人贫困现状，制定了多维标准。同时依靠网络平台实现了信息化、动态化监测，确保了贫困识别的可靠性和时效性。其内容主要包括：

1. 制定贫困的多维识别标准。巴中在残疾人精准扶贫方面较好地解决了残疾人隐蔽性贫困带来的识别难题。通过建立贫困的多维识别标准，从家庭收入、健康、就业、住房、社会保障、教育等方面进行识别，识别维度的选取不仅考虑了残疾人的需求状况，也考虑了识别标准的现实可操作性。

其中，“家庭收入”指标反映家庭的经济能力，用家庭人均纯收入度量，若残疾人家庭人均纯收入低于 2300 元（大约每天 1 美元的生活标准），其家庭残疾人即被识别为收入维度贫困者。“健康”指标反映残疾人的身体机能或精神状态的康复程度，从护理、托养、康复三个维度度量。

---

① 庄天慧，陈光燕，蓝红星. 精准扶贫主体行为逻辑与作用机制研究［J］. 广西民族研究，2015，(12)：138-146.

重度残疾人（一、二级残疾人）、生活难以自理且无家人或家人无法照顾者；肢体残疾、精神病患者、智力低下患者、视力低下患者、多重残疾患者，且无家人或家人无法照顾者；脑瘫儿童、精神病患者、孤独症患者、残智儿，自身无法支付康复费用，均视为健康维度贫困者。“就业”指标反映残疾人的就业意愿、就业行为和就业能力，有就业意愿和能力却因社会歧视等原因无法就业的残疾人，或者缺乏技能、增收困难的残疾人，将被识别为就业维度贫困者。“住房”指标反映残疾人及其家庭的住房情况，无住房，且无能力建房的残疾人，或者住房为危房，且无能力改建的残疾人，被识别为住房维度贫困者。“社保”指标评价残疾人的医疗等社会保险购买能力，购买医疗保险等有困难的残疾人，视为社保维度贫困者。“教育”指标反映残疾人接受教育的意愿、行为与能力，在义务教育阶段辍学，或者高中、大学教育阶段有意愿上学而被迫辍学的残疾人，视为教育贫困者。

在具体操作中，根据细分的识别标准，当残疾人在收入、健康、就业、住房、社会保障、教育任意一个维度出现低于相应识别标准的情况时，则认为该残疾人在这个维度出现了贫困，是该维度的贫困残疾人。这里对贫困残疾人的识别采用的多维标准和通常的多维贫困识别标准有所不同，比如健康方面，主要是对残疾人的护理、托养等能力进行评估。①

2. 贫困瞄准“到家到人”。贫困瞄准“到家”，主要是从收入维度考察残疾人家庭的经济情况。在收入维度，巴中残疾人贫困的识别不是根据残疾人个人收入来衡量，而是考虑家庭人均收入情况。巴中的实践证明，家庭人均收入标准由于将家庭收入在家庭成员之间的倾斜考虑在内，因此比单纯以残疾人个人收入标准衡量残疾人贫困更准确。贫困瞄准“到人”，则从健康、就业、住房、社会保障、教育等方面对残疾人进行贫困识别。

① 庄天慧等．残疾人精准扶贫研究［M］．北京：中国农业出版社，2016：93-94.

传统的中国农村扶贫治理的逻辑出发点是基于农民人均纯收入等经济指标。贫困治理需要走出单一的经济中心主义视角，采用经济、社会、文化、生态的综合观点，这是贫困治理模式选择的根本依据。上述案例中，巴中市在精准扶贫过程中，因地制宜，采用了多维度的识别方式，根据不同贫困环境、不同贫困人口的贫困状况，运用了科学有效的方法对扶贫对象实施精确识别乃至精确帮扶的治贫方式，从而有效地克服了传统扶贫工作中出现的瞄准偏误、资源浪费、主体不清等问题。

三、研究框架与内容安排

（一）研究框架

“贫困”远不仅是收入的贫困，而且是涵盖经济、社会、政治等多方面因素的综合性概念。多维贫困的思想以更丰富、客观的指标描述并衡量贫困者的“贫困”状态及程度，使人们对贫困的认识更加全面而深刻。贫困治理通过精准、多元的措施将“反贫困”从单纯地消除贫困者的贫困状态上升到系统提升贫困地区、贫困群体治理能力的层面，援助的过程同样也成为贫困对象治理能力提升的过程。从二者的关系来看，多维贫困为贫困治理奠定了思想、方法的基础，贫困治理更是多维贫困理念和方法的实践过程。

本书遵循现实与未来、理论与实践相结合的思路，面向后小康时代，将历史文献回顾、定性分析和定量分析相结合，比较分析与案例研讨相结合，按照现实考察、理论探索、回归现实的思路，遵循“现实背景—理论分析—实践分析—路径建构”和“宏观分析—微观考察—个案解析”的研究路径，深入探讨多维贫困与贫困治理问题。本书的主要研究框架如下：

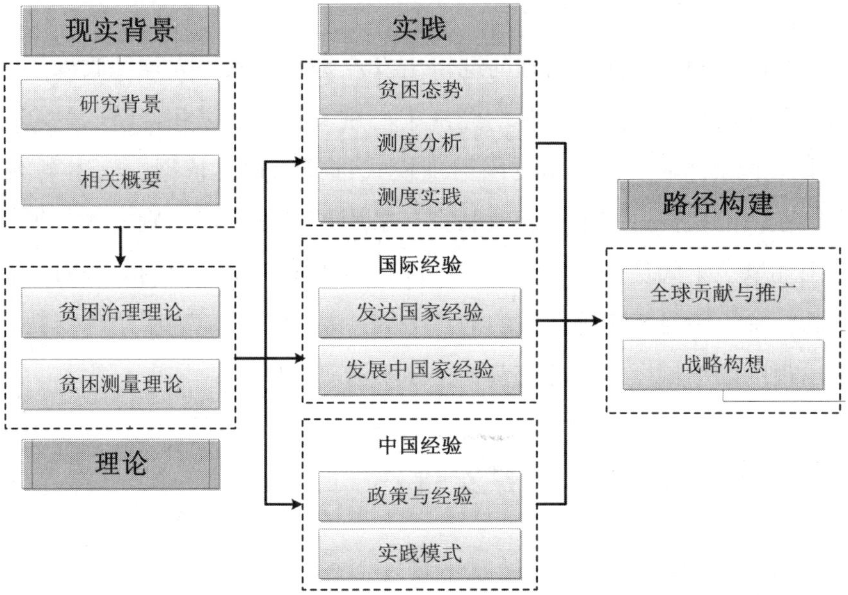

图 1-1 研究框架

（二）内容安排

本书围绕多维贫困、贫困治理的理论与实践，开展了相关主题的研究，主要包括以下几个方面：

多维贫困与贫困治理理论演进及测量方法。该部分主要从贫困、贫困治理的内涵与外延为逻辑起点探讨贫困、贫困治理的演化，并对贫困与贫困治理的一般理论、多维贫困与治理理论的演进做了梳理，归纳总结了国内外研究多维贫困与治理的主要理论，探讨了多维贫困治理与精准扶贫的关系，以及二者的内在联系。该部分还重点从贫困测度的一般方法入手，阐述了多维贫困的测度方法。

中国农村多维贫困测度。该部分对中国农村贫困的基本态势进行了阐释，对全国农村整体贫困态势以及重点贫困区域的贫困现状进行分析。在此基础上，介绍了中国农村多维贫困测度的一般步骤，并对不同区域、不同群体多维贫困的测度及结果进行了实证分析。

多维贫困治理国际经验。该部分介绍了国外的多维贫困治理措施，分析了国外多维减贫实践所带来的启示，并以美国、日本、英国、韩国、印度等国家为研究对象，综合描述了各国在教育、医疗、就业等维度的贫困现状，阐述了各国政府、社会组织、贫困人群等主体在教育、医疗、就业等方面的治理经验、典型措施或典型战略。

中国多维贫困治理典型案例。该部分以案例的形式介绍了中国贫困治理中具有代表性的举措，综合选择了针对教育、营养、医疗、住房、生计等维度的扶贫案例，将典型项目与区域性亮点相结合，总结其经验与启示，以便为其他地区或扶贫项目参考借鉴。

中国多维贫困治理全球贡献与推广。该部分从对中国本土及对外减贫实践与成效的叙述体现中国多维贫困治理的全球贡献，重点对实施精准扶贫后取得的成效进行详细介绍，并梳理了多维贫困治理中重要的中国经验，阐述了多维贫困治理的“中国方案”的重要价值、推广的现状和趋势。

后小康时代中国多维贫困治理的战略构想。该部分着重分析了后小康时代中国贫困治理将随着绝对贫困人口的消除而发生的变化，对后小康时代的贫困治理方式、治理机制等进行了分析，特别就后小康时代中国多维贫困治理的政策着力点进行了探讨。

·第二章·

贫困治理理论演进及测度方法

本章主要介绍多维贫困及贫困治理理论的演进以及测量方法。在理论演进的梳理中，首先以贫困、贫困治理的内涵与外延为逻辑起点探讨贫困、贫困治理的演化，并对贫困与贫困治理的一般理论进行梳理，总结个体主义范式和社会结构范式的贫困理论在对贫困现象描述、贫困产生机制、贫困责任主体认定等方面所产生的差异性的影响。其次对多维贫困与治理理论的演进进行分析与梳理，归纳总结了国内外研究多维贫困与治理的主要理论，探讨了多维贫困治理与精准扶贫的关系，以及二者的内在联系。贫困测度的结果能反映一个国家或地区、家庭、个体的贫困状况，包括广度、深度、强度等，通过比较其中的差异，提出更有针对性的解决措施，对测量方法的总结同样非常重要，因此最后从贫困测度的一般方法入手，进而对多维贫困的测度方法进行阐述。由于国内外关于贫困测量的方法很多，无法一一穷尽，本章仅选取其中应用广泛、实用性强、具有代表性的测量方法进行剖析，以求见微知著。随着时代发展，多维贫困测度方法具有结合新技术的更新趋势。本章最后部分对这一方面的新技术做了简要介绍。

一、多维贫困理论历史演进及进展

（一）贫困的概念

回顾贫困研究的历史，学术界对贫困内涵的理解和认识是一个逐步深化的动态发展过程。不同领域对贫困内涵的理解有所不同，经济学学者认为贫困是收入不足、消费不足或资产不足；社会学学者认为贫困是社会排斥的表现；政治学学者认为贫困是权利被剥夺的结果；发展学学者将其归为贫困对象的能力不足。不同领域的研究者在各个时期对贫困内涵的理解有所差异，由此形成学界对贫困外延的不同划分。基于不同的视角，"贫困"可划分为绝对贫困与相对贫困、物质贫困与精神贫困、农村贫困与城市贫困、单维贫困与多维贫困等类型[①]。这些划分各有依据，其视角体现出研究者对贫困理解的逐步深化和发展。

1. 绝对贫困和相对贫困。

（1）绝对贫困。将贫困区分为"绝对贫困"和"相对贫困"是对贫困概念最基本最普遍的划分。对贫困的定义首先开始于绝对贫困，朗特里认为，"'绝对贫困'是一种贫困状态，它低于维持身体有效活动的最低指标，这种指标只包括购买最简单的物品用以维持身体健康"[②]。与之类似，彼特·阿尔柯克将"绝对贫困"看作一个客观的定义，它建立在维持生存这个概念的基础上，维持生存就是延续生命的最低需求，因此低于维持生存的水平就会遭受绝对贫困，因为他没有足以延续生命的必需品。[③] 1990年，国家统计局给出了这样的定义，"绝对贫困者是指在一定社会生活和生产方式下，个人和家庭依靠劳动所得和其他合法收入不能维持其最基本的生存需要，生活达不到温饱，劳动力的再生产难以维持"。因当前的经济发展程度所决定，目前发展中国家存在的贫困主要是指绝对贫困，关于贫困的界定，反贫困的对策，贫困的测量、统计等，均采用绝对贫困的概念和标准。

---

① 樊怀玉等. 贫困论——贫困与反贫困的理论与实践［M］. 北京：民族出版社，2002：46-52.

② 朗特里. 贫困与进步：对约克镇的第二次社会调查［M］. 朗曼出版公司，1941：102.

③ ALCOCK. Understanding poverty［M］，Maemillan Press，1993：34.

(2) 相对贫困。“相对贫困”也叫相对低收入型贫困，是一种相比较而言的贫困，是指“从事实上看，某些人的生活低于社会上其他人的生活水平”①。但也有学者认为，“如果个人或家庭所掌握的钱财不能让他们具有他们生活的社会里已经形成的生活方式和已达到的生活水平，这个人就被认为是贫民，这个家庭就是贫困家庭”②，即不能维持体面的生活水平或当时社会上通行的某种生活标准。还有学者将其扩展到个体在基本解决温饱，简单再生产能够维持的基础上，缺乏扩大再生产的能力或能力很弱。③综合上述观点，“相对贫困”主要是指在基本生存需求解决后，与其他社会成员相比或维持当时社会通行的某种生活标准而言的一种相对缺乏或不足的状态，其标准也必将随着经济的发展、收入水平以及社会环境的变化而变化，表现出动态性的特点。

2. 物质贫困和精神贫困。

(1) 物质贫困。物质贫困是狭义的贫困，是经济意义上的贫困，即在一定的社会生产方式下，因物质生活资料匮乏而不能满足最基本的生存需要。一般将贫困看成是以某种客观的标准（区别于个人和家庭的主观感受上的贫困，主观感受的贫困通常因人而异）来判断的物质匮乏状态，通常用适当的收入和消费来测量，世界银行简单地把它称之为收入贫困④。处于这种贫困状态中的人主要是追求收入、食物、衣着、燃料、住房等经济指标决定的物质上的满足，在于满足维持生活的最低标准，而不是生活质量。社会发展水平主要取决于经济发展水平，因此，经济意义上的贫困也是贫困的最主要内容。根据人需求的层次性，对于广大的发展中国家而言，所面临的首先是经济物质方面的贫困，反贫困也是首先以狭义贫困为

---

① ALCOCK. Understanding poverty [M], Maemillan Press, 1993: 24.

② 多博林科夫等. 社会学 [M]. 北京：社会科学文献出版社，2006：331-332.

③ 童星，林闽钢. 我国农村贫困标准线研究 [J]. 中国社会科学，1994 (3)：88

④ 世界银行. 2000/2001 年世界发展报告 [M]. 北京：中国财政经济出版社，2001：16

主要目标。

（2）精神贫困。“精神贫困”实质上是广义贫困的内容之一，主要指贫困群体自身脱贫愿望与积极性不足，具有较大的隐蔽性，随着物质贫困的逐渐改善而出现。林娜在研究农民工贫困问题时，从多维的视角将农民工的贫困分为三种类型，其中对“精神贫困”给出这样定义：人的追求、信念、价值观、习惯等人类执行的障碍，缺乏张扬个体生命的内在动力。其表现就是没有信念、内心世界空虚、工作不思进取、生活情趣不高等。① 在我国精准扶贫中，针对扶贫中出现“等、靠、要”的消极等待救助的贫困人群，习近平主席尤其强调思想脱贫的重要性：“弱鸟可望先飞，至贫可能先富，但能否实现‘先飞’‘先富’，首先要看我们头脑里有无这种意识，贫困地区完全可能依靠自身努力、政策、长处、优势在特定领域‘先飞’，以弥补贫困带来的劣势。如果扶贫不扶志，扶贫的目的就难以达到，即使一度脱贫，也可能会再度返贫。”②这种贫困比物质贫困更令人痛苦难受，同时也很难直接测量和观察，是一种继发性的贫困，容易被人们所忽视。一般在物质贫困的逐渐改善后其他方面的贫困才会逐渐出现，因而消除广义上的精神贫困比狭义上的物质贫困更困难、任务更艰巨。

3. 农村贫困和城市贫困。

（1）农村贫困。我国贫困人口绝大多数分布在农村，是我国当前扶贫工作的主战场。农村扶贫领域相关文献所涉及的内容尤为丰富，从单维到多维、静态到动态，经济维度发展到社会、政治等维度。目前，农村贫困不仅只是以收入贫困线来界定，还要综合考虑健康、教育、医疗、就业住房等维度。对于农村贫困的致因，国内外学者的认识和观点基本一致，认为农村贫困的发生是地理环境、经济文化、政策制度、人力资本等多个因

---

① 林娜. 多维视角下的农民工贫困问题研究［J］. 中共福建省委党校学报. 2009，（1）：50-55.

② 习近平. 摆脱贫困［M］，福州：福建人民出版社，1992.

素综合作用和相互影响的结果。[①] 农村贫困的研究涉及定义、成因、类型、测量和反贫困战略等方面。现阶段的研究主要是针对精准扶贫、精准脱贫中出现的各种问题进行剖析，找出问题的成因，从而提出相应的建议，促进我国精准扶贫政策的制定。

（2）城市贫困。对城市贫困的研究大致始于20世纪80年代，因为在此阶段中国同其他发展中国家一样，经济社会处于转型期，农村人口向城市迁移，造成城市人口大量增加。随着城市经济的快速发展，城市贫困问题也在不断蔓延。从宏观上来看，可以主要归结为地区经济发展不平衡、经济体制改革和调整、城市社会保障体系不健全等；从微观上来看，主要有家庭和个人因素、城市贫困者人力资本禀赋的因素等。城市贫困也经历了由物质匮乏贫困到多维度贫困的演变。成德宁认为城市的贫困是一种“多维度”的综合现象，除了物质维度，还应包括资源、能力、机会和社会权利的缺乏。[②] 我国正处于经济社会快速转型的时期，国企改革产生的大量失业和下岗人员，失去了原有的福利和社会保障体系，成为城市贫困的主要类型之一；[③] 户籍制度的改革使得大量农村人口转移到了城市，流动贫困人口成为城市贫困的另一种主要类型。[④]

4. 单维贫困和多维贫困。

（1）单维贫困。单维贫困即指贫困对象在某一维度中任一指标不符合标准即为贫困。虽然本文研究重点是多维贫困，但对单维贫困的研究仍具有重要意义。目前全球多维贫困指数（MPI）包括三个维度，共10个指

① 杜毅，孙晓锦. 我国农村贫困致因研究综述［J］. 洛阳理工学院学报（社会科学版）. 2016，(4)：53-56.

② 成德宁. 中国“贫困人口城市化”的趋势与对策［J］. 中国地质大学学报（社会科学版），2007，(5)：37-41.

③ 施杨. 经济体制转型中工人从贫困到相对贫困的生活变迁［J］. 求实，2012，(7)：36-39.

④ 杨亚非. 乡村贫困向城市转移的趋势与治理——以广西为例［J］. 学术论坛，2015，38(10)：109-115.

标。健康维度：营养、儿童死亡率；教育维度：受教育年限、入学儿童；生活标准维度：做饭用燃料、厕所、饮用水、电、屋内地面、耐用消费品。王素霞、王小林通过对单一指标的测度得出我国在贫困贡献率中最高的5个指标，由高到低依次为卫生设施、健康保险、耐用消费品、生产性资产和现代燃料。① 从单一的维度去了解贫困群体的主要致贫原因，可以把握我国整体贫困的状态，可以有针对性地“对症下药”，更加明确贫困治理政策制定取向。

（2）多维贫困。相比于传统认知观念中的贫困，人们普遍认为没钱就是贫困，吃不饱、穿不暖就是贫困，而多维贫困不仅涵盖了贫困对象的生活和收入，还包括教育、医疗、基础设施（饮水、道路、用电、卫生设施等）、可获得的社会福利及保障等多个维度，强调贫困对象在多个维度上同时受到剥夺。最早提出多维贫困概念的学者是阿马蒂亚·森，在其影响下多维贫困理论被越来越多的学者所认同，并在维度上加以补充，或在测度上加以创新。对于此类贫困的识别更加具有难度，治理上也更加复杂，但却能真正意义上的减缓贫困。近年来，国内多维贫困理论与测度的研究越来越丰富，在精准扶贫背景下，我国多维贫困的治理具有示范作用，为全球贫困治理方略的制定提供重要参考。

（二）多维贫困理论的历史演进

多维贫困理论起源于经济学，最初人们是以传统福利理论来界定贫困，是以一种单维的方式，即用收入或资源占有量来衡量贫困，简单的指收入或消费低于某个预设的贫困线。随着研究的深入，学者发现贫困问题是一个具有复杂性和多样性的社会问题。因此，对贫困的治理不再只是单一的瞄准贫困本身，而是从社会治理的层面加以研究，并一直不断地完善

① 王素霞，王小林. 中国多维贫困测量. [J] 中国农业大学学报（社会科学版），2013，(6).

和发展至今。贫困问题是全球性的，国内多维贫困的研究通过借鉴和学习国外的多维贫困理论而发展起来。因此，本节对多维贫困研究主要分为国内和国外，并从维度的逻辑上来梳理其理论的发展。

1. 国外学者多维贫困理论研究。

（1）多维贫困理论的提出。较早意识到贫困问题远非以货币表示的经济指标就能够轻松描述并解决的是福利经济学家坎南、庇古，但较早明确提出从多维角度来认识贫困与发展问题的学者则是阿马蒂亚·森，其“可行能力”理论被认为是多维贫困的理论发展基础。同时，也有学者从能力贫困的理念提到，贫困不仅是生存需求的不足，还应包括发展需求的不足。例如，法国学者佩鲁在其《新发现观》一书中详细阐述了人类发展的重要性。马克思关于人的全面发展观也指出“作为目的本身的人类能力的发展，这种能力应理解为一个人身体及获得人肉体的能力和精神能力或者身体能力和智力的总和”①。这些观点都突出了能力的重要性。阿马蒂亚·森提出的“能力贫困”概念，不仅阐述了贫困的本质，还从社会环境和福利资源分配维度来分析贫困，是对以往收入贫困概念的深入和拓展。能力缺乏是家庭贫困的根源，收入贫困只是能力贫困的外在表现②。衡量发展的指标包括每个个体在社会上所实现的客观福利，也包括每个人对自己所处的生活环境的主观评价。人的各种能力包括了用货币来衡量的指标，还有非货币性的指标。对于有能力的个体来说，自身的能力是获得收入的资本，从而摆脱贫困。但是不具有能力的个体，不论是否拥有一定的收入，都很难确保以后不陷入贫困的状态。从这一角度来看，能力是一种自由，能够过有价值生活的实质自由。

森在能力方法理论中提出了几个涉及人类发展与生活质量改善的方

① 马克思恩格斯文集：第 5 卷［M］. 北京：商务印书馆，2014.

② SEN A K. Development as Freedom［M］. Oxford：Oxford University Press，1999.

面：对于评估一个人的优势，真实自由是不可缺少的；每个人享受到的社会福利包括物质和非物质的；每个人都存在能力上的差异；幸福的产生来源于多个方面。真实自由、物质与非物质、能力差异、多维度是能力方法中主要考虑的因素。森的能力方法能够更好地对人们的生活水平进行比较，更加突出个人选择自己想要的生活方式的能力与自由，比以往传统的经济学更好地理解人类活动的本质。森的多维贫困理论为世界各国多维贫困的研究开辟了一条新路，一种新思维、新视角，为国家制定反贫困策略提供了一个重要的理论依据。

（2）多维贫困理论的发展。最早继承和发展了森的多维贫困理论的是从维度指标的选取上突破了一维束缚，选用了收入和闲暇这两个创新的维度来分析贫困，并提出了贫困测度的 H-M 指数，为后续研究多维贫困指数构建的学者奠定了基础。[①] 此后，从不同的维度来思考贫困问题逐渐兴起，汤森从需求的角度指出，在现代社会中个人的需求除了考虑基本营养外，还要考虑个人对教育、居住和安全的需要，[②] 虽然他并没有直接研究多维贫困的识别或测度理论，但却间接地为后者对贫困多维度的研究提供了新的参考依据。同样从需求角度研究贫困的亚洲开发银行，该机构自 1999 年以来就把扶贫作为其首要战略目标，旨在通过发展援助帮助亚太地区发展中成员消除贫困，促进亚太地区的发展。[③] 1995 年，在哥本哈根召开的社会发展世界高层会议更加全面地解释了贫困，贫困被看作是具有"各种表现形式，包括缺乏充分的生产资源和收入来确保可持续的生计；饥饿与营养不良；健康状况差；有限的教育或缺乏受教育的机会；由于疾病而增加的死亡率；无家可归；不安全的环境；以及社会歧视与排斥。它

---

① HAGENAARS. A class of poverty indices [J], International Economic Review, 1987, 28 (3): 583-607.

② TOWNSEND P. The international analysis of poverty [M]. New York: Harvester, 1993.

③ Asian Development Bank. Reducing poverty: major findings and implications [R]. Asian Development bank Report 1999.

还表现为公民在社会及文化生活的决策过程中缺少参与”①。这不仅丰富了贫困的研究维度，其中提到的社会歧视与排斥也为之后的学者在此基础上加入家庭脆弱性概念和权利贫困概念等奠定了基础。努斯鲍姆在森提出的“能力贫困”理论基础上，运用了休闲、寿命、健康、情感、思维等10个维度，使人们从更多的角度去关注和研究贫困。② 此外，萨宾娜·阿尔基尔也为了克服维度较少，覆盖面较窄的缺陷，系统地对人类发展的维度进行探讨，从关系到人类发展与福利水平的139个指标来衡量贫困。③ 为了进一步发展其理论，2007年5月，由森发起的研究团队在牛津大学国际发展系创立了牛津贫困与人类发展中心（Oxford Poverty and Human Development Initiative，OPHI），之后阿尔基尔也建立了研究团队，对森的理论继续进行发展和研究。《世界发展报告》用福利被剥夺的概念定义贫困，即贫困不仅指物质的匮乏，还包括低水平的教育和健康；除此之外，贫困还包括风险和面临风险时的脆弱性，以及不能表达自身的需求和缺乏参与机会。④

在国际上，联合国开发计划署（The United Nations Development Programme，UNDP）首次公布了全球104个国家和地区的多维贫困指数。从此，多维贫困的研究成为近年来贫困问题研究的一个焦点，从多维视角解读贫困并探索扶贫政策在学术界得到认可和推动。⑤ 2010年，联合国计划开发署（UNDP）又与英国牛津大学合作，在对人类发展指数和人类贫困

① United Nations. The Copenhagen Declaration and Program of Action：World Summit for Social Development [R]，1995.

② NUSSBAUM，MARTHA C. Women and Human Development：The Capabilities Approach [M]. Cambridge：Cambridge University Press，2000

③ ALKIRE S. Dimensions of Human Development [J]. World Development，2002，30 (2)，181-295.

④ ALKIRE S，SETH S. Measuring multidimensional poverty in India：a new proposal [R]. OPHI Working Paper No. 15，2008.

⑤ 吴孙沛璟，赵雪梅. 多维视角下的拉美贫困及扶贫政策 [J]. 拉丁美洲研究. 2016，38 (3)：15-30.

指数扩展的基础上，开发推出了“多维贫困指数”（multidimensional poverty index，MPI），从三个维度10个指标来衡量贫困。[①] 与人类发展指数相比，UNDP-MPI虽然仍从健康、教育和生活水平三个维度来反映多维贫困，但用于测量各个维度的指标数从3个增加到10个。在UNDP-MPI中，健康和教育维度各有2个指标，生活水平维度有6个指标。这个指数与“不平等调整后的人类发展指数”“性别不平等指数”作为三个创新性的度量指标首次被运用于UNDP《2010年人类发展报告》中。从微观转到宏观，世界银行从不同视角研究了贫困，包括经济、社会与政治的视角，[②] 之后便有许多学者以这三个视角为基础对多维贫困的成因、多维贫困的治理进行了分类的研究，具有重要的理论与政策意义。

2. 国内学者多维贫困理论研究。

（1）多维贫困理论的引入。就国内学者而言，较早运用多维贫困概念的是国际扶贫中心王小林，他和萨宾娜·阿尔基尔采用了Alkire & Foster的多维贫困测量方法，利用2006年“中国健康与营养调查”的数据，样本数为4468户（19000人），分布在中国的东北、东部、中部、西部四个地区的9个省份，对住房、饮用水、卫生设施、电、资产、土地、教育和健康保险8项指标进行等权重的赋值，对我国城市和农村多维贫困情况做了深入分析，并从单维和多维的角度分析了测量结果。从单维角度来看，城市中突出的几个维度为：健康保险、卫生设施、教育、饮用水、住房；而农村中单维贫困突出的几个维度分别为：卫生设施、健康保险、土地、教育、饮用水。从多维的角度来看，考虑三个维度的贫困时，当时全国的贫困发生率为0.198，多维贫困指数为0.087。并且中国城市和农村的贫困

① United Nations Development Programme. Human development report 2010 [R]. New York: UNDP, 2010.

② African Development Bank, Asian Development Bank, European Bank for Reconstruction and Development, et al. G8 Okinawa Summit Global Poverty Report [R]. 2000.

状况远高于国家统计局以收入为标准测量的贫困发生率，卫生设施、健康保险和教育对多维贫困指数贡献最大，从而依据结论对样本地区提出了发展建议，并据此提出了中国下一个十年（2011—2020）的扶贫要从多维度识别和瞄准的建议。[①]

（2）多维贫困理论的应用。早在 2009 年，就有学者在研究农民工贫困问题上突破了单一维度的视角，从多维的角度将农民工贫困分为物质、权利和精神三种贫困类型进行分析。[②] 农民工作为农村贫困群体的一部分，在贫困特征上具有一定的代表性，不过他们所面临的环境与没有走出农村的贫困群体有差异，因此在致贫的原因和采取的扶贫措施上也具有差异性。随着研究深度加大，学界对多维贫困研究广泛兴起。学者们分别在多维贫困的维度上、指标选取上和测量方法上进行了拓展，并将研究的背景由静态转向了动态，以便将贫困群体的贫困脆弱性和持续性全面考虑到贫困研究中。邹微、方迎风利用中国健康与营养调查 8 个调查年度的数据，选取了收入、教育和生活质量 3 个维度，对中国贫困的动态多维进行了研究，以期从整体上把握中国贫困状态。[③] 高艳云、马瑜选用了 9 个指标研究了多维框架下中国家庭贫困的动态识别。[④] 识别贫困群体后，即了解了“谁是穷人”，学者开始研究贫困的程度，即“有多穷”。国内最早从多维度来测算贫困的是陈立中，通过借鉴国外学者的描述和测算方法，他采用了 Watts 多维度贫困指数，从收入、健康、知识 3 个维度对中国多维贫困进行了测算。[⑤] 李佳路沿用王小林、阿尔基尔的方法，从消费、环境卫生、

---

① 王小林，ALKIRE S. 中国多维贫困测量：估计和政策含义［J］. 中国农村经济，2009，(12)：4-23.

② 林娜. 多维视角下的农民工贫困问题研究［J］. 中共福建省委党校学报，2009，(01)：50-55.

③ 邹微，方迎风. 关于中国贫困的动态多维度研究［J］. 中国人口科学，2001，(6)：49-59.

④ 高艳云，马瑜. 多维框架下中国家庭贫困的动态识别［J］. 统计研究，2013，30 (12)：89-94.

⑤ 陈立中. 转型时期我国多维度贫困测算及其分解［J］. 经济评论，2008，(5)：5-25.

教育和健康、脆弱性4个方面对S省30个贫困县的贫困状况进行了测算。① 了解贫困人口"有多穷"后，怎样治理，即"如何脱贫"便成为研究重点。由此，贫困的多维福利剥夺与持续性被广泛关注，成为政府制定精准扶贫政策的重要理论依据。张全红等人构建了长期多维贫困指数和暂时多维贫困指数，对我国贫困状况进行了实证分析和结构分解，突出了在贫困治理中，贫困识别和瞄准机制应向多维贫困领域扩展的需求，将消除长期贫困作为扶贫工作的重点，同时关注城市贫困。

从多维贫困研究的现状来看，基于多维视角来剖析和测量贫困的文献越来越丰富，大部分学者主要借助于国外较为成熟的贫困理论或测量方法，对于我国减贫工作的开展起到了很大的推动作用。但从另一方面而言，在看到多维贫困研究发展的学术及现实意义的同时，国内部分学者也提出了多维贫困研究的不足之处，正如李飞等人在其文献评述中提出如何走出多维贫困研究的"内卷化"和"学徒陷阱"，他们强调人文主义方法论在多维贫困研究中的不可或缺性，激励学者们在研究贫困时要尽量摆脱"边缘人"处境的角色，最后还强调了以动态和分层分类视角来研究贫困的重要性。②

（三）多维贫困与精准扶贫

1. 贫困多维特征是精准扶贫方略的现实土壤。从脱贫路径来看，贫困的多维特征是精准扶贫方略产生的基础。多维贫困的研究主要包括多维贫困理论和多维贫困测度的研究，理论是为了更好地指导扶贫工作的实践，测度是为了更精确地了解一个区域或一个地区贫困户的情况。在精准扶贫

---

① 李佳路. 农户多维度贫困测量——以S省30个国家扶贫开发工作重点县为例［J］. 财经贸易，2010，（10）：63-68.

② 李飞，唐丽霞，于乐荣. 走出多维贫困研究的"内卷化"与"学徒陷阱"［J］. 中国农业大学学报（社会科学版），2013，（3）：148-153.

中，多维贫困的测度被视为是精准扶贫的“关键一步”，在精准扶贫中称之为“精准识别”，只有精确地识别贫困对象，做好精准扶贫的第一步，精准帮扶、精准管理，精准考核才能顺利实施。基于多维框架下的精准扶贫，其贫困对象的界定具有复杂性，但却能将贫困“分门别类”，通过不断完善的多维测度方法，精确地识别贫困对象，从而有利于一国更加全面、精准地制定扶贫政策。

一方面，多维贫困从理念上拓宽了扶贫的宽度，从宏观层面来看，人们将贫困的研究分为政治、经济、社会 3 个视角，有助于在不同领域中全面理解贫困。例如，早期卡尔·马克思的制度贫困理论就指出，造成工人阶级贫困的根本原因在于资本主义制度，要想消除贫困，就应该建立一种新的制度，他从政治学视角剖析了贫困。经济学视角的贫困研究最为基础，也最丰富，如纳克斯的“贫困恶性循环”、纳尔逊的“低水平均衡陷阱”、缪尔达尔的“循环积累因果关系”等均为具有影响力的贫困理论。还有一些学者从社会学视角分析了贫困，提出了能力贫困、结构贫困、功能贫困、文化贫困等贫困理论。从微观层面来看，对贫困的界定不再只是以单一的贫困线为标准，还要综合考虑其教育、医疗的获得性和基础设施建设情况等。例如，四川省在精准扶贫工作实施中考虑了多维度的致贫因素，全面制定了对应的脱贫标准，贫困户的脱贫标准为“一超五有”，即“年人均纯收入”超过国家扶贫标准且吃穿不愁，有义务教育保障、有基本医疗保障、有住房安全保障、有安全饮水、有广播电视。贫困村脱贫标准为“一低五有”，即“贫困发生率”低于3%，有集体经济收入、有硬化路、有卫生室、有文化室、有通信网络。贫困县脱贫标准为“一低三有”，即“贫困发生率”低于 3%，乡乡有标准中心校、有达标卫生院、有便民服务中心。

另一方面，在不同时期贫困状况会有所不同，多维贫困治理则会表现出不同侧重，因此在一定程度上精准扶贫是多维贫困理论发展的必然结果。中国为如期实现贫困人口的脱贫，贫困县全部摘帽，改革过去扶贫思路和方式，变大水漫灌为精准滴灌，变“输血”为“造血”，变重 GDP 为重脱贫成效，解决好“扶持谁”“谁来扶”“怎么扶”“如何退”的问题，精准扶贫在多维贫困理念的指导下，对不同维度的贫困问题，采取有针对性的政策措施。

在“扶持谁”的问题上，精准扶贫工作逐步建立起了“贫困区域—贫困县—贫困村—贫困户”由上而下的贫困识别体系，实现了“户有卡、村有册、乡镇有簿、县有档、省市有信息平台”的多维立体档案体系。例如，贫困户的识别采用“建档立卡”方法，以农户收入为基本依据，综合考虑住房、教育、健康等情况，对贫困户的详细信息进行纸质的登记和大数据录入的处理，其实际上就是多维贫困理论中测度方法在中国的具体实践。

在“谁来扶”的问题上，以多维理念为基础，在精准扶贫中，我国根据扶贫治理主体的不同区分了专项扶贫、行业扶贫和社会扶贫，从这宏观的三大主体对不同地区、不同贫困对象给予相应的帮扶措施并有所侧重。例如，对于少数民族地区和革命老区，则以专项扶贫和行业扶贫为主要举措，重在加大政府和部门的支持；而对于自然条件优越、资源较为丰富的地区，则大力推行行业扶贫，鼓励各行业在贫困地区发展项目，以带动当地的经济发展，促进扶贫工作的开展；社会扶贫则体现在动员企业和社会各界力量参与到扶贫中，推进扶贫工作。

在“怎么扶”的问题上，精准扶贫工作的基本方略按照不同地区和贫困人口的具体情况，基于不同维度、不同致贫原因制定和实施“五个一批”工程，主要包括：发展生产脱贫一批，主要是通过政府的引导和支持，使有劳动能力的贫困户实现就近就业，就地脱贫；易地扶贫搬迁脱贫一批，主要针对无法经由发展生产而脱贫的贫困人口，通过易地搬迁，使其脱贫致富；生态补偿脱贫一批，主要通过生态区的转移支付功能，或让有劳动力的贫困人口就地转成护林员等生态保护员，以增加其收入助其脱贫；发展教育脱贫一批，通过国家政策和财政投入的倾斜，解决因学致贫的贫困问题，同时改善贫困地区的办学条件，提高教育质量；社会保障兜底一批，主要针对贫困人口中完全或部分丧失劳动力的人，通过医疗保险和医疗救助来帮助贫困户。

在“如何退”的问题上，中共中央办公厅、国务院办公厅印发的《关于建立贫困退出机制的意见》指出：贫困人口退出以户为单位，主要衡量标准是该户年人均纯收入稳定超过国家扶贫标准且吃穿不愁，义务教育、基本医疗、住房安全有保障。贫困村退出以贫困发生率为主要衡量标准，统筹考虑村内基础设施、基本公共服务、产业发展、集体经济收入等综合因素。原则上贫困村贫困发生率降至 2% 以下（西部地区降至 3% 以下）。贫困县（包括国家扶贫开发工作重点县和集中连片特困地区县）退出以贫困发生率为主要衡量标准。原则上贫困县贫困发生率降至 2% 以下（西部地区降至 3%以下）。例如，四川省在“如何退”这一环节的创新，超越了单纯以经济收入为衡量指标的贫困观念，充分体现了多维贫困理念。四川在坚持国家政策的基础上，依据自身情况对退出标准进行了丰富和深化：拟退出的贫困户不仅要达到“两不愁、三保障”的标准，同时还应实现“有安全饮用水、有生活用电、有广播电视”；贫困村要实现“一低五有”，即贫困发生率低于 3%，有集体经济收入、有硬化路、有卫生室、有文化室、有通信网络。对于贫困县，要做到乡有标准中心校、有达标卫生院、有便民服务中心。

2. 精准扶贫是治理多维贫困的必然选择。我国过去的贫困治理存在着“大水漫灌”等问题，现今的精准扶贫要求贫困治理要做到“精准滴灌”，实施精细化的扶贫方式，在扶贫机制上由主要依赖经济增长的“涓滴效应”转向更加注重“靶向性”，对目标人群直接加以扶贫干预的动态调整。因此，我国政府依据以往经验和当前贫困形势，提出了“六个精准”的扶贫方略，不仅拓宽了多维贫困的宽度，使多维贫困在贫困治理中更全面地体现，还强化了治理强度，即在全面考虑维度的基础上，对各个维度的治理提出了严格、精准化的要求。“六个精准”主要从以下几个方面来体现：

“扶贫对象精准”，即多维贫困识别维度的精准。对于贫困对象的精准识别，我国政府不仅通过多维贫困理论的测度方法，精确识别和界定贫困对象，还明确要求建立“户有卡、村有册、乡镇有簿、县有档、省市有信息平台”的多维立体档案体系。因此，多维贫困的测度是将贫困对象精准地识别出来，而精准扶贫是在此基础上更加细致、精准地瞄准和掌握贫困对象的信息。例如，对贫困户发放的“扶贫手册”中，对其家庭基本情况、致贫原因、具体实施的帮扶措施等都有详细的记录，不仅从维度上把握了贫困，而且做到了各个维度的精准化，为之后的精准施策奠定了重要基础，多维贫困测度是精准识别的方法，精准扶贫是多维贫困治理的具体实践体现。

“项目安排精准”，即依据贫困地区的资源优势、自然条件等因素，即根据不同维度的致贫原因给予适合的项目安排。因此，选择和安排什么样的扶贫项目，要因人因地施策，因贫困原因、贫困类型施策，区别不同情况，做到对症下药、精准滴灌、靶向治疗。例如，被全国荒漠化地区扶贫工作座谈会树为典型的“库布其治沙生态扶贫模式”，当地居民充分挖掘沙漠地区特有的沙草、种植、旅游等资源，充分发挥亿利资源集团等龙头企业的产业带动作用，发展了沙漠种树、树木养护、药材种植、沙漠旅游、以沙漠入股企业等项目，使农牧民家庭年均收入可达10万至20万元。通过这些以沙治沙、靠沙“吃”沙的精准扶贫项目，农牧民在以前让他们长期贫困的同一片土地上，以市场化手段参与沙漠治理并分享治理成果，初步实现了就地脱贫和自主脱贫。

“资金使用精准”，扶贫资金既是贫困群众的“保命钱”，也是精准扶贫的“助推剂”。在精准扶贫工作开展初期，资金使用中出现了诸如分配不合理、效率不高、资金挪作他用、管理不到位等问题，我国政府总结以往经验，依据多维贫困特征，分别在教育、医疗、卫生、基础设施建设等方面投入专项资金，以保障每个维度的贫困都能得到扶持和帮助。例如，为了全面改善贫困地区学校基本办学条件差的问题，我国政府投入了中央专项资金到“农村义务教育薄弱学校改造计划”中，从学校的基本教学条件、学校生活设施两个大的维度切入，对学校硬件设施和学生基本生活进行改善，促进了贫困学生入学比例提升，提高了各地教育质量。

“措施到户精准”，在精准扶贫工作中，曾出现扶持措施不当而导致资源浪费和扶贫效率不高的现象。例如，在开展产业扶贫中，有的地方政府直接向贫困户送钱、送物资、送树苗、送猪崽、送羔羊等，旨在使贫困户通过种植、养殖实现短期快速的脱贫，但最终发现大多数贫困户的树苗和牲畜，要么死了，要么自己吃了，年年扶贫年年贫，没有起到实质的扶贫效果。因此，当前精准扶贫对过去的扶贫政策进行修正，针对多维贫困复杂的致贫原因，强调要因人、因户施策，做到“缺啥补啥”，“一户一策、一户一方案”，用好建档立卡的成果，使措施到户精准，扶贫工作扶到根子上，帮到点子上。

“因村派人精准”，即从多维贫困能力维度上切入，统筹帮扶力量，在基层落地落实精准扶贫精准脱贫方略，提高贫困人口脱贫能力，带领贫困群众脱贫致富。精准扶贫基于多维度的贫困原因，在实践中探索一条新路，把干部驻村帮扶作为精准扶贫的“滴灌漏斗”，沉下来，融进去。例如，四川广元青川县在精准扶贫工作中探索的“四步两公开”“五个一”“六个到户”等做法，取得良好效果。其中“五个一”就是因村派人精准化的体现，主要包括为每个贫困村配备一名县级领导干部、一个帮扶单位、一个驻村工作组、一名“第一书记”、一名农技员。通过靶向瞄准贫困村和贫困户，驻村干部帮助贫困群众引进项目、提供技术支持、引导生产、鼓励建设新农村等，从收入、教育、健康、医疗、卫生、文化、基础设施等维度与贫困户一起脱贫致富。

"脱贫成效精准"，不搞"假脱贫"、不搞"数字脱贫"是精准扶贫工作的基本要求，贫困户、贫困村、贫困县的退出要求在各个维度都达到最低标准，才能严格按照程序退出视作脱贫。然而，实际情况中一些地方官员急功近利，追求脱贫进度，使许多贫困户"被脱贫"，而且在部分已脱贫的贫困户中又出现返贫的现象，因此，精准扶贫工作提出了"两不愁、三保障"的总目标，"不愁吃、不愁穿，义务教育、基本医疗、安全住房都有保障"，切实使贫困群众从多维贫困中走出来。

二、贫困治理理论历史演进及进展

为更好地开展未来的贫困治理工作，厘清贫困治理理论的兴起、历史演进、了解贫困治理与当前精准扶贫的关系，对我国当前精准扶贫工作提出更加有效的政策和对策具有重要意义。本节将从政治学、经济学、社会学三个角度对国内外贫困治理理论进行梳理，从贫困治理的范式和体系的演进来探讨贫困治理与精准扶贫的关系，以期构建一个较为清晰的贫困治理理论框架。

（一）治理理论的兴起与发展

1. 治理理论的兴起。目前学术界对治理理论的兴起较为认同的是世界银行 1989 年发表的报告《南撒哈拉非洲：从危机走向可持续增长》中首次使用了"治理危机"一词，并于 1992 年将其年度报告称为《治理与发展》，此后"治理"一词便在国际上流行开来。这一概念最初只在政治学领域使用，随着内涵的拓宽，"治理"便迅速发展到各个领域。当然，在不同的领域其内涵会有所不同。它可以是宏观层面和微观层面治理的手段，也可以是不同领域、不同关系的实践方式。

提到“治理”，人们总会将它与“统治”进行比较和区分。罗西瑙作为最先分析二者关系的代表人之一，在其代表作《没有政府的治理》中详细地指出了治理与统治的区别：二者的相同点在于都涉及目的性行为和目标导向的活动和规则体系，但统治意味着“强硬”，它有强有力的权力支持和力量支持，而这两种支持可以很好地帮助其统治；而治理不同的是，它的主体是多元的，包括政府、非正式组织、非政府机制等。[①] 治理的原意是控制、引导和操纵，指的是在特定范围内行使权威。它隐含着一个政治进程，即在众多不同利益共同发挥作用的领域建立一致或取得认同，以便实施某项计划。1990 年以后，随着社会自治组织力量的不断壮大，例如志愿团体、慈善组织、社区组织、民间互助组织等，它们的影响不断扩大，使得学者们重新审视了政府与市场、政府与社会之间的关系。

2. 治理理论的发展。治理理论的兴起进一步拓展了政府改革的视角，它对现实问题的处理涉及政治、经济、社会、文化等诸多领域，成为引领公共管理未来发展的潮流。从最初的政治治理发展到现在，学者们更愿意也更倾向于用“社会治理”一词来谈论当前的政府政策和社会问题。从治理理论兴起的直接原因来看，主要是由于社会资源的配置中存在着“市场失灵”或“政府失灵”，而治理则恰好能解决这些问题。但治理同时也会存在着失效的困境，因此不少学者和国际组织提出了“善治”概念。“善治”是使公共利益最大化的社会管理过程。它的本质特征是政府与公民对公共生活的合作管理。它强调政府与公民的良好合作以及公民的积极参与，实现管理的民主化。世界银行指出善政被普遍认为是减缓贫困的一个关键因素。善政不仅已经成为减少贫困的当务之急，也已成为发展的当务之急。

贫困被看作是一个复杂而又重要的社会问题，一直备受各界关注。从

---

① 汪乃澄. 论治理理论的中国适用性［J］. 当代社科视野，2010，(12)：8-12.

治理这一概念的引入开始，有的学者在治理理论的框架下构建了新的贫困理论，有的学者在各实践领域中从治理的角度探索出了新的治理理念与思想。当然，在贫困领域中也逐渐兴起了丰富的贫困治理理论。从“减贫”到“反贫困”、从“扶贫”到“贫困治理”，虽然内涵、对象一致，但在手段、目标和主体上却有不同之处，这些变化不仅体现在政策的制定和实践的指导上，通过对国内外贫困治理理论的梳理，我们也可以清楚地看到这一进步与发展。

（二）国内外的贫困治理理论

1. 基于经济学视角下的贫困治理理论。

（1）大推进平衡增长理论。1943 年，英国伦敦大学教授保罗·N. 罗森斯坦-罗丹提出了“大推进的平衡增长”理论。他认为，经济生产各部门是相互联系、相互依存、相互影响的，只对工业部门投资而不对其他部门投资，就不可能使单项工业的投资真正实现，更不可能形成大规模的投资市场和利益。因此，针对发展中国家，他主张大力发展工业，实现工业化，才有可能冲破贫困的恶性循环。同样，1949 年，普雷维什在《拉丁美洲经济发展及其主要问题》中，详细阐述了“中心—外围”理论，在世界资本主义体系中，存在“中心”与“外围”两个部分，且他认为二者之间存在不平等的经济关系，要想摆脱不平等，则要通过消除技术进步成果分享上的不平等、贸易比价的不合理、收入水平的不公平等。这些主张是从经济发展或经济发展中的关系来治理贫困。

（2）贫困恶性循环理论。1953 年，美国哥伦比亚大学教授罗格纳·纳克斯出版了《不发达国家的资本形成》一书，系统地提出了贫困恶性循环理论。纳克斯认为，发展中国家之所以贫困，不是因为这些国家国内资源不足，而是因为他们人均收入水平低、生活贫困，并形成“贫困的恶性循环”。只有打破这种循环，才能走出贫困。1956 年，美国经济学家纳尔逊发表了《不发达国家的一种低水平均衡陷阱理论》一文，进一步解释纳克斯的“贫困恶性循环”理论。纳尔逊从人均资本、人口和国民收入三种要素增长与人均收入关系的角度出发，分析了贫困自我循环的机制和过程。纳尔逊认为发展中国家必须进行大规模的资本投资，使投资和产出的增长超过人口增长，才可能冲出“低水平均衡陷阱”。

（3）循环积累因果关系理论。瑞典经济学家冈纳·缪尔达尔在其代表作《亚洲的戏剧——一些国家的贫困问题研究》和《富国与穷国》中，详细地阐述了“循环积累因果关系”的贫困理论。与纳克斯的“贫困恶性循环”理论不同，缪尔达尔认为，在一个动态的社会经济发展过程中，贫困不仅是资本稀缺的表现结果，还是社会、经济、政治、制度等方面诸多因素的综合结果，并呈“循环积累”发展态势，每个循环结果不管是良性或恶性均会对下一个循环起到“积累效应”。而这种“积累效应”存在两种相反的效应——回流效应和扩散效应。前者指发达地区不断向落后地区吸取资源，后者指发达地区向落后地区溢出资源。因此，他提倡政府干预，强行改变区域间不平衡的发展，使差距逐渐缩小，从而有利于欠发达地区的发展。

（4）益贫式增长理论。基于全球多年的减贫实践，研究贫困问题的学者们发现，单一的追求经济的增长只能在贫困治理之初表现出较为良好的效果，之后便会出现边际效益递减的趋势。结果是，部分贫困群体的生活变得更加困难。因此，人们开始重新审视经济增长，提出了益贫式的增长理论。该贫困治理理念强调公平的经济增长模式，人本身能力的重要性，以及提升穷人的社会地位，防止经济陷入有增长无发展的“陷阱”。[①] 当下我们所提到的“深度贫困”问题，深度贫困的群体由于生活的条件、所处

① 胡永和．“有利于穷人的增长”与中国城镇反贫困［J］．海南大学学报（人文社会科学版），2009，（4）：395-399.

的地理位置等，在经济增长时被迫“边缘化”，使得脱贫面临更大的挑战和困难。

（5）包容性增长理论。2007 年，亚洲开发银行首次提出“包容性增长”这一概念，目的是让普通民众最大限度地享受经济发展成果。该理论主要是通过调节机会的不平等让弱势群体得到保护，从而促进贫困的减少。它涉及平等与公平的问题，包括可衡量的标准和更多的无形因素，寻求的应是社会和经济协调发展、可持续发展，与单纯追求经济增长相对立。社会排斥理论就曾提到，贫困群体之所以贫困，是因为他们被排除在一个能公平享受资源的环境之外，无法公平地获得教育机会、就业机会等。因此，包容性增长理论提倡消除社会排斥，使贫困群体能自由公正地获得资源共享机会，从而摆脱贫困，同时也有助于社会的稳定。这一治理理论，不仅只是单一地瞄准了贫困群体的治理，而是以更为开阔的视野审视整个社会，治理社会问题。作为社会问题的其中一部分——贫困问题，就会迎刃而解。

2. 基于制度、文化视角的贫困治理理论。

（1）制度贫困理论。政治学视角下较早涉及贫困治理理论的是马克思制度贫困理论，其主要研究对象是早期资本主义国家的贫困群体。马克思认为，在一定的制度前提下，贫困是由制度造成而非贫困者本身，因此，贫困群体要想改变自己的困境和经济地位，只有通过“剥夺者被剥夺”，消灭阶级剥削、阶级压迫，消灭贫困、彻底消灭贫困的路径。因此，在马克思看来，彻底地消除贫困比依靠于发展资本主义的生产更具有现实意义，其思想对我国贫困治理具有重要的指导作用。

（2）贫困文化理论。贫困文化理论形成的背景是基于物质扶贫的低效性和无法再用纯粹的经济学理论解释贫困现象。1960 年美国经济学家刘易斯提出该理论。他认为，所谓“贫困文化”就是贫困阶层所具有的“一种独特的生活方式，是长期生活在贫困之中的一群人的行为方式、习惯、风俗、心理定式、生活态度和价值观等非物质形式”①。该理论强调由物质扶贫转向精神扶贫，更注重提升个体或家庭对贫困的认识，注重从思想引导来促进贫困的摆脱。以往单一的物质扶贫容易造成“扶贫—脱贫—返贫”的局面，而贫困文化理论则强调精神扶贫，增强其内生动力和造血功能，使贫困群体不仅从行动上参与扶贫，更从思想上参与和推进扶贫。

（3）权利贫困理论。权利贫困是指社会里的部分人群（一般是社会弱者）在政治、经济、社会和文化权利等方面的享有处于不足的状态。制度设计或安排的缺陷是权利贫困的本质特征。② 权利贫困意味资源占有或分配的分化，而分化的基本功能在于对机体的消解作用与对社会秩序的破坏作用，对社会具有一定程度的危害性。权利贫困在社会发展中的出现具有必发性与普遍性的特征，若放任其发展，则将造成贫富分化加剧、社会结构失衡、社会关系冲突等严重后果。阿马蒂亚·森指出人在社会中凭借一切权利和机会所能够支配的商品组合即为权利；两个人的禀赋和交换权利能决定其拥有权利的多少。③

一个人免于饥饿的权利依赖于：①政治体系，即政府能否提供明确的产权保护；②经济体系，即微观上是否有充分竞争的市场秩序，宏观上能否维持稳定的经济环境；③社会体系，家庭内部的分工、传统观念中对交换权利和互惠权利的规定等。这些都会影响到权利的分配，并决定着不同的群体在面对饥饿和饥荒时的不同命运。④ 贫困的产生归根结底是交换权利的恶化。贫困的表现在于人与物的关系，但是根源在于人与人的关系。个人可以通过依靠生产、劳动获得收入；用收入通过贸易获得商品；由社会保障体系获得救济。而就业机会、商品价格等的变化将影响交换权利，

① 周怡. 贫困研究：结构解释与文化解释的对垒［J］. 社会学研究，2002，(3).
② 文建龙. 城市弱势群体权利贫困问题及治理研究［D］. 同济大学，2007.
③ 张培刚，张建华. 发展经济学［M］. 北京：北京大学出版社，2009.
④ 阿马蒂亚·森. 贫困与饥荒［M］. 王宇，王文玉，译. 北京：商务印书馆，2001.

从而对贫困产生影响。

3. 基于个体发展视角下的贫困治理理论。

（1）能力贫困理论。印度经济学家阿马蒂亚·森以能力方法作为基础创立了多维贫困理论。他指出，能力的缺乏是家庭贫困的根源，收入贫困只是能力贫困的外在表现。[①] 能力，是一个人能够实现的各种功能的组合，也是人们能够做到的一系列活动项目所组成的组合。个人在组合中进行选择的自由度是能力大小的反映。人类的发展是由免受营养不良、过早死亡、饥饿、疾病等一系列功能性活动构成的基本可行能力所决定的。衡量发展的指标包括每个个体在社会上所实现的客观福利，也包括每个人对自己所处的生活环境的主观评价。人的各种能力是阿马蒂亚·森的能力观点所强调的。这种观点包括了用货币来衡量的指标，还有非货币性的指标。对于有能力的个体来说，自身的能力是获得收入的资本，从而有助于摆脱贫困，但是不具有能力的个体，不论是否拥有一定的收入，都很难确保以后不陷入贫困的状态。从这一角度来看，能力是一种自由，能够过有价值生活的实质自由。

（2）代际传递理论。“贫困代际传递”的概念是1960年由美国经济学家提出，它是指贫困以及导致贫困的相关条件和因素在家庭内部由父母传递给子女，使子女在成年后重复父母的境遇——继承父母的贫困和不利因素并将贫困和不利因素传递给后代的一种恶性遗传链；也指在一定的社区或阶层范围内贫困以及导致贫困的相关条件和因素在代际延续，使后代重复前代的贫困境遇。[②] 处于家庭、社区和阶层下一“链接”的群体，无法选择和改变上一层的因素，只能接受和被迫处于“既定”的生活模式中。另外，处于相对“不利”的环境下，即使下一代想通过自身努力改变贫困

① SEN A K. Development as Freedom [M]. Oxford: Oxford University Press, 1999.

② 李晓明. 贫困代际传递理论述评 [J]. 广西青年干部学院学报, 2006, (2): 75-78, 84.

现状，也会相对困难。此理论强调从贫困人口本身出发，提高自身的发展能力，改变外部和内生影响因素，从而打破无限的代际传递，摆脱贫困困境。

（3）生命周期理论。国外一些学者将生命周期中的关联性与贫困联系起来，主要表现为一些特定阶段的问题会在后一阶段重新出现，并影响其后续阶段的机会。[①] 基于生命周期理论，我们可以大致将人的一生分为：儿童时期、成年期和老年期三个阶段。此理论的核心表达为：对一个贫困家庭或个人而言，若在儿童时期，由于个人或家庭的原因而缺乏受教育的机会、营养不良而影响健康等，那么当他进入成年时期时，就会因为儿童时期的影响而难以获得较高报酬的工作、机会，身体、心理素质都相对较弱，这样低水平的生活若保持到老年期，劳动能力缺乏、收入来源缺乏等原因将使得他更容易陷入贫困。生命周期理论也在于瞄准个人发展问题，从解决个人本质发展动力的视角出发，分阶段地治理贫困，阻断贫困的阶段蔓延。

（4）主观贫困理论。主观贫困的概念来自于主观贫困线。对于贫困的界定和测量，我们通常从客观的视角理解，但传统的客观贫困线难以对基本需求的定义尤其是非食物需求有一个理想的标准，且有一种“家长式作风”，即个人或家庭是否贫困全由政府或“专家”来判定。而主观贫困理论其实质上可以看作一种“赋权”的思想，将是否贫困的认定权利交给公民大众自己来感知，从而设定相应的主观贫困线。学者们认为，虽然主观贫困线的贫困标准对于不同的个体可能呈现出巨大差异，而且研究者本身提问方式的不同，得到的结果可能也截然不同，但其具备的优点是可以很好地弥补客观贫困线的不足之处。例如：客观的贫困线往往是对普遍的、

① GARCIA B，GRUAT J V. Gruat，Social Protection：A Life Cycle Continuum Investment for Social Justice，Poverty Reduction and Development ［R］. Geneva：Social Protection Sector，ILO，2003.

共性的贫困特征进行分析，一定程度上并不具有准确性。而主观贫困线是依据贫困者本身的判断和诉求，只有自己最了解自己的情况。因此，在贫困测量上主观贫困可以更加准确。虽然主观贫困线并未成为当下贫困测量和界定的主要方法，但主观贫困理论的形成，为后来“大众参与式”扶贫奠定了良好基础。类似的社区主导发展理论，也强调由贫困群体自身来表达诉求和发展需要，不过该理论是基于社区更大的层面来统筹和实施，在贫困瞄准、减贫、提高福利水平和改善公共服务可获得性等方面都有积极的影响。

（5）人力资本理论。20 世纪 60 年代，美国经济学家舒尔茨（Theodore W. Schultz）和贝克尔（Gary Stanley Becker）创立人力资本理论，开辟了关于人类生产能力的崭新思路。舒尔茨的“人力资本”理论被看作是贫困治理理论从经济学研究到社会学研究的过渡。舒尔茨认为，传统的经济理论所主张的“经济增长必须依赖于物质资本和劳动力的增加”已不再符合今天的事实，对于现代经济来说，人的知识、能力、健康等人力资本的提高，对经济增长的贡献远比物质资本、劳动力数量的增加重要。贫困的根源在于人力资本的质量，要摆脱贫困必须提高贫困人口的人力资本，增进其知识技能，提高人口素质。这一治理理论强调从人本身出发，将其视为治理主体之一参与到贫困治理之中。

（6）社会资本理论。1990 年以来，社会资本理论逐渐成为学界关注的前沿和焦点问题，贫困研究的学者将其运用到农村问题的研究之中。研究发现，社会资本与贫困之间存在密切关系，在市场经济和贫富差距拉大的背景下，农村的人际关系观念逐渐淡薄，交流与互相帮助越来越少，社会资本不断流失，对于贫困群体而言非常不利，成为难以摆脱贫困的重要因素之一。因此，在学术界开始主张培育和扶持个人或家庭的社会资本，消除社会排斥带来的负面影响，在小范围内构建好个人或家庭的社会资本网络，以更好地帮助其摆脱贫困。社会资本理论的提出，不仅有助于解决贫困问题，也有利于减少农村问题和社会问题。贫困治理与社会治理之间实质是一种相互促进的关系，贫困治理的改善有助于社会稳定和谐；而社会治理的提升又能够促进贫困问题的解决。

（三）贫困治理与精准扶贫

1. 贫困治理范式上的演进。

（1）治理主体的演进。从贫困治理主体角度，贫困治理的演进是从民间慈善为主，过渡到以政府为主，进而发展到政府、企业界与民间组织建立合作伙伴关系、共同治理的过程。① 早期的治贫主体是民间组织，在当时的政府看来，大多数的贫困是贫困者自身懒惰造成，因此政府往往是放任不管，甚至是排斥的。而随着社会的发展，人们逐渐认识到贫困问题不仅是个人问题，而是一个重要的社会问题，因而政府开始重视贫困问题，并逐渐代替了民间慈善组织在扶贫中的主体地位。此时，政府主要采取的治贫措施是通过建立福利制度来直接救助贫困群体，起到了一定的积极作用，但在随后经历的经济改革与社会转型，福利救助出现了一些弊端，例如政府的财政支出负担加大、被救助对象消极等待救助等，使得单靠福利制度来治理贫困的政府逐渐退出治理主体的角色。此时，民间组织的力量再次显现出重要作用，他们结合新自由主义的力量共同革新了政府在公共事务管理中的垄断地位，治贫的主体演变成了由政府、市场和民间社会组织共同参与的多元并存形式。世界银行强调，治贫主体的多元化可以扩大贫困者的经济机会、促进赋权，加强安全保障，并形成持续性的减贫动力。②

对比当下我国正在实施的精准扶贫战略，其治贫主体包括了政府、企

---

① 刘敏. 贫困治理范式的转变——兼论其政策意义［J］. 甘肃社会科学，2009，（5）：213-215.

② 世界银行. 2000/2001 年世界发展报告［M］. 北京：中国财政经济出版社，2001.

业、社会和贫困人群本身。宏观上大的主体并没有改变，但从微观层面来看，各个主体的责任更加明确。例如，针对贫困户实施的“五个一”帮扶责任主体：一个帮扶单位、一个联系领导、一个“第一书记”、一个驻村工作组和一名驻村农技员。“各就其位，各谋其职”，治贫主体的细化使得帮扶的手段措施上更能“因村施策”“因户施策”，提高我国贫困治理的效率。

（2）治理方式的演进。在贫困治理方式上，贫困治理经历了从强调物质资本救助式扶贫，到强调人力资本开发的扶贫过程。最初界定贫困主要是以收入指标和物质资源来衡量，当其收入低于一定水平，不足以满足其基本生活需求时，则界定为贫困。国家和社会所实施的治贫方式主要是为贫困户提供一定的经济支持和物质上的救助。这种只强调从单一的经济维度来扶贫的方式被称为“救助式”扶贫或“输血式”扶贫，其弊端在于不能真正深入根源解决贫困问题，仅面向贫困的表面，一旦国家和社会停止对其施予救助，大多数贫困人口就会立即返贫。

受人力资本论的影响，人们对贫困的认识开始拓宽，贫困产生的原因除了收入和物质资本的不足，还应包括人力资本的匮乏，包括教育、知识、技能、营养、健康等不足。贫困的治理方式便开始由“救助式”转向了“开发式”。开发式的贫困治理方式注重将资源投入促进教育发展、拓宽贫困群体就业面、提高贫困人口劳动技能以及低成本高效益的社会项目上，增强其“造血功能”，依靠自身的能力脱贫，以减小返贫的概率。20 世纪 80 年代后，受社会排斥理念的影响，人们提出贫困的治理不仅要在物质、人力资本上提供帮助，还应加强他们在经济、政治、社会和文化等方面的社会参与，促进社会整合和社会融入，由此而过渡到参与式的贫困治理。

贫困的治理不应只是治贫主体的责任，更应该是治贫对象自身的责任。精准扶贫是参与式贫困治理精细化的体现，精准扶贫更加强调各个贫困治理主体的广泛参与、共同治理。例如，在精准扶贫工作中将贫困群体也纳入贫困治理的主体当中，放大他们在脱贫工作中的主体性、重要性，让他们切实参与到脱贫工作中，并认识到脱贫工作不仅是“要我发展”，而应是“我要发展”。参与式贫困治理方式极大地提高了贫困群体的脱贫积极性，使扶贫资源得到高效的利用。

2. 贫困治理体系的演进。

（1）以经济体制改革为主。以经济体制改革为主的治理体系，在早期贫困治理中起到了积极的作用。学者们将我国的贫困治理划分为五个阶段，第一阶段是1978—1985年，体制改革阶段，这一时期主要的致贫原因是农民公社制度造成的“大锅饭”抑制了农民的生产积极性，农村普遍贫困。当时，采取的主要治贫措施是改革以往的土地集体经营制度，将家庭承包经营制作为农民生产的主要制度。这一改革使贫困的农民分得了承包的土地，土地在农村就等于农民的“命根子”，极大地提高了农民生产的积极性，通过生产解决温饱，走出贫困；同时，政府还直接对贫困户提供补贴，保障其最低生活需求。另一方面，政府还实施了放宽农产品价格，大力发展乡镇企业等多项经济改革举措。农产品价格的提高促进了农业的转型，使得农村劳动力得到更充分的利用，促进了贫困群体的就业，提高了收入水平。

（2）以贫困县瞄准为主。以贫困县瞄准为主的治理体系，提高了扶贫资源投放的精准度。这一体系对应的是贫困治理的第二阶段，在此阶段我国农村发展不平衡的问题凸显，上一阶段的“救济式”扶贫中出现了贫困户消极脱贫、等待救济的现象，加大了财政负担，阻碍了脱贫工作的开展。为此，我国成立了专门的扶贫组织和扶贫工作机构，并在参照国际标准的基础上依据自身的国情，制定了扶贫的标准，对于贫困县，国家安排了专项资金。治贫标准的明确使得治贫的对象更加明晰，提高了扶贫资金和扶贫资源的使用效率。

（3）以贫困村、贫困户瞄准为主。以贫困村、贫困户瞄准为重点，将贫困治理的精细化程度提到了新的高度。以1994年《国家八七扶贫攻坚计划》的公布实施为标志，中国的扶贫开发进入了攻坚阶段，在此阶段贫困人口呈现出地缘性的特征。这一阶段扶贫策略主要是从贫困地区的基础设施建设、文化、教育、卫生等维度来治理贫困，由区域经济发展带动调整到扶贫到户，实现了扶贫措施到村到户。[①] 为了巩固扶贫成果，2001—2010年的整村推进扶贫开发行动继续以改善贫困地区基本农田和农田水利设施，解决贫困人口温饱问题为首要目标，《纲要》的主要内容提出了整村推进扶贫模式，通过引导贫困地区群众在国家必要的帮助和扶持下，以市场为导向，调整经济结构，开发当地资源，发展商品生产，改善生产条件，走出一条符合实际的、有自己特色的发展道路。[②]

（4）精准扶贫全方位的瞄准。精准扶贫工作的开展是当下最全面的多维贫困视角的贫困治理，是贫困治理理论发展的最新成果。国家颁布实施了《中国农村扶贫开发纲要（2011—2020年）》，其总体目标是到2020年，稳定地实现扶贫对象"两不愁，三保障"，贫困地区农民人均纯收入增长幅度高于全国平均水平，基本公共服务主要领域指标接近全国平均水平，扭转发展差距扩大趋势。2013年12月，中共中央办公厅、国务院办公厅印发《〈关于创新机制扎实推进农村扶贫开发工作的意见〉的通知》（中办发〔2013〕25号），首次将"精准扶贫"写入中央文件。在此之后，中国政府出台一系列精准扶贫相关政策，指导当前精准扶贫、精准脱贫工作，包括：2014年3月，中国人民银行、财政部、银监会等七部门印发《关于全面做好扶贫开发金融服务工作的指导意见》（银发〔2014〕65号），提出"全面做好贫困地区的金融服务，到2020年初步建成全方位覆

① 许源源. 中国农村扶贫瞄准问题研究［D］. 中山大学，2006：40-42.

② 范小建. 创新扶贫工作机制 推进扶贫事业发展［J］. 中国机构改革与管理，2012，（2）：21-23.

盖贫困地区各阶层和弱势群体的普惠金融体系等”；2014 年 11 月，国务院办公厅《关于进一步动员社会各方面力量参与扶贫开发的意见》（国办发〔2014〕58 号）；2015 年 12 月，《关于打赢脱贫攻坚战的决定》（中发〔2015〕34 号），中共中央办公厅、国务院办公厅印发《关于加大脱贫攻坚力度支持革命老区开发建设的指导意见》（中办法〔2015〕64 号）；2016 年 4 月，中共中央办公厅、国务院办公厅印发《关于建立贫困退出机制的意见》的通知（厅字〔2016〕16 号）等等。国家强调了精准识别贫困对象和精准制定扶贫标准的重要性，无论是在贫困区域、贫困县，还是贫困村和贫困户，国家的扶贫策略都更加细致，真正做到了因地、因户、因人施策；并且针对扶贫过程中出现的问题及时出台相应政策。例如，针对贫困户和贫困县出现的不愿意“摘掉贫困帽”的现象，制定了“脱贫不脱策”的政策，即国家对已经脱贫的贫困户和贫困县在其退出后的一段时间内继续给予政策上的支持，以防止返贫，有力地推进了基层的脱贫工作。

三、多维贫困测度方法

（一）贫困测度的一般方法

1. 基本公理。贫困指数关乎贫困程度的准确测定，是研究贫困的重要方向。在很长的一段时间里，贫困指数一般是在先验基础上提出，阿马蒂亚·森认为贫困指数应该与在理论上经得起考验的标准符合。森首创了贫困测度公理方法，人们在森研究的基础上逐步确立了下列基本公理。贫困测度应符合一定的规范，这些规范能够反映出贫困指数的性质，并能够评价这些指数的优劣。这些规范就是贫困公理，它们之间相互独立，而且可以推导出其他相关公理，是科学的贫困指数所应具有的性质。以下所示贫困公理中的核心公理为：相关性公理、弱转移敏感性公理、连续性公理、复制不变性公理、对称性公理、贫困线上升公理。[①]

（1）相关性公理（focus axiom）。贫困指数应与非贫困人口的数量有关，但是不受非贫困人口影响。

（2）弱单调性公理（weak monotonicity axiom）。其余情况不变时，任意一个穷人的收入减少都应使贫困指数提高。

（3）强单调性公理（strong monotonicity axiom）。其余情况不变时，任意一个穷人的收入增加，并可能越过贫困线，都应使贫困指数降低。强单调性公理隐含着弱单调性公理，反之则不成立。

（4）弱转移性公理（weak transfer axiom）。收入由一个较穷的穷人向另一较富的穷人转移，转移之后，后者仍未脱贫，则贫困指数应提高。

（5）强转移性公理（strong transfer axiom）。收入由一个较穷的穷人向另一个较富的穷人转移，转移之后，后者可能越过贫困线，则贫困指数应提高。同样，强转移性公理隐含着弱转移性公理，其区别在于前者允许贫困人群发生变化。

（6）弱转移敏感性公理（weak transfer sensitivity axiom）。贫困指数对更低收入水平的贫困人口之间的收入转移更敏感。若某收入为 X 的贫困者向另一收入为 X+d（d>0）的贫困者转移部分资金，X 越大则指数的增长幅度越小。即收入越高的贫困者之间进行同等数量的收入转移，其对社会贫困程度的影响越小。

（7）连续性公理（continuity axiom）。贫困指数应是收入的连续函数。该公理是为了保证贫困人口收入水平的微小变化，不会引起贫困指数发生非期望的跳跃式变动。这样，贫困指数不会对实际测度中的观察误差过度敏感。若贫困者的收入存在微小变化，则贫困指数的变化也是微小的。

（8）复制不变性公理（replication invariance axiom）。如果计算贫困指

① 张建华. 贫困测度与政策评估［M］. 北京：人民出版社，2010.

数所基于的收入分布是最初收入分布的 k 次复制，则贫困指数应保持不变。

（9）对称性公理（symmetry axiom）。收入分布的排列次序变化不影响贫困指数的值。

（10）可分解性公理（decomposability axiom）。总人口中不同类别人群的贫困度量加权和，恰好为全部人口的贫困程度，即 $\frac{1}{n(y)}\sum_{i=1}^{n}(y_i,\ z)$ 。其中，y_i 表示第 i 个贫困人口的收入，z 为贫困线。该公理的提出是出于对实践应用的考虑，特别是对政策制定者而言。根据公理，可以按不同特征，如人口学或地域特征，将总人口分成不同的组，分别计算其贫困程度。这样便于更详细地考察总人口内部的贫困状态，并制定出有针对性的差异化反贫困政策。

（11）贫困线上升公理（increasing poverty line axiom）。其余情况不变时，贫困线上升会提高贫困指数。

2. 主要测度方法。

（1）以贫困人口数来衡量。

①贫困总人口。贫困总人口 q 这一指标是以人口数量来判断贫困程度，即贫困总人口越多，则贫困程度越深。贫困人口是指收入低于贫困线标准的人群，但是贫困总人口这一指标受到人口规模的影响，具有明显局限性。比如，人口总数悬殊的两个区域 A、B（人口总数关系为 A>B），具有相同的贫困人口数量，但并不代表 A 与 B 两区域的贫困状况相同，二者不具有可比性，且贫困人口数与总人口数的比例关系是不同的（比例关系为 A<B）。

②贫困发生率。贫困发生率 H 是指人均收入在贫困线以下的人口数 q 占总人口数 N 的比率，也被称为贫困人口比率或 H 指数。应当注意的是，在计算我国农村贫困率时，人口数是指户籍人口数，而不是常住人口数，

即农村贫困率是指年末剩余贫困人口数与年末农业户籍人口数的比率。比率越大，贫困人口占总人口比例越大，则越贫困。其公式为：

$$H=q/N \tag{2-1}$$

贫困发生率的特点是，满足相关性公理，只需要极少的参考信息，计算简单；与其他方法相比，在给定相同测量误差的情况时，贫困发生率在统计上更可靠；能够较为直观地反映出贫困人口比重，在政策制定时被较多地用来做参考，在实践中被广泛运用。

同时其局限性十分明显。首先，它虽然克服了人口规模的影响，但并不满足一些基本的贫困公理，如单调性公理、转移性公理，在穷人的收入更少或穷人间收入的转移时，这一比率并不能反映此变化。其次，在脱贫攻坚工作中依据此方法易产生误导，如降低贫困人口最有效的措施是帮扶收入距贫困线近的贫困人口，帮扶最贫困的人口却成为较为次之的选择，对国家发展和稳定都存在极大的危害。另外，此方法不适宜用于以家户为对象的调查数据。

（2）以收入水平来衡量。

①收入缺口。收入缺口 g 表示贫困线以下人口（所在集合为 T）的收入与贫困线间的总体差额，即所有穷人的收入 Y_i 与绝对贫困线 z 的差距之和。收入缺口也可以被称为贫困差距。在没有算上管理成本和均衡效应来简单地理解这一指标时，可以看做在一个经济中，使穷人生活达到最低收入水平的钱的数量。其计算公式为：

$$g=\sum_{i\in T}(z-y_i) \tag{2-2}$$

收入缺口的特点是，满足单调性公理，当减少贫困者的收入时，将使相对于贫困线而言的收入缺口整体增大，此贫困指数将增大。同时也满足相关性公理，即无论富人数量与收入如何增加都不会引起这一指标值的变化。

这一指标并不满足弱转移公理、转移敏感性公理等，其关注点在于总收入差距，而不是贫困者的数量和比例，具有局限性。第一，若收入从贫困者转移到另一较富的贫困者时，当较富的贫困者未脱贫，则收入缺口不变，但后者脱贫时收入缺口变动不能确定，说明这一指标不满足弱转移公理。第二，收入缺口受到贫困者收入水平的变动影响，但与其收入的绝对水平无关。即相同的收入变动绝对额，对收入缺口的影响是相同的，所反映出的贫困程度相等，却不顾贫困者绝对收入是多是少。

②收入平均缺口。收入平均缺口 g^* 表示贫困人口的平均收入 y^* 与社会贫困线 z 的差距。可以看做是收入缺口 g 与贫困线以下人口 q 的比值，但在计算中将贫困人口 q 约去了，从而避免受到贫困人口规模的影响。其计算公式为：

$$g^* = z - y^* \tag{2-3}$$

这个指标消除了贫困人口规模的影响，反映了贫困程度的一个平均水平。这一指标仅受到贫困线和贫困人口平均收入的影响，计算也较为简单，却并不满足贫困的核心公理，如相关性公理和弱转移敏感性公理等。下一指标收入缺口率则克服了这些局限。

③收入缺口率。收入缺口率 I 表示收入缺口 g 与所有贫困人口 q 达到贫困线 z 时的收入之比。计算公式中的分母为贫困人口 q 和贫困线 z 的乘积，它为理论上最大收入缺口。收入缺口率的公式为：

$$I = g/qz \tag{2-4}$$

收入缺口率从收入层面上来衡量贫困程度，在很大程度上弥补了贫困发生率在测量贫困程度状况上的不足。收入缺口比率反映的是贫困人口收入与贫困线之间的差距，使用该比率就消除了收入规模的影响。这种方法与贫困发生率相比，能够准确反映贫困群体的平均贫困程度，同时对贫困人口的数量不很敏感，而侧重于收入分布。收入缺口、收入平均缺口和收入缺口比率均为测定收入水平衡量贫困程度的指标，其中收入缺口比率是最常使用的测度指标。

这一指标的缺陷也是明显的。如它不能反映贫困人口收入转移所造成的影响，而且也没有将贫困人口内部的收入不平等考虑在内。另外，因受到收入缺口 g 的影响，收入缺口率与收入缺口一样，满足单调性公理和相关性公理，却不满足弱转移公理、转移敏感性公理。

（3）以综合贫困人口数和收入水平来衡量。

①Sen 贫困指数。Sen 指数是 1976 年阿马蒂亚 · 森提出的，森运用公理方法构建了这一全新的贫困指数。Sen 指数满足相关性、单调性、弱转移性等公理；其目的是合并贫困人口数量、贫困人口的贫困深度（贫困距或收入缺口率）和组内分布（基尼系数），也可简称为 S 指数。他通过赋予贫困人口收入差距以贫困人口收入排序的序号（$q+1-i$）为权重的方法构建出了 Sen 指数，当 q 的值较大时，$\frac{q}{q+1}$ 的值趋近 1，简化后 Sen 指数的公式为：

$$S = H[I + (1 - I) G_p] \tag{2-5}$$

式中，H 为贫困发生率，I 为收入缺口率，G_p 为贫困人口贫困差距率分布的基尼系数。

Sen 指数在测量贫困的研究中有重要贡献。第一，通过使用收入排序权重系统，把相对丢失的概念反映在贫困指数中。第二，在贫困指数的计算过程中引入传统测量贫困的函数（贫困发生率 H、收入缺口率 I、基尼系数 G_p），有利于分析贫困治理政策的众多影响因素。第三，有类似于基尼系数的图形化解释，增强了解释力。

Sen 指数是开创性贫困测度方法的开端，但存在一些缺陷，导致在学术研究中常被使用，却少有在实践中出现。如：第一，没有考虑到贫困线以上人口的收入分布，所以对相对丢失概念反映得不充分。第二，Sen 指数不满足强转移性公理，当穷人向较富的穷人进行收入转移，且后者成功脱贫时，该指数的值是下降的。第三，Sen 指数给予处于收入排序不同位置的等量收入转移相同的权重，不符合弱转移敏感性公理。第四，所有以排序为权重的贫困指数共有的特征是无法满足可分解性公理，Sen 指数也是如此。第五，Sen 指数是收入水平的非连续函数，违背了连续性公理。

②FGT 贫困指数。FGT 贫困指数是 1984 年由 Foster 和 Greer 及 Thorbecke 一起提出的，简称为 FGT 指数。公式为：

$$P_{\alpha} = \frac{1}{N}\sum_{i=1}^{q}\left(\frac{z - y_i}{z}\right)^{\alpha} \tag{2-6}$$

式中，N 为总人口数，q 为贫困人口数，z 为贫困线，y_i 为第 i 个贫困者的收入。P_{α}的值随着 α 变化而变化。α 表示贫困厌恶度（Poverty Aversion），值越大，贫困指数越小，赋予贫困人口更大的权重。当 α 分别取值 0、1、2 时，表达式如下：

$$P_0 = \frac{q}{N} \tag{2-7}$$

$$P_1 = \frac{1}{N}\sum_{i=1}^{q}\frac{z - y_i}{z} \tag{2-8}$$

$$P_1 = \frac{1}{N}\sum_{i=1}^{q}\left(\frac{z - y_i}{z}\right)^{2} \tag{2-9}$$

显然，α 取 0 时式（2-7）可用 H（Head-count Poverty）表示，即贫困发生率，能反映贫困人口的规模，从而反映贫困广度。

α 取 1 时式（2-8）可用 PG（Poverty Gap）表示，即贫困距指数，能测算贫困者收入低于贫困线的量（贫困距）占贫困线的比例。该指数也可看做是贫困发生率与收入缺口率的乘积，称为成比例收入落差。PG 指数能够反映贫困人口的平均丢失，从而反映贫困深度。

α 取 2 时式（2-9）可用 SPG（Squared Poverty Gap）表示，即平方贫困距指数，更关注较低收入水平的贫困人口的状况。SPG 指数给贫困人口赋予了更高的权重，因此能够反映出贫困人口内部收入的转移变化，即可以看出贫困人口的收入是否有所改善，从而反映贫困强度。

FGT 指数优点明显，受到学者们的广泛应用。第一，具有可分解性。利用分解公式：$FGT(\alpha) = \sum P_i FGT(\alpha)_i$ 可以将社会的整体贫困程度分解成不同地区的贫困程度或不同人群组的贫困程度。式中，P_i 为第 i 个地区或者第 i 个人群组的人口权数。第二，α 取值为 0、1、2 时，分别能反映贫困的广度、深度、强度，通常配合使用，能够更全面地反映贫困状况。

延伸阅读

侯石安等①运用《贵州统计年鉴》的数据，采用 GQ 模型确定洛伦兹曲线，然后借助洛伦兹曲线测算出 2001—2012 年贵州农村居民 FGT 指数。以同样的方式测算出城镇低收入群体的 FGT 指数，对比农村居民 FGT 指数，并实证分析发现非农就业人口比重的变化是影响农村贫困状况的关键所在。

GQ 模型基本公式为：

$$L(1-L) = \alpha(P^2 - L) + bL(P-1) + c(P-1) \qquad (2\text{-}10)$$

式中，L 为累积收入比例，P 为累积人口比例。做 $L(1-L)$ 关于 $(P^2 - L)$、$L(P-1)$ 和 $(P-L)$ 的回归，从而估算 a、b、c 的值。再由以下公式推出 FGT 指数的值。

① 侯石安，谢玲. 贵州农村贫困程度及其影响因素分析——基于 2001—2012 年贵州农村 FGT 贫困指数的多维测度 [J]. 贵州社会科学，2014，(7)：122-126.

表 2-1　FGT 贫困指数公式推导表

名称	公式
洛伦兹曲线	$L(P) = -\frac{1}{2}(bp + e + \sqrt{mp^2 + np + e^2})$
贫困发生率	$H = -\frac{1}{2m}\left[n + r\frac{(b + \frac{2z}{u})}{\sqrt{(b + \frac{2z}{u})^2 - m}}\right]$
贫困距指数	$PG = H - (\frac{\mu}{z})L(H)$
平方贫困距指数	$SPG = 2PG - \left(\frac{\mu}{2}\right)^2\left[aH + bL(H) - \frac{r}{16}\ln\left(\frac{1 - \frac{H}{S_1}}{1 - \frac{H}{S_2}}\right)\right]$

表2-1 中，$e = -(a+b+c+1)$，$m = b^2 - 4a$，$n = 2be - 4c$，$r = (n^2 - 4me^2)^{\frac{1}{2}}$，$S_1 = \frac{r - n}{2m}$，$S_2 = \frac{r + n}{2m}$。但由于 2011 年国家贫困线标准大幅提高，从 2010 年的 1274 元上升为 2300 元，直接导致了贫困人口数激增，影响了贫困发生率和贫困深度、贫困强度的测算结果。为排除贫困线标准的大幅调整对贫困程度测量的影响，根据 2001 年到 2010 年共十年的贫困标准的平均增长幅度为参照，重新调整了 2011、2012 年的贫困线标准，并由调整后的贫困线重新测算了贵州农村居民的 FGT 贫困指数。FGT 指数测算结果如下表所示：

表 2-2　2001—2012 年贵州农村居民 FGT 指数表（%）

年份	H	PG	SPG
2001	26. 67	7. 06	2. 62
2002	31. 65	10. 75	5. 16

续表

年份	H	PG	SPG
2003	28. 86	9. 05	3. 99
2004	22. 17	5. 84	2. 14
2005	22. 59	6. 41	2. 5
2006	18. 16	4. 51	1. 56
2007	17. 64	4. 18	1. 35
2008	15. 5	4. 18	1. 56
2009	13. 06	3. 21	1. 09
2010	11. 07	2. 53	0. 79
2011	6. 89	1. 33	0. 35
2012	4. 04	0. 52	0. 09

从表中可看出，贫困发生率从 2001 年的 26. 67%到 2012 年的 4. 04%，明显下降；贫困距指数从 2001 年的 7. 06%下降到 2012 年的 0. 52%，表明贵州农村贫困人口的收入和贫困线的差距缩小，贫困深度有所降低；平方贫困距指数从 2001 年的 2. 62%下降到 2012 年的 0. 09%，表明绝对贫困人口在贫困人口中所占的比重降低，贫困状况得以缓解。

（二）多维贫困测度方法

1. 多维贫困的基本公理。随着人们对贫困的认识逐步加深，学界逐步建立起多维贫困的概念。多维贫困的测度需要考虑预期寿命水平、健康、教育、种族等多方面维度。多维贫困的测量与单维度贫困的测量一样，也需要满足公理性的规范。相较于单维度的贫困，多维贫困的基本公理有所完善。

（1）聚焦性公理（focus axiom）。某一维度上的改善并不影响另一维度的剥夺，即对于某一贫困主体而言，不同维度之间不可替代。如某人超过贫困线的收入增加不能改变其在教育维度方面的缺失，他在教育维度仍然是贫困的。

（2）标准化定理（normalization axiom）。贫困指数具有基数特征，即当社会中所有的人都不贫困时，贫困指数为 0。

（3）单调性公理（monotonicity axiom）。若某穷人的状况得以改善，贫困指数不会增加。

（4）复制不变性公理（principle of population axiom）。将维度矩阵复制多次不会改变贫困程度，这一公理有助于进行跨时和跨地区的贫困比较。

（5）对称性定理（symmetry axiom）。此公理又称为“匿名性公理”。收入分布的排列次序变化不影响贫困指数的值，即在任何给定分布条件下置换任意两个人的收入不会影响贫困测定。

（6）连续性公理（continuity axiom）。该公理确保了某一维度上的值包括临界值的微小变化不会导致贫困指数的剧烈变动，因而，贫困指数不会对临界值和基本需求的观测误差过分敏感。

（7）子群可分性公理（subgroup decomposability axiom）。如果将总人口按照种族、地理以及其他分类依据划分为几个子类，则总贫困指数可以分解为由人口比重加权的各子群贫困指数的加权和。这一性质有助于政策制定者更准确地把握各子群体的贫困状况，并制定针对性强的减贫策略。

（8）基本需求非下降性公理（non-decreasingness in subsistence levels of attributes axiom）。基本需求提高不会降低贫困程度，如两个相同的社区中，生存水平更高或基本需求更高的社区其贫困程度不会更低。

（9）非贫困增长性公理（non-poverty growth axiom）。如果一个富人加入某社区不会导致该社区贫困增长。和聚焦性公理一起，非贫困增长性公理确保了贫困指数是人口规模的非增函数。

（10）转移性公理（transfers principle axiom）。如果 Y 社区的贫困维度

矩阵 Y 在通过一系列等价转换后，能变成与 x 社区中的贫困维度矩阵 X 相同的矩阵，则 x 社区的贫困不会高于 Y 社区的贫困。

（11）规模不变性公理（scale invariance axiom）。各维度上的值和临界值成比例变化不会改变贫困指数，也就是说贫困可以看做是各维度上关于临界值的相应比例的缺失。

（12）贫困维度间关联增强性转换非下降公理（non-decreasing poverty under correlation increasing switch axiom）。当两个贫困维度之间是替代关系时，实行维度间关联性增强转换，不会降低贫困程度。如 A、B 两人在 2 维度都缺失的情形下，假定 A 在维度 1 上相对富有（$A_{11}>B_{21}$），B 则在维度 2 上相对富有（$A_{21}<B_{22}$），若进行维度间关联性增强转换，即将 A、B 在维度 2 上的相对状态进行转换，从而增强两个维度上的相关性（即 A 在维度 1、2 上都相对富有），若维度 1、2 之间是替代关系，即维度 1 上的量可以补偿维度 2 的缺失，则这种贫困维度间关联增强性转换不会降低贫困。类似的，如果维度之间是互补关系，维度间关联增强性转换也不会增加贫困。

2. 主要测度方法

（1）基于非公理化方法。

①人类发展指数（HDI）。联合国开发计划署（UNDP）于 1990 年在《人类发展报告》中提出了人类发展指数（Human Development Index），即 HDI 指数，也叫人文发展指数。它包括 3 个指标，用出生时预期寿命来度量的寿命期；用成人识字率（权重为 $\frac{2}{3}$）和入学率（权重为 $\frac{1}{3}$）的加权平均数来度量的教育水平；用经过调整的实际人均收入来度量的生活水平。一直到 2009 年，HDI 的核心算法是首先遵循最大值和最小值取平均值，将分项指数表示成 0 到 1 之间的数值，公式为：

$$X=\frac{(实际值-最小值)}{(最大值-最小值)} \tag{2-11}$$

然后按照等权重（都是 $\frac{1}{3}$）相加，合成公式为：

$$HDI = \frac{1}{3}(X_1 + X_2 + X_3) \tag{2-12}$$

式中，X_1 为代表健康维度的指数，X_2 为代表知识维度的指数，X_3 为代表体面生活维度的指数。最终算出的 HDI 值在 0 到 1 之间，越接近于 1，说明人类发展水平越高。[①]

但 2010 年 HDI 指数的算法发生了改变。[②] 第一是变化了指标：用预期寿命来度量健康水平；用平均受教育年限与预期受教育年限来度量知识水平；用人均国民总收入的对数来度量体面生活水平。第二是改变了指标的阈值，如预期寿命的最大值相较于 1990 年的情况，从 78.4 变为 83.2，最小值从 41.8 变为 20。第三是采取等权重根据几何平均法进行加总，公式为：

$$HDI = \sqrt[3]{X_1 * X_2 * X_3} \tag{2-13}$$

HDI 指数提醒我们，发展所明确指代的是更宽泛的人类发展的概念，而不仅仅是更高的收入。它从人文发展的角度反映社会的进步程度，适用于不同的群体，反映出性别差异、地域分布等的差异，容易做出比较。而且所需的数据易得，计算较为简单。因此，HDI 指数在多个国家广泛应用。

该指数的局限性在于：首先，从健康、教育、生活水平三方面来解释国家的人文发展水平是不全面的。其次，从计算公式可以明显看出，HDI 值受到指标的最值影响，若某国家的某指标的最值发生变化，但其指标值不变，则测量出的 HDI 值与实际情况是有偏差的。

②人类贫困指数（HPI）。基于森等人的贫困思想，联合国开发计划署

---

① 托达罗. 发展经济学：第 9 版［M］. 北京：机械工业出版社，2009.

② 汪毅霖. 人类发展指数测度方法的改进路径与方向——基于 HDR 2010 和中国经验分析的思考［J］. 西部论坛，2011，21（4）：35-45.

（UNDP）在创造了 HDI 指数后，于 1997 年开发出了人类贫困指数（Human Poverty Index）。人类贫困指数的指标体系对发展中国家和发达国家有所区分，但究其本质是一样的，计算公式分别为：

$$HPI_1(\gamma_1, \gamma_2, \gamma_3) = (\omega_1 \gamma_1^\beta + \omega_2 \gamma_2^\beta + \omega_3 \gamma_3^\beta)^{\frac{1}{\beta}} \quad (\beta \geq 1) \quad (2-14)$$

$$HPI_2(\lambda_1, \lambda_2, \lambda_3, \lambda_4) = (\varphi_1 \lambda_1^\alpha + \varphi_2 \lambda_2^\alpha + \varphi_3 \lambda_3^\alpha + \varphi_4 \lambda_4^\alpha)^{\frac{1}{\alpha}} \quad (\alpha \geq 1) \quad (2-15)$$

式（2-14）中，β 为调节系数，γ_1、γ_2、γ_3 表示 HPI_1 的维度，ω_1、ω_2、ω_3 为权重系数，$\omega_1 + \omega_2 + \omega_3 = 1$。且当 $\beta = 1$ 时，维度间有相互替代关系。当 $\beta \to \infty$ 时，$HPI_1 = max(\gamma_1, \gamma_2, \gamma_3)$。对发展中国家的人类贫困指数（$HPI_1$）来说，分三个维度来计算，用预期寿命 40 岁及以下的人口占全部人口的比例来表征的衡量生存的指标，用成年人口的不识字率来表征的有关知识的指标，用不能获得医疗服务人口比例、不能享有安全饮用水人口比例和 5 岁以下儿童营养不良人数比例三个指标来表征的反映享受体面生活标准的指标。

式（3-15）中，α 为调节系数，λ_1、λ_2、λ_3、λ_4 表示 HPI_2 的维度，φ_1、φ_2、φ_3、φ_4 为权重系数，$\varphi_1 + \varphi_2 + \varphi_3 + \varphi_4 = 1$。且当 $\alpha = 1$ 时，维度间有相互替代关系。当 $\alpha \to \infty$ 时，$HPI_2 = max(\lambda_1, \lambda_2, \lambda_3, \lambda_4)$。对于发达国家的人类贫困指数（$HPI_2$）来说，分四个维度来计算，分别是预期寿命在 40 岁以下人口比重、16 至 65 岁年龄组中缺乏技能的人口比例、人均可支配收入不到平均水平的比例和失业率。

HPI 指数的优点在于，从多维的视角反映不同国家、地区的人口在基本能力方面的贫困状况，有利于准确瞄准贫困人口，有助于人们针对性地提出组合式的反贫困政策措施。但是它主要反映的是国家层面的信息，不能对家庭、个体或者局部人群的贫困剥夺程度进行测定。更重要的是，对于调节系数 β 和 α 的值在选取上缺乏理论说服力，也并没有考虑到维度指标间的相关性，导致存在各指标都显示为贫困的人将被多次重复计算。①

③多维贫困指数（MPI）。UNDP 于 2010 年在对人类发展指数和人类贫困指数扩展的基础上，推出了与英国牛津大学合作开发的“多维贫困指数”（Multidimensional Poverty Index，MPI）。MPI 值越大，则个体或家庭的贫困程度就越高，反之则越低。计算公式为：

$$A = \frac{\sum_{1}^{q} c}{q} \tag{2-16}$$

$$MPI = H \times A \tag{2-17}$$

式中，A 为多维贫困强度指数，即平均剥夺份额，q 为处于多维贫困状态的人口数，c 为多维贫困人口剥夺分值经过加权的总数量，H 为贫困发生率。与人类发展指数相比，MPI 指数虽然仍从健康、教育和生活水平 3 个维度来反映多维贫困，但用于测量各个维度的指标数从 3 个增加到 10 个。在 MPI 测量中，教育、健康、生活水平 3 个维度的权重均为 1/3。其中，健康维度用营养状况和儿童死亡率等 2 个指标表征，权重各为 1/6；教育维度用儿童入学率和受教育程度等 2 个指标表征，权重各为 1/6；生活水平维度则用饮用水、电、日常生活用燃料、室内空间面积、环境卫生和耐用消费品等 6 个指标表征，权重各为 1/18。

MPI 指数的优越性在于：第一，在 HPI 指数的基础上新增了判定指标，修正了在维度指标汇总上的不足。第二，从微观层面反映个体的贫困状况和深度、被剥夺量，更加全面和准确地反映国家或地区在人文发展上的进步。第三，选取的维度指标涵盖的面较广，更真实地反映出贫困人口的生存状况，是更符合现代社会发展需求的贫困测度方法。因此 MPI 指数是国际通用的多维贫困指数，共计涵盖 100 多个发展中国家的贫困状况。

① 张全红，周强. 多维贫困测量及述评 [J]. 经济与管理，2014，(1)：24-31.

但是在运用到实践中时，仍有未能克服的缺陷，对于不同的权重指标选取，测量结果会产生较大偏差。

延伸阅读

根据上述关于 MPI 指数的维度和指标，郭建宇[①]测量了山西 8 个贫困县的贫困程度，过程中依照中国农村的实际情况调整了指标与剥夺临界值，比如把营养不良这一不易测定的指标替换为家庭成员的健康状况、放弃了无可用数据的“儿童死亡”指标、取消了“儿童失学率”这一违背中国农村小学学龄儿童高达 99.5%现实的指标，并由此调整了各指标权重，进而比较 MPI 测算结果与调整指标和权重后的多维贫困指数测算结果。其测算 MPI 过程如下：

首先建立 MPI 详细指标和剥夺临界值，如表 2-3 所示，其权重按照等权重的方式分配。

表 2-3　MPI 指标及剥夺临界值

UNDP-MPI 指标	剥夺临界值与赋值
受教育程度	家庭成员最高受教育程度为“小学”或“文盲、半文盲”，赋值 1
儿童失学	家中至少有一名学龄儿童失学，赋值 1
营养不良或健康状况	家庭至少有一名成员残疾、患慢性病或体弱多病，赋值 1
儿童死亡	家中有 5 岁以下儿童夭折，赋值 1
财产	家中没有汽车、拖拉机，并最多拥有自行车、摩托车、收音机、冰箱、电话、电视中的一种，赋值 1

① 郭建宇，吴国宝. 基于不同指标及权重选择的多维贫困测量——以山西省贫困县为例 [J]. 中国农村经济，2012，(2)：12-20.

续表

UNDP-MPI 指标	剥夺临界值与赋值
住房	家中住房为“土坯”结构，赋值 1
电消费	家中不通电，赋值 1
清洁饮用水	家庭饮用水源非“深井水”“浅井水”“自来水”，赋值 1
卫生设施	家中无独立厕所，赋值 1
生活燃料	家庭以“柴草”“秸秆”为生活燃料，赋值 1

由以上指标得出样本县的单维贫困发生率。由 2009 年山西省农村贫困监测住户调查的数据进行运算，如表 2-4 所示，可以看出，其中 1 个县在 7 个指标上存在剥夺，有 3 个县在 6 个指标上存在剥夺，有 3 个县在 5 个指标上存在剥夺，剥夺最少的 1 个县也在 4 个指标上存在剥夺。最为突出的是使用非清洁燃料的有 53.1%，住在土坯房中的农户有 33.9%。

表 2-4 各县农户单维贫困发生率（%）

UNDP-MPI 指标	天镇	右玉	岢岚	石楼	左权	永和	平陆	平顺	平均
受教育年限少于 5 年	17.5	26.3	10	43.8	10	16.3	3.8	11.3	17.3
健康状况	7.5	12.5	20	31.3	20	11.3	13.8	11.3	15.9
财产	31.3	12.5	28.8	35	7.5	23.8	8.8	26.3	21.7
住房	43.8	45	20	60	0	68.8	11.3	22.5	33.9
电消费	0	0	1	0	0	0	0	0	0.2
清洁饮用水	12.5	0	0	0	0	87.5	0	15	14.4
卫生设施	0	0	9	0	0	0	0	0	1.1
生活燃料	78.8	76.3	42.5	65	62.5	56.3	21.3	22.5	53.1

如表 2-5 所示，按照 MPI 计算方法测算出 2009 年山西省这 8 个样本

县中有15.94%的农户家庭属于多维贫困家庭，石楼县甚至多达43.75%。多维贫困人口发生率平均为14.56%，多维贫困强度指数平均为38.42%，MPI平均值为0.056。与全国2003年的情况相当，这表明，山西省贫困地区多维贫困程度至少落后全国平均水平6年。

表2-5 各县农户多维贫困测算结果

	天镇	右玉	岢岚	石楼	左权	永和	平陆	平顺	平均	中国
多维贫困农户比例（%）	15	17.5	10	43.75	5	22.5	3.75	10	15.94	—
多维贫困人口发生率（%）	11.8	13.29	9.04	40.47	4.4	21.53	1.66	11.47	14.56	12.5
多维贫困强度指数（%）	35.8	38.04	36.11	40.54	44.44	36.38	44.44	36.11	38.42	44.9
MPI	0.042	0.051	0.033	0.164	0.02	0.078	0.007	0.041	0.056	0.056

（2）基于公理化的多维贫困测算方法。随着对贫困认识的不断加深，贫困的测量方法也呈现出不断完善、逐步演进、稳定和谐的特征。贫困的内涵涉及经济、社会、文化、地理等多种主客观因素。因此，贫困问题属于规范研究的范畴，涵盖了定性和定量两个方面，对其概念的界定越模糊、越宽泛，贫困的测量方法就越显得抽象、复杂和困难。于是，基于“先验”基础上传统的贫困指数，如贫困发生率，越来越不能让人信服。为了弥补传统贫困指数的不具有理论说服力的缺陷，森首次提出了贫困度量需按照一定的规范要求的观点，即贫困公理标准（Poverty Axiom Standards）①。在此之前，一般使用的贫困指数都是在某种“先验”的基础上提出来的②，但森认为贫困指数必须与在理论上经得起考验的标准相符。在森的倡导下，后续的研究者相续完善并发展了森的贫困公理，从而发展成如今的贫困公理体系，涵盖了单维和多维两个方面。下面，我们将列举几

① SEN A. Poverty：An Ordinal Approach to Measurement［J］. Econometrica，1976，44（2）：219-231.

② 徐宽，OSBERG L. 关于森的贫困度量方法及该领域最近的研究进展［C］. 经济学，2001.

个典型的基于公理化的多维贫困测算方法。

①Watts 测量方法。在森提出贫困公理标准之前，Watts 基于公理体系标准下，推导了一个能反映收入分布敏感性（Sensitivity），且具有良好理论性质的贫困指数，后来简称为 Watts 贫困指数（Watts Poverty Index）[①]。该指数虽简单、直观，满足公理体系标准，但对贫困的测度面显得较窄，且在实际运用过程中受到很大的限制。为了弥补这一缺陷，Chakravarty、Deutsch 和 Silber 在单维 Watts 贫困指数的基础上，结合实际情况和多维贫困理论体系，完善了单维贫困指数，进一步构建了 Watts 多维贫困指数（Watts Multidemensional Poverty Index）[②]。

单维 Watts 贫困指数：

$$W = \frac{1}{n}\sum_{i=1}^{q}(\ln z - \ln y_i) \qquad (i=1, 2\cdots q) \qquad (2\text{-}18)$$

其中，n 表示个体或家庭总数，q 为贫困人口数，y_i 表示个体 i 的货币性收入，$Z=(z_1, z_2\cdots z_m)^T$ 为相应维度上被剥夺临界值（cut-off value）组成的向量。

多维 Watts 贫困指数：

$$P_w(X, z) = \frac{1}{n}\sum_{j=1}^{m}\sum_{i\in F_j}\delta_j(\ln z_j - \ln x_{ij}) \qquad (2\text{-}19)$$

该指数由 Chakravarty、Deutsch 和 Silber（2005）在单维 Watts 指数的基础上，结合函数 $\pi(X_i, z) = \sum_{j=1}^{m}\delta_j \ln\left[\frac{z_j}{min(x_{i,j}, z_j)}\right]$ 推导出来的。其中 δ_j 和 F_j 分别表示第 j 维度上的贫困厌恶程度系数（Poverty Aversion Coefficient）和第 j 维度上的贫困线以下的贫困个体集。

① WATTS H W. An economic definition of poverty [M]. Institute for Research on Poverty, 1968.

② CHAKRAVARTY S R, DEUTSCH J, SILBER J. On the Watts Multidimensional Poverty Index and its Decomposition [J]. World Development, 2008, 36 (6): 1067-1077.

Watts 指数本身给出了不同维度上的权重比重，即 $\delta_j = n_{pj} / \sum_{1}^{m} n_{pj}$ ，克服了指标权重分配随意性和主观性缺陷。该指数不仅满足绝大部分公理，还具有维度间可分解性的优点，表示不同贫困维度的权重分配，因此克服了非公理标准下相关指数在权重分配上过于主观的问题，它具有单调性、转移性、转移敏感性、人口子群可分解、贫困维度可分解等优良特性。除此之外，它不仅能反映社会福利状况的变化，还能表示收入分配恶化而引起贫困的恶化程度，而且能综合反映贫困家户或个体在不同指标上的分布，是比较“满意”的多维贫困指数。但该指数最大的缺点在于本身不具备特别明显的直观意义，且在对不同贫困状况做比较分析时，该指数中的对数形式对较小数值具有敏感性，导致计算结果与其他指数可能会存在不一致。

延伸阅读

由于常用的货币贫困测算方法可能隐含“金钱是万能的”此类错误的逻辑思想，并且，从长期和动态的角度来看，货币贫困具有可逆性，例如，一个身患某种疾病的少年，如果不能得到及时的医疗救助，可能导致终身丧失劳动能力；同样，一个处于辍学边缘的儿童，如果没有得到及时的教育救助，也会失去未来创造收入的能力，从而陷入长期贫困之中。因此陈立中采用 Watts 多维度贫困指数，从收入、知识和健康三个维度对我国转型时期多维度贫困进行了测算，具体结果见表 2-6 和表 2-7。

表 2-6 Watts 多维贫困测算结果（I）

	贫困指标			贫困指标变动		
	1990 年	1997 年	2003 年	1990—1997 年	1997—2003 年	1990—2003 年
总人口（万人）	113188	123626	129227	10438	5601	16039
收入贫困人口（万人）	69715	6348	3870	-63367	-2478	-65845
知识贫困人口（万人）	16001	744	270	-15257	-474	-15731
健康贫困人口（万人）	9150	4342	270	-4808	-4072	-8880
交叉贫困人口（万人）	7613	248	0	-7365	-248	-7613
联合贫困人口（万人）	71252	10938	4140	-60314	-6798	-67112
收入贫困率（%）	61.59	5.13	2.99	-56.46	-2.14	-58.60
知识贫困率（%）	14.14	0.60	0.21	-13.54	-0.39	-13.93
健康贫困率（%）	8.08	3.51	0.21	-4.57	-3.30	-7.87
交叉贫困率（%）	6.73	0.20	0	-6.53	-0.20	-6.73
联合贫困率（%）	62.95	8.85	3.20	-54.10	-5.65	-59.75

表格来源：陈立中. 转型时期我国多维度贫困测算及其分解［J］. 经济评论，2008（5）：5-10.

从表 2-6 我们看到，1990 年我国收入贫困率和知识贫困率分别高达 61.59%和 14.14%，贫困人口总量分别为 6.9715 亿和 1.6001 亿。到 2003 年，它们分别大幅度下降到 2.99%和 0.21%，下降幅度高达 95%和 99%，其中下降主要出现在 1990—1997 年，同这段时间城镇和农村经济快速发展、1986 年颁布实施的义务教育法等一系列改革是相适应的。1990—2003 年，健康贫困人口由 9150 万人下降到 270 万人，健康贫困率由 8.08%下降到 0.21%，下降幅度为 97%，说明经济增长明显改善了人们的身体健康。同期，交叉贫困率由 6.73%下降到 0，成绩斐然。

表 2-7 Watts 多维贫困测算结果（Ⅱ）

	贫困维度	权重	Watts 贫困差距率	Bourguignon-Theil 不平等指数	联合贫困率	相关系数	Watts 多维贫困指数
1990 年	收入	0. 7349	0. 3247	0. 0125	62. 95%	12. 46	0. 8331
	知识	0. 1687	0. 0871	0. 0033			
	健康	0. 0965	0. 0259	0. 0001			
1997 年	收入	0. 5552	0. 2164	0. 0213	8. 85%	46. 10	0. 6283
	知识	0. 0651	0. 2803	0. 0045			
	健康	0. 3797	0. 0090	0. 0001			
2003 年	收入	0. 8776	0. 0557	0	3. 20%	16. 33	0. 0167
	知识	0. 0612	0. 4387	0			
	健康	0. 0612	0. 0029	0			

表格来源：陈立中. 转型时期我国多维度贫困测算及其分解［J］. 经济评论，2008（5）：5-10.

由表 2-7，比较赋予各维度的权重大小，可以看出，1990 年反贫困重点是收入贫困，其次是知识贫困；1997 年反贫困重点依然是收入贫困，其次是健康贫困；而 2003 年反贫困的重点是收入贫困。由此可见，保持和拓宽经济增长，一直是我国转型时期减少各种贫困的关键引擎。从 Watts 贫困差距率指数看，1990—2003 年，贫困人口的平均收入在不断提高，与贫困线的距离也越来越小；贫困人口的健康状况也表现出相同变化趋势；同期，贫困人口的平均知识水平却越来越低，这说明在我国整体义务教育水平提高的同时，有一部分人的教育年限却在下降，教育发展很不均衡。从 Bourguignon-Theil 不平等指数看，1990—1997 年，贫困人口在收入和知识两个维度上的不平等程度均出现恶化。从 Watts 多维贫困指数看，总体贫困程度出现较大下降。

②Tsui 贫困综合指数。Tsui 基于 Chakravarty 提出的相关多维贫困测量框架基础上[①]，在满足绝大部分多维贫困公理（如单调性公理、转移性公理、聚焦性公理等）的前提下，构建了 Tsui 贫困综合指数[②]，是能够反映人们生活的各个维度进行加总得到的贫困指数，也是对 Chakravarty 测量方法的多维度拓展。

函数表达式：

$$F_{Tsui}(x_i,\ z) = \coprod_{j=1}^{m}\left(\frac{z_j}{min(x_{i,j},\ z_j)}\right)^{\beta_j} - 1 \qquad (2\text{-}20)$$

其中：$\coprod$为余乘积符号，无穷乘积去掉前面有限项后剩余项的乘积。β_j为 [0，1] 之间的常量，且有 $\sum_{j=1}^{m}\beta_j = 1$（m 为维度）。当 $\beta_j\,\beta_m > 0$ 时，$F_{Tsui}(x_i,\ z)$ 指数满足公理标准中的单调性原理。

Tsui 贫困指数是一个 Chakravarty 测量方法的多维度拓展。Tsui 贫困指数虽满足转移性、单调性、传递性等基本公理，但最大的缺陷在于违背了贫困的可分解性（Decomposability）。因此，尽管该指数满足诸多公理标准，却很难运用于贫困的实际测量中，所以相比多维贫困指数的适用性而言，其实际运用比较少。

延伸阅读

王莎莎选取了收入、教育、健康、营养四个维度，基于中国健康与营养调查（CHNS）数据库，采用 Tsui 指数公式测算了 1991—2001 中国四个维度联合分布的不平等情况。测算结果见表 2-8。

---

① HAGENAARS A. A Class of Poverty Indices [J]. International Economic Review, 1987, 28 (3): 583-607.

② TSUI K Y. Multidimensional poverty indices [J]. Social Choice and Welfare, 2002, 19 (1): 69-93.

表 2-8 中国多维不平等测算结果

年份	1991	1993	1997	2000	2004	2006	2009	2011
Tsui 指数（等权重）	0.1132	0.1267	0.1278	0.1479	0.1675	0.1847	0.1680	0.1713
Tsui 指数（比例权重）	0.1681	0.1982	0.1957	0.2424	0.2695	0.2930	0.2618	0.2553

数据来源：王莎莎. 中国多维不平等的测度［D］. 浙江工商大学, 2017.

表 2-8 中等权重测算结果显示，1991—2011 年间考虑收入、教育、健康、营养4个维度的社会不平等程度从 0.11 上升到 0.17，上升 54.5%，可见中国不平等程度愈加严重，增长速度不容小觑。根据 Tsui 指数的构造原理，结合等值收入的概念解释不平等的经济含义，1991 年不平等指数为 0.113，意味着当社会资源均衡配置时，只需要当前总资源的 88.7%就可以获得同等的福利水平，即资源均衡配置可使 1991 年的社会总资源节省 11.3%；2006 年不平等指数为 0.185，意味着当社会资源均衡配置时，只需要当前总资源的 81.5%就可以获得同等的福利水平，资源均衡配置可使 2006 年的社会总资源节省 18.5%；2011 年不平等指数为 0.171，意味着当社会资源均衡配置时，只需要当前总资源的 82.9%就可以获得同等的福利水平，即资源均衡配置可使2011 年的社会总资源节省 17.1%。比例权重测算的 1991—2011 年社会不平等程度从 0.17 上升到 0.26，上升 52.9%，上升幅度与等权上升幅度相差不大，但比例权重测算的多维不平等指数要高于等权结果。

③HM 多维贫困指数。在 Watts 多维贫困指数和 Tsui 多维贫困指数提出之前，较早从多维角度构建多维贫困指数的研究者为 Hagenaars。他在单维贫困指数的基础上，引入收入和闲暇两个维度，首次提出了具有实际可行性的 Hagenaars 多维贫困指数（Hagenaars Multidemensional Poverty Index），该指数在后续的研究文献中，常被简称为 HM 多维贫困指数。

HM 指数的函数表达式为：

$$HM(y,t)=1-\frac{\sum_{\lambda=1}^{N}\sum_{k=1}^{N}U(y_k^* t_\lambda)}{max_{y,t}\sum_{\lambda=1}^{N}\sum_{k=1}^{N}U(y_k^* t_\lambda)} \tag{2-21}$$

其中 λ 为参数，表示家庭结构、家庭规模的特征参数；N 为家庭类别；t 为转变变量，表示在工作时间和闲暇之间进行替代转换变量；$U(\cdot)$ 为表示家庭或个体需求偏好的效用函数；此外，函数 y_k^* 为

$$y_i^*=\min(y_i,z)=\begin{cases}y_i, & y_i\leq z\\ z, & y_i>z\end{cases}\quad (z>0,\text{且 } i=1,2\cdots n) \tag{2-22}$$

HM 指数是 Hagenaars 对自己前期的两组单维贫困指数（简称 HD 指数和 HA 指数）的拓展：

$$HD=\frac{q}{n}\left[\sum_{i=1}^{q}\frac{U(z)-U(y_i)}{qU(z)}\right]\quad (i=1,2\cdots q) \tag{2-23}$$

$$HA=1-\frac{1}{z}U^{-1}\{[\sum_{i=1}^{q}U(y_i)+(n-q)U(z)]\}\quad (i=1,2\cdots q) \tag{2-24}$$

HM 指数是首次从两个维度测量贫困问题的多维度贫困指数。该指数引入了表现人们需求偏好的效用函数，理论上是一种新的突破，具有一定的前瞻性。它的最大优点在于，选用维度指标数据的可获得性，即收入和闲暇数据在统计上具有可行性，易于获取，且数据获取后具有较高的信度。缺点在于，它不满足连续性和贫困维度间关联增强性转换非下降公理。

④A-F 多维贫困测量方法。阿马蒂亚·森提出多维贫困理论后，面临的最大挑战是如何对多维贫困进行测量。于是，2007 年 5 月由森发起，在牛津大学国际发展系创立了牛津贫困与人类发展中心（Oxford Poverty and Human Development Initiative，OPHI）。中心主任 Alkire 建立了研究团队，

并致力于多维贫困的测量。Alkire 认为，与能力方法相关的多维贫困测量能够提供更加准确的信息，便于识别人们的能力剥夺。[①] 随后，Alkire 和 Foster 发表了《计数和多维贫困测量》论文，提出了多维贫困的识别、加总和分解方法。

森把发展看做是深化人们享受实质自由的过程，包括免受困苦（诸如饥饿、营养不良等）的基本可行能力[②]。人们因基本可行能力被剥夺，而陷入贫困。基于此，多维贫困测算就是要识别出贫困个体被剥夺的维度，从而测算出贫困个体多维贫困状况，即多维贫困发生率（H）；贫困深度指标，即平均剥夺份额（A）和贫困人口综合贫困状况（MPI）。

多维贫困状况的测量基于贫困识别和构建测量方法两个步骤。Alkire 和 Foster 基于能力化的多维贫困测度基础，构建了“双临界值”识别和测量方法，即 A-F 多维贫困测量方法。该方法主要包括对贫困的识别、加总和分解三个步骤。具体计算方法如下所示：

A. 贫困识别。在贫困识别阶段，采用“双重识别”，即维度内贫困识别和维度外贫困识别。前者在特定维度内识别哪些个体处于贫困线以下，后者确定至少有多少个维度受到剥夺才被认为是贫困。假设 $Z_j=(z_1, z_2, \cdots, z_j)^T$ 为每个特定维度的受剥夺临界值，对个体 i 而言，当其福利水平 $x_{ij}<z_j$ 时，意味着个体 i 在维度 j 上受到剥夺。如果用矩阵 $g^0=[g_{ij}^0]$ 表示个体 i 在维度 j 上是否受剥夺，其中，g_{ij}^0 取值 0、1，即当 $x_{ij}\geqslant z_j$ 时 $g_{ij}^0=0$，当 $x_{ij}<z_j$ 时 $g_{ij}^0=1$。这一过程为单个维度上福利被剥夺状况的识别，即维度内贫困识别。进一步地，对于剥夺矩阵 g^0，定义 C_i 为 $g_i^0=1$ 的数量，即个体 i 受剥夺的维度数。同时，令被剥夺维度数 k 为识别维度外

---

① ALKIRE S. Choosing Dimensions: The Capability Approach and Multidimensional Poverty [M] // The Many Dimensions of Poverty. Palgrave Macmillan UK, 2007: 89-119.

② ALKIRE S, FOSTER J. Counting and multidimensional poverty measurement [J]. Journal of public Economics, 2010, 95 (7): 476-487.

贫困的临界值，如果 $C_i \geq k$ ，则个体 i 为穷人。

B. 贫困加总。A-F 方法的加总步骤建立在标准的 FGT 方法之上，因而，与 FGT 方法一样，A-F 方法也将产生调整的贫困发生率（ M_0 ）、调整的贫困距（M_1）和调整的贫困距的平方（M_2）三组参数。

$$M_0 = HA \quad M_1 = HAG \quad M_2 = HAS \tag{2-25}$$

其中，H 是贫困人口的百分比，或称为多维贫困发生率；A 为平均强度，是所有贫困个体贫困维度数被维度个数（ j ）除后得到每个贫困个体的受剥夺份额的平均值；G 表示平均贫困距，是贫困个体受剥夺所有情况的贫困距的平均值，反映所有贫困和受剥夺状态下平均剥夺深度等相关信息；S 表示平均贫困距平方，是贫困个体受剥夺所有情况的贫困距平方的平均值，以强调较大差距的重要性。

事实上，如何将每个维度的贫困指数加总是多维贫困测度的一个核心问题。由于各维度在贫困中起的作用存在差异，所以在加总时需要考虑每个维度对应的权重。不过，值得欣慰的是 A-F 法对权重的选择并不敏感，A-F 多维贫困指数是一个稳健的指数。

C. 贫困分解。A-F 多维贫困指数具有子群、维度可分解的良好性质，这一性质对分析区域贫困、种族贫困或以其他方式定义的某群体的贫困状况有很大帮助。（参见图 2-1，表 2-9）具体地，我们可以将调整的贫困发生率（ M_0 ）、调整的贫困距（M_1）和调整的贫困距的平方（M_2）分解如下：

$$M_\alpha = \sum_{1}^{m} \frac{n(a_m)}{n} M_\alpha(a_m,\ z)$$

$$\alpha = 0,\ 1,\ 2 \tag{2-26}$$

其中，a_1，a_2，$\cdots a_m$ 表示不同的子群或维度。式（2-26）表明，总的多维贫困指数是各个维度或子群多维贫困指数的加权平均，而权重为各子群（维度）人口（贫困人口）占总人口（并集形式下总贫困人口）的比重。

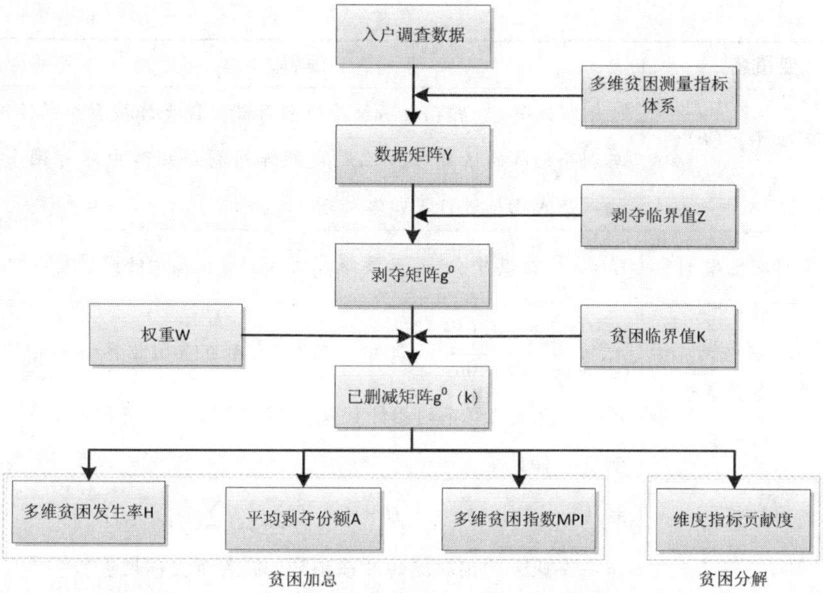

图 2-1　A-F 多维贫困测量流程图

表 2-9　A-F 多维贫困测算变量指标解释

变量名	解释
数据矩阵 Y	数据矩阵 $Y \in (X_{ij})_{n\times m}$ 表示农户个体指标信息的集合，n 是样本数量；m 是测量指标数量，即维度总数；X_{ij} 表示个体 i 在维度 j 上的取值。
剥夺临界值 Z_j	剥夺临界值 $Z_j(1\times m)$ 是测定各指标是否被剥夺的阈值，Z_j 表示 j 指标的剥夺临界值。
剥夺矩阵 $g^0(n\times m)=[g_{ij}]$	剥夺矩阵 $g^0(n\times m)=[g_{ij}]$ 是用来存储个体被剥夺的情况，如果 $X_{ij}<Z_j$，则 i 在指标 j 上贫困，记 $g_{ij}{}^0=1$；如果 $X_{ij}\geqslant Z_j$，则 i 在指标 j 上不贫困，记 $g_{ij}{}^0=0$。
贫困临界值 K	贫困临界值 K 表示确定为贫困个体的维度数。其中，$0\leqslant K\leqslant m$，多维贫困测算一般取值 0 到 m 之间。

续表

变量名	解释
已删减矩阵 $g^0(k)(n \times m)$	已删减矩阵 $g^0(k)(n \times m)$ 是用来存储贫困个体被剥夺的情况。与剥夺矩阵的区别在于已删减矩阵对剥夺矩阵中非贫困个体被剥夺的指标进行了归零处理。
多维贫困发生率 H	$H = \frac{q}{n}$，其中，q 表示多维贫困人口，n 表示研究区总人口。
平均剥夺份额 A	$A_k = \frac{\sum_{i=1}^{n} C_i(k)}{q(k) \times m}$，其中，$C_i(k)$ 表示在贫困临界值为 k 的情况下个体 i 被剥夺的指标数量，$q(k)$ 表示多维贫困人口，m 是测量指标数量。
多维贫困指数 MPI（M_0）	$M(k) = U[g(k)] = H \times A = (\sum_{i=1}^{n} \sum_{j=1}^{m} w_j g_{ij})/(nm)$，表示一个地方贫困状况的综合指标，$w_j$ 表示指标权重。
指标贡献度 β_j	$\beta_j = \frac{\sum_{i=1}^{n} w_j g_{ij} w_i /(nm)}{M(k)} = \frac{\sum_{i=1}^{n} w_j g_{ij} w_i /(nm)}{(\sum_{i=1}^{n} \sum_{j=1}^{m} w_j g_{ij})/(nm)}$，其中，$w_j$ 表示 j 指标的权重。

A-F 多维贫困测量方法更有利于我们进行贫困识别、加总以及分解。首先，A-F 方法明确易懂，对贫困的识别和加总方法更加简单化、具体化。其次，A-F 多维贫困指数维度指标选择比较灵活，对权重的选择并不敏感，具有良好稳健性。最后，它可以测出不同维度或指标的贫困，可以根据地区、性质等进行分解，能帮助我们了解贫困的多元化，从而提供有效的反贫困策略。但是，由于识别函数不能被维度分解，而维度分解只有在贫困识别以后才适用，是 A-F 方法的根本特征，产生的根源则是“双重识别”下的多维贫困概念对剥夺的联合分布较为敏感。

总的来说，公理化方法不仅使研究者对贫困测量的理解变得容易，而且提供了一种有效的分析工具。该方法虽不是衡量贫困的唯一尺度，但对于贫困测量、反贫困政策的制定等提供了科学可靠的依据。基于公理化体系的多维贫困方法，在构建贫困指数的过程中减小了主观随意性的影响。相比之下，基于公理方法构建的多维贫困指数，如 Watts 指数、Tsui 贫困综合指数和 HM 指数，理论上更能让人信服，测算结果更具稳健性，且满足基本的公理标准。不足之处在于，所有基于公理化标准的指数，或多或少都违背了部分公理。可以看出，在讨论的贫困指数中，满足全部公理化性质的指数是不存在的。但是，Zheng 指出，尽管所有的贫困指数没有任何一个满足全部的公理要求，但一般受到普遍认可的应满足聚焦性公理、连续性公理、单调性公理和转移敏感性公理。[①] 正如王小林指出，全球贫困测量的方法主要集中在以收入标准、人类发展指数标准和多维贫困指数标准 3 个方面，选取上没有统一的要求。因此，选择科学合理的贫困指数，从国内外不同实际情况来看，不同的当局者在反贫困问题上关注点是不同的，选择贫困测量方法的标准也不同。[②]

延伸阅读

王小林利用 2006 年中国健康与营养调查数据，选取住房、饮用水、卫生设施、电、资产、土地、教育、健康保险 8 个指标，对中国城市和农村家庭多维贫困进行了测量。测算结果见表 2-10 至 2-13。

---

① ZHENG B. Poverty Orderings [J]. Journal of Economic Surveys, 2000, 14 (4): 427-466.

② 王小林. 贫困标准及全球贫困状况 [J]. 经济研究参考, 2012, (55): 41-50.

表 2-10 中国多维贫困估计结果

K	贫困发生率	多维贫困指数	贫困剥夺份额
1	0.856	0.205	0.240
2	0.488	0.159	0.327
3	0.198	0.087	0.439
4	0.076	0.041	0.541
5	0.022	0.014	0.642

表 2-11 中国多维贫困指数（M_0）以及不同 K 值下每个维度的贡献率（%）

K	M_0	住房	饮用水	卫生设施	电	资产	土地	教育	健康保险
1	0.205	3.0	7.3	32.7	0.6	4.0	8.9	9.0	34.5
2	0.159	3.0	8.9	32.4	0.7	5.2	10.4	10.7	28.7
3	0.087	2.9	12.2	27.0	1.2	8.6	11.8	13.7	22.6
4	0.041	3.5	14.0	22.9	2.2	11.7	10.5	15.5	19.7
5	0.014	6.2	16.1	19.5	4.8	13.1	10.9	13.5	15.9

表 2-11 表示的结果是不同的 K 值所对应的多维贫困指数（M_0），以及 8 个维度分别对给定的 K 值下的贫困指数的贡献率。以 K=3 为例，多维贫困指数为 0.087，即同时存在 3 个维度贫困的贫困指数为 0.087。其中，卫生设施贫困的贡献率大，为 27.0%；健康保险的贡献率次之，为 22.6%；教育的贡献份额为 13.7%。这个结果的政策含义十分明显，说明 2006 年中国城市和农村减贫的政策目标应该首先是解决居民户的卫生设施贫困，其次是提高居民的健康保险覆盖率，最后是提高劳动力的受教育水平。2006 年以来，新型农村合作医疗制度迅速推广到全国，那么，应该说以健康保险为主要内容的社会政策取向是十分正确的。农村的改厕工作也在不同的专项项目中有所强调，但卫生设施仍是今后需要重点关注的减贫

维度。卫生设施这一问题是联合国千年发展目标关注的48个指标之一，也是关系到居民环境与健康的重要指标。2006年之后，农村义务教育方面的财政支出迅速增长，农村普及九年义务教育目标基本实现。其结果表明，中国农村教育维度的贫困比较突出。而这一问题是义务教育政策所不能覆盖的，需要通过劳动力的职业教育、就业培训、技能培训等手段来解决。也就是说，继续扩大“阳光工程”“雨露计划”的项目覆盖率和绩效，是提高现有劳动力人力资本水平的重要减贫政策。

表2-12　不同K值下多维贫困指数（M_0）的城乡分解结果

K	多维贫困指数（M_0）			贡献率（%）	
	全国	城市	农村	城市	农村
1	0.205	0.046	0.159	22.6	77.4
2	0.159	0.030	0.129	18.7	81.3
3	0.087	0.013	0.074	14.5	85.5
4	0.041	0.004	0.037	9.8	90.2
5	0.014	0.001	0.013	4.2	95.8

通过对多维贫困指数M_0进行城市和农村的分解，得到不同K值下城市和农村对多维贫困指数的贡献率（如表2-12所示）。以K=3为例，全国多维贫困指数为0.087，其中，城市多维贫困指数为0.013，农村多维贫困指数为0.074；城市贫困和农村贫困对全国多维贫困指数的贡献率分别为14.5%和85.5%；以K=5为例，农村贫困对多维贫困指数的贡献率为95.8%，城市贫困对多维贫困指数的贡献率为4.2%。其结果表明，考虑的贫困维度越多，农村贫困越严重。

表 2-13 K=3 时各省多维贫困指数（M_0）及其中城市和农村的贡献率（%）

地区	M_0	城市	农村	地区	M_0	城市	农村
辽宁	0.030	5.0	95.0	湖北	0.093	12.8	87.2
黑龙江	0.041	36.9	63.1	湖南	0.096	4.1	95.9
江苏	0.036	14.2	85.8	广西	0.102	24.6	75.4
山东	0.048	17.3	82.7	贵州	0.213	12.7	87.3
河南	0.113	12.9	87.1				

K=3 时各省多维贫困指数（M_0）中城市和农村贡献率的分解结果表明（见表 2-13），黑龙江多维贫困中城市贫困的贡献率较高，城市多维贫困占了黑龙江多维贫困指数的 36.9%；广西的城市贫困问题也比较突出，占了多维贫困指数的 24.6%。多维贫困最为严重的贵州，农村贫困占了多维贫困指数的 87.3%，城市贫困占了 12.7%。河南和辽宁的贫困主要为农村贫困。

（三）新技术与多维贫困测度

伴随科学技术的快速发展，除了以上所述的公理性方法与非公理性方法之外，多维贫困测度方法迎来了新技术的应用，近几年受到学界的广泛关注则是 3S 空间信息技术。

“3S”技术是英文遥感技术（Remote Sensing，RS）、地理信息系统（Geographical information System，GIS）、全球定位系统（Global Positioning System，GPS）这三种技术名词中最后一个单词字头的统称。其中，遥感技术（RS）是根据不同物体有不同的电磁波特性这个原理来探测地表物体对电磁波的反射和其发射的电磁波，从而提取这些物体的信息，完成远距离识别物体。在日常生活中，我们也能够享受遥感技术的应用成果，比如：我们每天在电视上收看的天气预报中所播放的“卫星气象云图”，就是由气象卫星拍摄的云的图像。地理信息系统（GIS）就是一个专门管理地理信息的计算机软件系统，它不但能分门别类、分级分层地去管理地理信息，而且还能将它们进行各种组合、分析、再组合、再分析等，还能查询、检索、修改、输出、更新等。总之，地理信息系统，可以通俗地理解为信息的“大管家”。而全球定位系统（GPS）是利用人造地球卫星进行点位测量导航技术的一种，这项技术在人们的日常生活中使用最为广泛，比如我们开车时所使用的 GPS 导航就是基于这项技术。

经过约 30 年的扶贫开发，中国的农村贫困人口已大幅度减少，剩下的贫困人口主要集中在自然资源匮乏、生态环境恶劣的地区，尤其是 14 个连片特困地区。以往的多维贫困测量主要将经济、教育、健康等个人能力指标作为衡量其是否陷入贫困的维度，但未充分考虑自然资源以及生态环境等地理环境与农村贫困人口分布的关系，因此，借助空间信息技术，通过不同尺度的贫困识别与测量，可以弥补以往只关注人口贫困特征而忽略地理环境致贫作用的不足。针对贫困地区社会经济和资源环境数据覆盖面广、数据类型复杂、时空尺度跨度大、调查方法与需求多样化等特点，利用空间信息技术在资源环境空间信息调查、管理与应用方面的优势，可以迅速、动态可重复地获取大区域的各种资源环境信息，快速实现与当地社会经济信息的地理配准，可以直接瞄准贫困对象，以贫困地图的形式更全面地分析其时空分布特征。为了实现 2020 年全面建成小康社会的伟大目标，缩小城乡差距，统筹城乡扶贫，基于空间信息技术的多尺度多维度地瞄准扶贫对象、测量多维贫困具有举足轻重的作用。

专栏

夜间灯光在多维贫困测度中的应用

灯光，作为人们日常生活中不可或缺的物质资源，近期也被应用于贫困测度中。近年来美国国家海洋和大气管理局（NOAA）发布的全球夜间灯光数据受到学界的关注。该数据是由美国空军气象卫星从外太空（out space）所观察到的地球不同地区在晚间八点半至十点之间的灯光亮度（消除了云、月光及火光等偶然因素影响）。美国国防气象卫星（DMSP）搭载的业务型线性扫描传感器（OLS）起初是为气象监测设计，后因其独特的光电放大能力，在夜间探测到地表微弱的近红外辐射，测到城市夜间的灯光、火光乃至车流等发出的低强度灯光，影像也被越来越多地用于研究社会经济问题。相对于 GDP 统计数据而言，全球夜间灯光数据显得更加客观，最大限度地消除了人为因素。在现代社会中，所有经济活动都会存续于夜间表现，而灯光是夜间表现的显性信息，经济活动强度越大，夜间表现也一定强烈，灯光的亮度也会越明显。

因此，有学者借鉴脆弱性-可持续生计思想，基于夜间灯光遥感数据与 GIS 空间分析技术，通过建立多维贫困空间测度指标体系，开展基于栅格和县域尺度的中国贫困空间识别，构建区域的灯光指数，并对贫困进行了测度。主要构建了区域灯光总量指数（Total Nighttime Light Index，TNLI）和区域平均夜间灯光指数（Average Nighttime Light Index，ANLI），计算公式如下：

$$TNLI = \sum_{i=1}^{n} DN_i \tag{2-27}$$

$$ANLI = \frac{TNLI}{n} \tag{2-28}$$

其中：DN_i 为区域内每个栅格单元的像元辐射值；n 为区域内栅格的数目；TNLI 即该区域内灯光总量指数；ANLI 为某区域内平均灯光指数。

首先，依据 2000 年由英国国际发展机构（DFID）所建立的可持续生计分析框架（SLA），计算地区的多维贫困指数 MPI。其次，运用上述公式计算区域灯光指数 TNLI 和 ANLI。再次，将地区的多维贫困指数 MPI 与两种灯光指数进行回归分析，分别采用线性、非线性、指数及对数等多种方式进行拟合，寻找出最优拟合模型。最后，将样本数据建立起来的回归模型用于估算地区范围的MPI，采用ANLI指数，对校正后的NPP-VIIRS影像进行栅格尺度的回归运算，得到地区MPI的空间分布图。

但是，值得注意的是，多维指标体系的构建和指标权重的确定对评价结果的影响较大。尽管灯光亮度数据是通过卫星从外太空获得，但仍可能存在测量误差，如不同省份在地理区位、文化习俗、生活方式等方面存在的差异可能会导致灯光亮度不同，如果采用灯光亮度来测算MPI，则有可能无法避免灯光数据本身存在的测量误差。此外，由于NPP夜光数据可获取的年份有限，而贫困则是个相对概念，具有持久性，应纳入多期的影像研究贫困空间的时空演化，可利用夜间灯光影像进行扶贫效果的动态监测。

贫困人口空间化对于更好地模拟贫困人口在精细尺度的分布状况，为扶贫政策的制定具有重要的意义。然而实际情况中，贫困人口数据采集与发布多以行政区为单元，这往往会造成信息搜集的困难或在小尺度范围内数据的缺失。在地理灾害发生时或者与地理要素进行分析时，往往无法及时获取地理单元上有效准确的贫困人口数据。在进行小尺度人文数据空间化时，空间异质性和自相关性要结合在一起考虑，而不能仅仅将二者单独分开考虑。在进行小尺度回归统计建模时，可以考虑把更多的空间计量模型和加权模型结合起来，并且对估计参数进行检验是该类模型以后研究的重点。加之对空间统计分析回归参数估计的方法研究不够充分，在进行模型对比及进度验证分析时，仅以误差百分比作等为检验指标，采取的指标较为简单，需进一步研究不同的模型的评价方法。在贫困人口精度验证时，主要是根据行政村边界叠加汇合进行总体比较，在进一步的研究中可以通过定位信息，对格网的贫困人口进行实地调查统计，直接进行比较，可以得到更好的模型评判精度。另外，在贫困人口空间分布表达、贫困村识别及教育资源分布、居民点分布等专题的后续研究中，GIS的模拟计算能力有待进一步加强，若能进一步搜寻更加精细的村户级数据源，对其进行空间化处理，以网格为单元加入权重、回归分析，将更加清晰地展现空间分异特征①。

① 王艳慧. 基于GIS的多维贫困精准识别与评价［M］. 北京：科学出版社，2015.

·第三章·

中国农村多维贫困测度

从绝对贫困到多维贫困，对贫困认识是一个不断深化和发展的过程。在绝对贫困的测度中我们仅仅以收入获得的多少以及划定贫困线的方法来界定其是否贫困，这种方法简单、有效、便于操作，是早期对于贫困测量的主要方法。阿马蒂亚·森则将贫困的概念从绝对贫困引入多个贫困维度，他认为，人的贫困不仅仅是收入的贫困或者消费贫困，也包括获得安全饮用水、体面地出入公共场所、接受基本的教育等多个维度。对多维贫困的测度比对绝对贫困的测度难度更大，但是其对于贫困治理作用和意义则远远超过对绝对贫困的测度。其原因在于：第一，对致贫原因把握更加准确。收入贫困的原因在于其获得教育、医疗、营养等其他维度的能力不足，而收入的不足又导致获得其他维度的资源能力不足。第二，制定帮扶措施更加精准。对致贫原因的精准了解有助于因人施策，提高政策效率。第三，降低脱贫人口返贫率。多维贫困的测度使贫困人口致贫原因更加清楚，制定措施更加精准，有利于解决贫困人口发展能力不足的问题。因此，贫困治理的前提是在多维贫困测度方法的指导下对贫困对象的致贫原因、贫困现状有全面细致的掌握，进而才能提出精准的帮扶措施，实现良好的脱贫成效。前面的章节中介绍了几种测度方法，如何因地制宜地将这些贫困测度方法在中国农村进行实际应用是本章探讨的重点内容。

本章首先对中国农村贫困的基本态势进行阐释，重点根据《中国农村扶贫开发纲要（2011—2020 年）》确定的贫困地区（包括 14 个集中连片特殊困难地区和 592 个国家扶贫开发工作重点县）的农村贫困状况进行阐述，分别对全国农村整体贫困态势以及重点贫困区域（如集中连片特困地区、扶贫重点县、少数民族地区）的贫困现状进行分析。在此基础上，对中国农村多维贫困测度的一般步骤进行介绍，具体包括：贫困标准的界定、多维贫困测度指标的选取、测度数据来源等；并对不同区域、不同群体多维贫困的测度及结果进行实证分析，尤其结合前沿的信息技术，介绍了大数据时代中国多维贫困测度的实践；最后，通过以四省藏区农牧民多维贫困测度的案例分析，使读者更加直观地理解多维贫困测度方法的运用。

一、中国农村贫困整体态势

（一）中国贫困治理历程回顾

在对贫困现状进行讨论前，有必要对我国贫困治理历程及取得的成就进行回顾。从 1978 年我国政府首次制定贫困统计标准以来，可以将我国四十年的贫困治理历程，按照治理模式的不同划分为四个阶段：第一阶段为体制改革推动贫困治理（1978—1985 年），第二阶段为专项计划推动贫困治理（1986—2007 年），第三阶段为两轮驱动推动贫困治理（2008—2012 年），第四阶段为扶贫开发新阶段（2013 年至今）。

1. 体制改革推动贫困治理（1978—1985 年）。1978 年按照当时制定的贫困标准，我国农村贫困人口约 2.5 亿，占农村总人口的 30.7%。导致这一时期大面积贫困的原因是多方面的，主要是农业经营体制不适应生产力发展需要，农民生产积极性低下。因此体制变革就成了缓解贫困的主要途径。

2. 专项计划推动贫困治理（1986—2007 年）。从 1986 年开始，我国政府实施有组织、有计划、大规模的开发式扶贫，可以分为三个时期。

（1）1986—1993 年的探索时期。该时期政府在扶贫领域采取了一系列的重大举措：成立了专门的福利工作机构，制定了国家贫困标准（当年农民人均纯收入低于206元），确定国家重点扶持贫困县，安排专项资金，制定专门的优惠政策，并对传统的救济式扶贫进行改革，确定了贫困治理方针。自此，我国的扶贫工作进入新的历史时期。经过8年的不懈努力，国家重点扶持贫困县农民人均纯收入从1986年的206元增加到1993年的483.7元，农村贫困人口由1.25亿减少到8000万，农村贫困人口占总人口的比重从14.8%下降到8.7%。

（2）1994—2000年的扶贫攻坚时期。1994年中国政府发布了《国家八七扶贫攻坚计划（1994—2000年）》，该计划明确提出，集中人力、物力、财力，动员社会各界力量，力争用七年左右的时间，到2000年底解决农村贫困人口的温饱问题。这是中华人民共和国历史上第一个有明确目标、明确对象、明确措施和明确期限的扶贫开发行动纲领。到2000年底，国家“八七”扶贫攻坚目标基本实现。“八七扶贫攻坚计划”执行期间，国家重点扶持贫困县农业增加值增长54%，年均增长7.5%；工业增加值增长99.3%，年均增长12.2%；地方政府财政收入增加近一倍，年均增长12.9%；粮食产量增长12.3%，年均增长1.9%；农民人均纯收入从648元增加到1337元，每年平均增长17.72%。沂蒙山区、井冈山区、大别山区、闽西南地区等革命老区群众的温饱问题已经基本解决。一些偏远山区和少数民族地区，面貌也有了很大变化。历史上“苦瘠甲天下”的甘肃省和宁夏回族自治区西海固地区，经过多年开发建设，基础设施和基本生产条件明显改善，贫困状况大为缓解。

（3）2001—2007年的深化时期。2001年，国家颁布实施《中国扶贫开发纲要（2001—2010年）》，继续坚持开发式扶贫方针，在中西部地区确定了592个国家扶贫开发工作重点县，将低收入贫困人口明确为帮扶对象，在全国认定了15万个贫困村，采取参与式扶贫方法，自下而上制定扶贫规划，强化各项行之有效的政策措施。到2007年底，全国农村绝对贫困人口从3209万减少到1479万，低收入贫困人口从6213万减少到2841万，年均减少247.14万绝对贫困人口和481.71万低收入贫困人口，重点县农村人均纯收入达到2278元。

3. 两轮驱动推动贫困治理（2008—2012年）。党的十六大以后，在过去主要依靠经济增长拉动和专项扶贫计划推动的基础上，逐步形成了一个集专项扶贫、行业扶贫、社会扶贫一体的“大扶贫”格局。扶贫开发工作明确提出以整村推进、劳动力转移培训和产业化扶贫工作重点，改革资金管理方式，完善工作机制。2008年10月，党的十七届三中全会提出坚持开发式扶贫方针，实现农村最低生活保障制度和扶贫开发政策有效衔接。到2010年底，重点县农民人均纯收入达到3273元，农村低收入人口下降到2688万，农村绝对贫困人口稳定在1000万以下，农村居民生存和温饱问题基本解决。2010年，国家再次提高扶贫标准，贫困人口达到1.66亿。至2012年底，下降到9899万。

4. 扶贫开发新阶段——精准扶贫与精准脱贫（2013年至今）。2013年11月，习近平到湖南湘西考察时首次作出了“实事求是、因地制宜、分类指导、精准扶贫”的重要指示。2014年1月，中办详细规制了精准扶贫工作模式的顶层设计，推动了“精准扶贫”思想落地。2014年3月，习近平参加两会代表团审议时强调，要实施精准扶贫，瞄准扶贫对象，进行重点施策，进一步阐释了精准扶贫理念。2015年6月习近平在贵州考察时，又提出了扶贫开发工作“六个精准”的基本要求，即扶持对象精准、项目安排精准、资金使用精准、措施到户精准、因村派人精准、脱贫成效精准，“六个精准”的提出，为精准扶贫指明了努力的方向，在这一基本要求指引下，国家扶贫治理能力大为提高，农村脱贫成效十分显著。2015年11月中共中央、国务院发布了《关于打赢脱贫攻坚战的决定》，该决定明确指出打赢脱贫攻坚战，是促进全体人民共享改革发展成果、实现共同富裕的重大举措，是体现中国特色社会主义制度优越性的重要标志，也是发展经济新常态、扩大国内需求、促进经济增长的重要途径。2016 年国务院发布了《“十三五”脱贫攻坚规划》明确提出消除贫困、改善民生、逐步实现共同富裕，是社会主义的本质要求，是我们党的重要使命，“十三五”时期，是全面建成小康社会、实现第一个百年奋斗目标的决胜阶段，也是打赢脱贫攻坚战的决胜阶段。2017 年 6 月习近平在山西考察时主持召开了深度贫困地区脱贫攻坚座谈会，指出脱贫攻坚工作进入目前阶段，要重点研究解决深度贫困问题，为今后的脱贫攻坚工作指明了方向。到 2020 年，我国要稳定实现现行标准下农村贫困人口不愁吃、不愁穿，义务教育、基本医疗和住房安全有保障。贫困地区农民人均可支配收入比 2010 年翻一番以上，增长幅度高于全国平均水平，基本公共服务主要领域指标接近全国平均水平；并且，确保我国现行标准下农村贫困人口实现脱贫，贫困县全部摘帽，解决区域性整体贫困。2012—2016 年，全国有 5564 万贫困人口摆脱贫困，农村贫困人口每年都减少超过 1000 万人；全国贫困发生率从 2012 年底的 10. 2%下降到 2016 年底的 4. 5%，下降 5. 7 个百分点。由此可见我国贫困治理的成效显著，但是要确保到 2020 年所有贫困地区和贫困人口同步迈入全面小康社会，所面临的形势依然严峻。

（二）中国农村贫困整体特征

本部分主要以《中国农村贫困监测报告 2016》为数据来源，从多元角度对全国农村贫困状况进行分析。《中国农村贫困监测报告 2016》主要从 8 个方面对中国农村的贫困状况进行统计，具体包括：中国农村贫困标准与贫困测量方法、全国农村贫困状况、贫困地区农村贫困状况、区域性贫困状况、农村经济运行综述、部门扶贫情况、扶贫政策汇编、统计资料等。其主题涵盖农村贫困人口、居民收入消费、农户生产生活、性别平等、劳动力外出、医疗保健、公共服务等多个维度。其数据来源可靠性强、权威性高，能够较为全面客观地反映我国当前农村贫困的基本情况。

1. 农村贫困人口规模和分布。党的十八大以来，中央高度重视扶贫开发工作，2015 年 11 月中共中央、国务院发布了《关于打赢脱贫攻坚战的决定》成为指导脱贫攻坚的纲领性文件，在此之后国务院印发《“十三五”脱贫攻坚规划》，细化中央决策部署。中央办公厅、国务院办公厅出台 11 个配套文件，中央和国家机关各部门出台 118 个政策文件或实施方案。全国各地相继出台和完善“1+N”的脱贫攻坚系列举措。这些纲领性文件基本上形成了一套中国特色、行之有效的脱贫攻坚责任体系、政策体系、投入体系。2013 年至 2016 年贫困地区农村居民收入增幅高于全国平均水平，贫困群众生活水平明显提高，贫困地区面貌明显改善，精准扶贫、精准脱贫成效显著。但是，贫困地区的贫困治理形势依然严峻，脱贫攻坚越到后面越是啃“硬骨头”。按照 2010 年国家农村贫困标准，2015 年我国农村贫困人口仍有 5000 万以上，到 2020 年实现农村贫困人口全部脱贫，每年减贫人数需要达到 1000 万以上。

（1）贫困人口总规模。经过多年持续不断的脱贫攻坚工作，我国贫困人口的总量近年来大幅度减少。按照现行国家农村贫困标准测算，截至 2016 年底，全国农村贫困人口为 4335 万，比上年减少 1240 万，下降 22. 2%；农村贫困发生率 4. 5%，比上年下降 1. 2 个百分点。

如表 3-1 所示，2010 年全国农村贫困人口规模约为 1. 66 亿，农村贫困发生率为 17. 2%。到 2016 年底，全国农村贫困人口总计减少约 1. 2 亿，年均减贫人口达 2000 万以上；农村贫困发生率下降 12. 7 个百分点，平均每年下降约 2. 1 个百分点。

表 3-1 2010—2016 年全国农村贫困标准线、贫困人口与贫困发生率①

年度	贫困标准（元）	当年减贫人口数（万）	年底贫困人口总数（万）	贫困发生率（%）
2010	2300	-	16567	17. 2
2011	2536	4329	12238	12. 7
2012	2673	2339	9899	10. 2
2013	2736	1650	8249	8. 5
2014	2800	1232	7017	7. 2
2015	2855	1442	5575	5. 7
2016	约 3000	1240	4335	4. 5

（2）贫困人口的区域分布②。2015 年全国 4/5 以上的农村贫困人口集中在中西部地区。具体来看，2015 年东部地区农村贫困人口 653 万，贫困发生率为 1. 8%，贫困人口占全国农村贫困人口的比重为 11. 7%；中部地区农村贫困人口为 2007 万，贫困发生率为 6. 2%，贫困人口占全国农村贫困人口的比重为 36. 0%；西部地区农村贫困人口为 2915 万，贫困发生率为 10%，贫困人口占全国农村贫困人口的比重为 52. 3%。整体上，全国贫困人口的分布呈现中西部多、东部少的特征。

（3）贫困人口的省际分布。2015 年全国有 8 个省份的农村贫困人口在 300 万以上；有 7 个省份的农村贫困人口在 100 万～300 万之间；有 16 个省份的农村贫困人口在 100 万以下。同样，按照现行国家农村贫困标准测算，2015 年，有 8 省份的农村贫困发生率在 10%以上，有 10 个省份的贫

① 数据来源于《中国农村贫困监测报告（2016）》《中国农村贫困监测报告（2015）》。

② 东部省份包括：北京、天津、河北、辽宁、上海、江苏、浙江、福建、山东、广东、海南。中部省份包括：山西、吉林、黑龙江、安徽、江西、河南、湖北、湖南。西部省份包括：内蒙古、广西、重庆、四川、贵州、云南、西藏、陕西、甘肃、青海、宁夏、新疆。

困发生率在5%~10%，有5个省份的贫困发生率在3%~5%；有8个省份的贫困发生率低于3%。

（4）贫困人口的群体分布。按照年龄分组来看，老人和儿童贫困发生率高于其他年龄段人群。将所有农村贫困人口按照每20岁一组，分年龄组后中国农村贫困发生率的分布总体呈现两边高中间低的特点。按照现行国家农村贫困标准，0~20岁、21~40岁、41~60岁、61~80岁、81岁及以上农村人口贫困发生率分别为6.8%、6.3%、3.9%、7.0%、8.1%。其中，17岁以下青少年儿童贫困发生率为7.1%，60岁以上老人贫困发生率为7.1%。具体见图3-1。

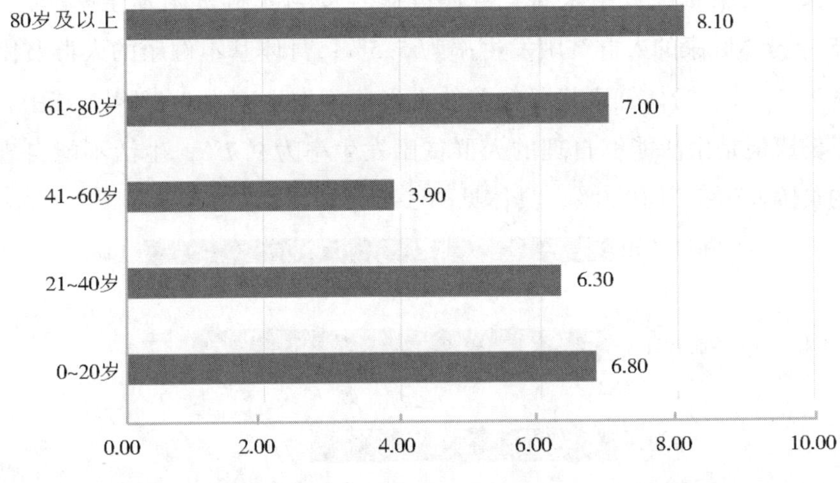

图3-1 2015年不同年龄阶段农村贫困发生率分布（单位:%）

按照户主受教育程度分组来看，农村贫困发生率与户主受教育程度呈反比，户主受教育程度较低的群体贫困发生率相对较高。具体来看：2015年户主受教育程度为文盲、小学、初中、高中及以上群体的贫困发生率分别为11.9%，8.2%，4.7%以及3.1%。具体见图3-2。

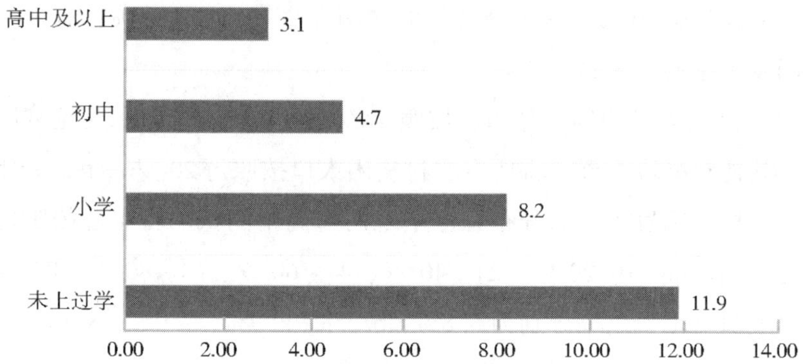

图 3-2 不同受教育程度贫困发生率分布（单位:%）

按照健康状况分组来看，身体健康程度与农村贫困发生率呈反比。2015 年身体健康的人群贫困发生率为 5.5%；身体基本健康的人群贫困发生率为 7.0%，身体健康状况较差的人群贫困发生率为 9.8%①。其中，身体不健康但是生活能够自理的人群贫困发生率为 9.7%，生活不能自理人群的贫困发生率为 10.8%。具体见图 3-3。

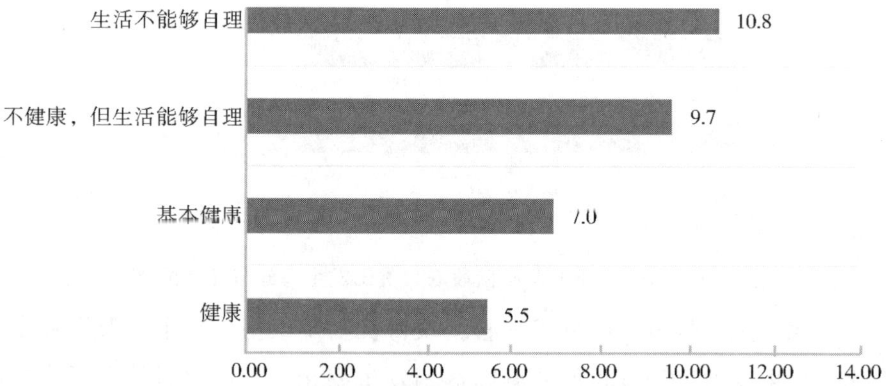

图 3-3 2015 年不同健康程度贫困发生率分布（单位:%）

从不同性别来看，2015 年女性群体农村贫困发生率为 5.7%，男性群

① 身体健康状况较差，包括身体不健康但生活能够自理和生活不能自理两类。

体农村贫困发生率为 5. 7%，男性与女性群体之间贫困发生率没有明显差异。

2. 农村居民收支状况。

（1）农村居民收入状况。2015 年全国农村居民人均可支配收入 11422 元，同比名义增长 8. 9%，扣除价格因素影响，实际增长 7. 5%。2015 年农村居民工资性收入、财产性收入、转移性收入三项收入增速保持在 10%以上。具体来看：2015 年，全国农村居民人均工资性收入、转移性收入、财产净收入分别为 4600 元、2066 元和 252 元，与上年相比分别名义增长 10. 8%、10. 1%和 13. 3%；农村居民人均经营净收入 4504 元，比上年名义增长 6. 3%。其中，人均第一产业经营净收入增长 5. 2%；人均二、三产业经营净收入增长 9%。具体见表 3-2。

2015 年农村居民四成以上收入来自于工资性收入，其对全年农民增收的贡献率也最大。具体来看：2015 年全国农村居民人均可支配收入中，工资性收入占比为 40. 3%，对全年农民增收的贡献率为 48%，拉动可支配收入增长 4. 3 个百分点；经营净收入占人均可支配收入的比重为 39. 4%，对全年农民增收的贡献率为 28. 5%，拉动可支配收入增长 2. 5 个百分点；转移性收入占比为 18. 1%，对全年农民增收的贡献率为 20. 3%，拉动可支配收入增长 1. 8 个百分点；财产净收入占比为 2. 2%，对全年农民增收的贡献率为 3. 2%，拉动可支配收入增长 0. 3 个百分点。具体见图 3-4。

表 3-2　2015 年全国农村居民收入构成及增长情况

收入类别	水平（元）	名义增长率（%）
人均可支配收入	11422	8. 9
工资性收入	4600	10. 8
经营净收入	4504	6. 3

续表

收入类别	水平（元）	名义增长率（%）
财产性收入	252	13.3
转移性收入	2066	10.1

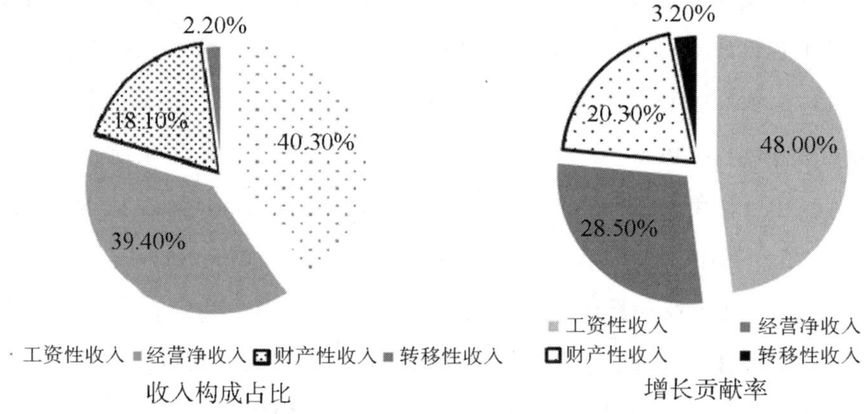

图 3-4 2015 年农村居民收入构成和各项收入增长贡献率

（2）农村居民消费状况。2015 年全国农村居民人均消费支出 9223 元，名义增长 10.0%，考虑价格因素，实际增长 8.6%。总体上全国农村居民人均消费支出保持平稳增长，农村居民消费支出增速快于城镇居民，居民消费结构继续改善。从消费水平来看，2015 年农村八大消费支出均实现增长，交通通信、教育文化娱乐、医疗保健消费支出增速在 10%以上（具体数据见表 3-3）；从消费结构来看，2015 年农村居民消费结构不断优化升级，发展型消费占消费支出比重提高。

表 3-3 2015 年全国农村居民消费情况

消费指标	水平（元）	增速（%）
人均消费支出	9223	10.0
1. 食品烟酒	3048	8.3

续表

消费指标	水平（元）	增速（%）
2. 衣着	550	7.9
3. 居住	1926	9.3
4. 生活用品及服务	546	7.7
5. 交通通信	1163	14.9
6. 教育文化娱乐	969	12.8
7. 医疗保健	846	12.2
8. 其他用品和服务	174	6.8

3. 农村居民生活条件。

（1）居住条件。2015 年，农村居民住房结构、住房外道路、卫生等居住条件进一步改善，但是居住环境依然较差。主要表现在居住非钢筋混凝土和非砖混材料结构住房农户比重仍然约占 40%，住宅外道路没有硬化路的农户比重占 42%，没有水冲式卫生厕所农户的比重占 73.7%，无洗澡设施的农户比重占 41.3%，炊事用主要能源为柴草的农户比重占 43.8%。

分地区来看，东部地区农村居民居住条件总体好于中、西部地区。2015 年东、中、西部地区居住钢筋混凝土和砖混材料结构住房农户比重分别为 61.8%，64.8%和 52.5%；住房外为硬化路的农户比重分别为 67.3%，56.9%和 48.8%；有水冲式卫生厕所农户的比重分别为 41.3%，17.8%和 19.4%；无洗澡设施的农户比重分别为 24.7%，48.3%和 51.7%；炊事用主要能源为柴草的农户比重分别为 32.0%，48.8%和 51.4%。具体见图3-5。

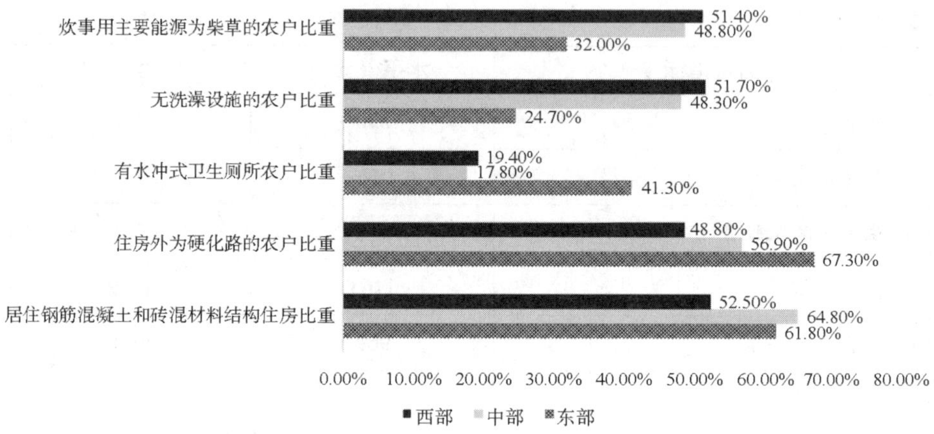

图 3-5　2015 年东、中、西部地区农村居民居住条件

（2）交通通信条件。从交通通信条件来看，农村社区“四通”覆盖范围不断扩大，但和城市地区差距依然巨大。2015 年农村地区“四通”情况大幅度改善，通路、通电、通电话接近全覆盖，同时，农村信息化程度快速提高。2015 年，所在自然村能够接收有线电视信号的农户比重达 96.4%，比上年上升 1.3 个百分点，但仍有 3.6%的自然村没有电视信号；平均每百户农村居民家庭拥有接入互联网的移动电话仅有 69.2 部，平均每百户农村居民家庭拥有接入互联网的计算机仅有 18.8 台，通信条件仍是制约农村地区发展的薄弱环节。

分地区来看，地区间差距依然明显。2015 年东、中、西部地区所在自然村能够接收有线电视信号的农户比重分别为 98.7%，95.5%和 94.8%；东、中、西部平均每百户农村居民家庭拥有接入互联网的移动电话分别为 77.4 部，69.6 部和 59.6 部，平均每百户农村居民家庭拥有接入互联网的计算机分别为 29.6 台，16.7 台和 9.1 台。总体来看，以上三项指标东部地区高于中部地区，中部地区高于西部地区，地区差距明显。

（3）教育卫生条件。从教育卫生条件来看，农村地区社区卫生、医疗及教育服务水平有所提升，但供给仍然不足。2015 年，仅有 60.4%的农户所在自然村内垃圾能够做到集中处理；仍有 14. 1%农户所在自然村没有村卫生室；仅有 79. 7%的农户所在自然村上幼儿园或学前班比较便利，教育供给数量不足，质量不高；有 16. 6%的农户所在的自然村适龄儿童上小学仍然困难。

分地区来看，东部地区在入学就医便利性等方面的基础条件普遍好于中、西部地区，在垃圾集中处理程度方法优势尤为突出，具体见表 3-4。

表 3-4 2015 年东、中、西部地区农村卫生教育条件

指 标	东部	中部	西部
自然村内垃圾能够做到集中处理的户比重	80. 4	50. 3	49. 7
所在自然村有卫生站（室）的户比重	86. 0	86. 5	85. 2
所在自然村上幼儿园或学前班比较便利的户比重	84. 0	82. 3	71. 9
所在自然村上小学较便利的户比重	86. 4	84. 8	78. 4

（4）农村劳动力受教育程度。从农村劳动力受教育程度来看，教育水平普遍不高。2015 年全国农村常住劳动力中，未上过学的人占比高达 5. 6%，小学文化程度占 30. 4%，初中文化程度占 50. 5%，高中及以上文化程度的仅占 13. 5%。

从农村劳动力年龄来看，2015 年全国农村 16~24 岁常住青年中，小学及以下文化程度占 3. 3%，占比依然较高；初中文化程度占 32. 6%，高中文化程度占 36. 2%，大专及以上文化程度的人占 27. 9%，青年劳动力受教育程度有所提高。

（5）社会保障。2015 年农村常住劳动力中，没有参加任何医疗保险的人不足 1%；92. 5%的人参加新型农村合作医疗保险；其余人员参加城镇职工基本医疗保险、居民基本医疗保险或商业医疗保险等。2015 年农村常住劳动力中，还有 11. 5%的人没有参加任何养老保险；有 80%的人参加新型农村社会养老保险。

4. 城乡居民收入差距。城乡居民相对收入差距缩小，但绝对收入差距依然较大。2015 年，城镇居民人均可支配收入 31195 元，同比名义增长 8.2%，农村居民人均可支配收入 11422 元，同比名义增长 8.9%。农村居民人均可支配收入名义增速快于城镇居民收入名义增速 0.7 个百分点。2015 年城乡居民收入之比为 2.73：1，城市居民人均可支配收入约为农村居民的 3 倍。

农村居民高低收入组收入差距缩小。2015 年，农村居民低收入户收入增长最快，高收入最慢。按照人均可支配收入从低到高进行五等份分组，我们可以大致了解农村居民高低收入的情况，具体见表 3-5。

表 3-5 2015 年全国农村居民人均可支配收入差距

组别		收入（元）	增速（%）
平均数	合计	11422	8.9
	低收入组	3086	11.5
	中等偏下组	7221	9.3
	中等收入组	10311	8.5
	中等偏上组	14537	8.1
	高收入组	26014	8.6

农村居民地区间相对收入差距缩小，绝对收入差距依然明显。分区域看，收入水平较低的中部、西部地区农村居民收入增速较快，在 9%以上；收入水平较高的东部、东北地区农村居民收入增速相对较慢，低于 9%。2015 年东部地区农民人均可支配收入约是西部地区的 1.6 倍。具体情况见表 3-6。

表 3-6 2014—2015 年农村居民地区间人均可支配收入差距

年 份	东部地区（元）	中部地区（元）	西部地区（元）	东北地区（元）	东西部地区收入比（西部=1）
2014	13145	10011	8295	10802	1.58
2015	14297	10919	9093	11490	1.57
2015 年名义增长率	8.8	9.1	9.6	6.4	-

（三）中国农村贫困区域特征

2011 年，中共中央、国务院印发了《中国农村扶贫开发纲要（2011—2020 年）》明确提出把 14 个集中连片特困地区作为脱贫攻坚的主战场。2012 年，国务院扶贫开发领导小组发布了《国家扶贫开发工作重点县名单》，在全国范围内确定了 592 个国家级贫困县。同时少数民族集聚地区也是我国脱贫攻坚的重点、难点地区。本部分主要介绍 14 个集中连片特困地区、592 个扶贫重点县以及少数民族地区（民族八省和民族自治地方）的农村贫困状况。

1. 集中连片特困地区贫困状况。全国 14 个集中连片特困地区是指：六盘山区、秦巴山区、武陵山区、乌蒙山区、滇桂黔石漠化区、滇西边境山区、大兴安岭南麓山区、燕山-太行山区、吕梁山区、大别山区、罗霄山区等区域的连片特困地区和已明确实施特殊政策的西藏、四川藏区、新疆南疆三地州。

14 个集中连片特困地区覆盖全国 21 个省（自治区、直辖市）680 个县，10179 个乡镇。2014 年其行政区划面积 390 万平方千米，约占全国行政区划面积的 41%；户籍人口数 24243 万人，占全国总人口的 17.7%。根据统计资料显示，2014 年，14 个集中连片特困地区生产总值为 38968 亿元，仅占全国 GDP 的 6.1%。

（1）集中连片特困地区贫困人口数量与分布。按照现行国家农村贫困标准（每人每年2300元，2010年不变价）测算，2015年连片特困地区农村贫困人口2875万，贫困发生率为13.9%。具体来看，有5个集中连片特困地区的农村贫困人口在300万以上，其中滇黔桂石漠化区贫困人口398万，贫困发生率15.1%；武陵山区贫困人口379万，贫困发生率12.9%；乌蒙山区贫困人口373万，贫困发生率18.5%；秦巴山区贫困人口346万，贫困发生率12.3%；大别山区贫困人口341万，贫困发生率10.4%。

从贫困人口的分布来看，滇黔桂石漠化区占全部14个集中连片特困地区农村贫困人口总数的13.8%，武陵山区占13.2%，乌蒙山区占13.0%，秦巴山区占12.0%，大别山区占11.9%，六盘水山区占9.7%，滇西边境山区占6.7%，燕山-太行山区占4.2%，罗霄山区占3.5%，四省藏区占3.1%，南疆三地州占3.1%，大兴安岭南麓山区占2.1%，吕梁山区占2.0%，西藏区占1.7%。具体见图3-6。

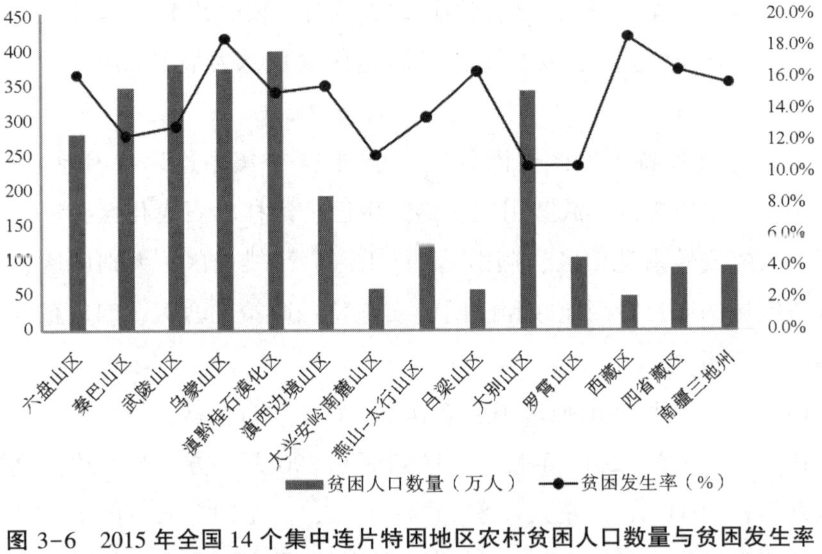

图3-6　2015年全国14个集中连片特困地区农村贫困人口数量与贫困发生率

（2）集中连片特困地区减贫情况。2012—2015年，四年来集中连片特困地区农村贫困人口累计减少3160万，平均每年减少790万。2012—2015年连片特困地区农村贫困人口减少规模占同期全国农村贫困人口减少规模的47.4%。具体来看，四年来农村减贫规模在400万以上的集中连片特困地区有3个，其中秦巴山区累计减少469万人，滇黔桂石漠化区减少418万人，武陵山区减少414万人；减贫规模在300万~400万人的连片特困地区有3个，其中乌蒙山区减少392万人，六盘水山区减少362万人，大别山区减少306万人。

2012—2015年，四年来集中连片特困地区农村贫困发生率下降15.1个百分点。具体来看，有3个集中连片特困地区的贫困发生率下降20个百分点以上，其中四省藏区下降26.3个百分点，西藏地区下降25.3个百分点，南疆三地州下降23个百分点；有5个集中连片特困地区的贫困发生率下降15~20个百分点，其中乌蒙山区下降19.7个百分点，六盘水山区下降18.8个百分点，滇黔桂石漠化区下降16.4个百分点，滇西边境山区下降16.1个百分点，秦巴山区下降15.3个百分点。

（3）集中连片特困地区收入情况。2015年全国14个集中连片特困地区农村居民人均可支配收入为7525元，比上年增加802元，增长11.9%，扣除价格因素，实际增长10.5%，实际增速比全国农村贫困水平高出3个百分点。2015年除滇西边境区以外，其余13个集中连片特困地区农村居民收入实际增速高于全国农村平均水平。具体来看，乌蒙山区增长14.4%，燕山-太行山区增长14.4%，罗霄山区增长13.6%，六盘水山区增长13.4%，吕梁山区增长13.0%，秦巴山区增长12.9%，四省藏区增长12.8%，滇黔桂石漠化区增长12.7%，武陵山区增长13.0%，西藏区增长12.0%，南疆三地州增长10.2%，大兴安岭南麓区增长10.0%，大别山区增长9.6%。

（4）集中连片特困地区消费情况。2015年，集中连片特困地区农村居民人均消费支出6573元，比上年增长11.4%，扣除价格因素实际增长

10%。连片特困地区农村居民消费支出占人均可支配收入的比重为 87.3%，比全国农村平均水平高 6.6 个百分点。从消费结构来看，具体见表 3-7。

表 3-7 2015 年集中连片特困地区与全国农村消费水平和结构对比

类 别	集中连片特困地区人均消费支出（元）	全国农村人均消费支出（元）	集中连片特困地区相当于全国农村平均水平（%）	集中连片特困地区消费构成（%）	全国农村居民消费构成（%）
人均消费支出	6573	9223	71.3	100.0	100.0
1. 食品烟酒	2428	3048	79.7	36.9	33.0
2. 衣着	392	550	71.2	6.0	6.0
3. 居住	1342	1926	69.7	20.4	20.9
4. 生活用品及服务	407	546	74.5	6.2	5.9
5. 交通通信	681	1163	58.6	10.4	12.6
6. 教育文化娱乐	672	969	69.3	10.2	10.5
7. 医疗保健	544	846	64.3	8.3	9.2
8. 其他用品和服务	107	174	61.5	1.6	1.9

2012—2015 年集中连片特困地区人均消费支出年均实际增长 9.6%。四年来，14 个连片特困地区人均消费累计增长 56.8%，年均增长 11.9%，扣除价格因素年均实际增长 9.6%。

（5）集中连片特困地区农村居民生产生活条件。2012—2015 年集中连片特困地区农村居民生活条件有较大改善。从住房来看，2015 年居住在竹草土坯房的农户比重为 6.1%，占比 2012 年下降 2 个百分点；使用照明电、独立厕所、炊用柴草的农户比重分别为 99.8%，93.9%和 55.5%，分别比 2012 年提高 1.0%、3.1%和 7.1%。

经过多年对贫困地区基础建设的投入，目前我国集中连片特困地区基础设施条件明显改善。到2015年，全国集中连片特困地区通电自然村、通电话的自然村、通宽带的自然村、通有线电视信号的自然村比重分别达到99.7%、97.7%、53.2%和77.5%，分别比2013年提高0.5%、4.7%、11.8%、9.4%。同时道路通达情况有较大改善，2015年主干道经过硬化的自然村比重为71.7%，比2013年提高13.8个百分点；通客运班车的自然村比重为47.5%，比2013年提高9.9个百分点。

（6）集中连片特困地区农村居民教育文化和医疗卫生情况。2015年集中连片特困地区有文化活动室的村比重达到83.6%，比2012年提高了8.9个百分点；有幼儿园或学前班的村比重57.1%，比2012年提高14.2个百分点；有小学且就学便利的村比重66.2%，比2012年提高5.8个百分点，教育文化基础设施获得了较大改善。但集中连片特困地区居民受教育程度情况仍低于全国贫困地区平均水平。2015年，集中连片特困地区农村7~15岁非在校儿童比重为2.4%，比全国贫困地区高0.1个百分点；家庭中16岁以上成员均未完成初中教育的农户比重为18.1%，比全国贫困地区高0.7个百分点；劳动力平均受教育年限为7.3年，低于全国贫困地区0.2年。

2015年，集中连片特困地区有卫生站（室）的行政村比重95.5%，比2012年提高8.8个百分点；拥有合法行医证或卫生员的行政村比重为90.8%，比2012年提高了7.9个百分点，医疗卫生条件明显改善。但是集中连片特困地区农村居民医疗情况仍低于全国农村贫困地区平均水平。2015年，连片特困地区农村未参加医疗保险的人口比重为0.9%，与全国基本相当；有病不能及时就医的人口比重为5.6%，比全国贫困地区高0.5个百分点。

2. 扶贫重点县贫困状况。全国扶贫工作重点县共有592个，覆盖全国9170个乡镇，2014年行政区划面积251万平方千米，占全国行政区划总面积的26%；592个扶贫工作重点县户籍人口24505万，占全国总人口的 17.9%。

根据统计资料显示，2014 年全国 592 个扶贫工作重点县地区生产总值 40702 亿元，占全国 GDP 的比重为 6.3%。公共财政收入 2618 亿元，占全国公共财政收入的 1.9%；公共财政支出 12610 亿元，占全国公共财政支出的 8.3%；固定资产投资总额 42456 亿元，占全国固定资产投资总额的 8.3%。

（1）扶贫重点县贫困人口数量与分布。按照国家贫困标准（每人每年 2300 元，2010 年不变价），2015 年扶贫工作重点县农村贫困人口 2893 万，贫困发生率 13.7%。具体来看，扶贫重点县农村贫困人口数量在 300 万以上的省份有 2 个，分别是云南 380 万和贵州 353 万；农村贫困人口数量在 200 万~300 万的有 3 个，分别是甘肃 265 万、河南 218 万和安徽 205 万。

（2）扶贫重点县农村居民收入增长情况。2015 年全国扶贫重点县农村居民人均可支配收入为 7543 元，比上年增加 826 元，增长 12.3%，扣除价格因素，实际增长 10.9%，增速高于全国农村平均水平 3.4 个百分点。2012—2015 年扶贫重点县农村居民人均收入四年累计增长 73.6%，年均名义增长 14.7%，扣除价格因素，年均实际增长 12.4%，增速比全国农村平均水平高 3.2 个百分点。2015 年扶贫重点县农村居民人均收入水平相当于全国农村平均水平的 66%，占全国农村收入的比重比 2011 年上升 7.1 个百分点，与全国农村平均水平的差距缩小。

（3）扶贫重点县农村居民消费情况。2015 年，扶贫重点县农村居民人均消费支出 6616 元，比上年增长 11%，扣除价格因素，实际增长 9.6%。扶贫重点县农村居民人均消费支出占人均可支配收入的比重为 87.7%，比全国农村平均水平高出 7 个百分点。具体见表 3-8。

表 3-8　2015 年扶贫工作重点县与全国农村居民消费水平结构对比

类别	扶贫重点县区农村居民均消费支出（元）	全国农村人均消费支出（元）	扶贫重点县相当于全国农村平均水平（%）	扶贫重点县消费构成（%）	全国农村居民消费构成（%）
人均消费支出	6616	9223	71.7	100.0	100.0
1. 食品烟酒	2430	3048	79.7	36.7	33.0
2. 衣着	400	550	72.7	6.0	6.0
3. 居住	1358	1926	70.5	20.5	20.9
4. 生活用品及服务	408	546	74.7	6.2	5.9
5. 交通通信	680	1163	58.5	10.3	12.6
6. 教育文化娱乐	671	969	69.2	10.1	10.5
7. 医疗保健	560	846	66.2	8.5	9.2
8. 其他用品和服务	109	174	62.6	1.7	1.9

（4）扶贫重点县农村居民生活条件。近年来随着国家不断加大扶贫开发力度，扶贫重点县农户住房情况明显改善，但是仍然有 6.2%的农户居住在竹草土坯房。没有使用照明电、独用厕所和炊用柴草的农户比重分别为 0.02%、6.3%和 56.5%。尽管该区域内农户居住设施进一步改善，但与全国农村地区相比仍有一定非差距。2015 年，扶贫重点县通电、通电话、通有线电视信号、通宽带的自然村比重分别达 99.7%、97.7%、79.8%和 55%，分别比 2012 年提高 0.9、4.5、10.8 和 17.1 个百分点。扶贫工作重点县基础设施条件有明显改善。

（5）扶贫重点县农村居民教育文化和医疗情况。扶贫重点县教育文化和医疗卫生设施覆盖率有待进一步提高。2015 年有文化活动室的行政村比重为 82.9%；有卫生站（室）的行政村比重达到 96.4%，有合法行医证或卫生员的行政村比重为 92%，有幼儿园或者学前班的行政村比重为 57.9%。同时，2015 年扶贫重点县农村 7~15 岁非在校儿童比重为 2.1%，比全国贫困地区低 0.2 个百分点；家庭中 16 岁以上成员均为完成初中义务教育农户比重为 17.6%，比全国贫困地区高 0.2 个百分点；劳动力平均受教育年限为 7.4 年，比全国贫困地区低 0.1 年。2015 年扶贫工作重点县未参加医疗保险的人口比重为 0.9%，与全国贫困地区持平；有病不能及时就医的人口比重为 5.3%，比全国贫困地区高 0.2 个百分点。

3. 少数民族地区农村贫困状况。

（1）民族八省贫困状况。我国民族八省包括 5 个少数自治区和少数民族分布集中的贵州、云南和青海三省，即内蒙古自治区、广西壮族自治区、西藏自治区、宁夏回族自治区、新疆维吾尔自治区，云南省、贵州省以及青海省。截至 2015 年底，民族八省区常住人口 1.95 亿，占全国总人口的 14.2%；地区生产总值 7.4 万亿，占全国生产总值的 10.9%，人均 GDP 为 3.8 万元。

按照现行国家农村贫困标准（每人每年 2300 元，2010 年不变价）测算，2015 年民族八省地区贫困人口 1813 万，农村贫困发生率为 12.1%；民族八省农村贫困人口占全国贫困人口的比重为 32.5%。2015 年民族八省农村贫困发生率比全国农村平均水平高出 6.4 个百分点。西藏和新疆贫困发生率比全国农村平均水平高出 10 个百分点以上；贵州、云南、青海、广西、宁夏 5 省贫困发生率比全国农村平均水平高出 10 百分点以下；内蒙古的贫困发生率低于全国农村平均水平 0.1 个百分点。具体见图 3-7。

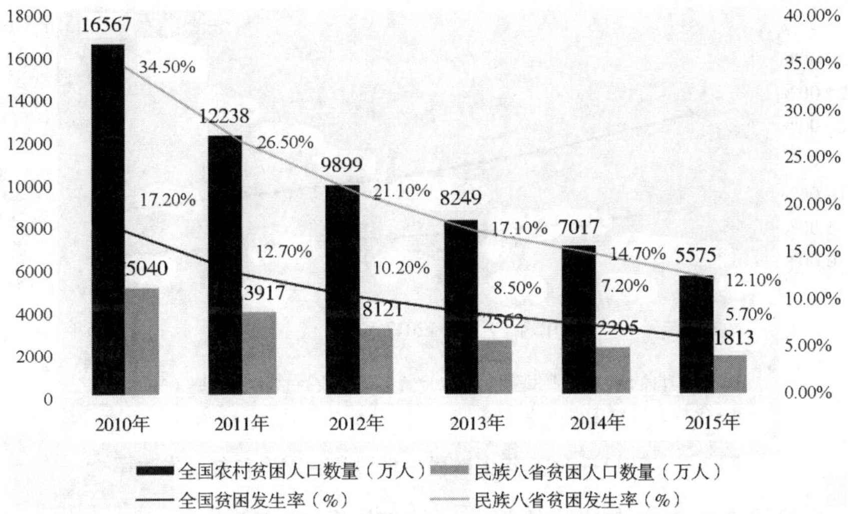

图 3-7　2011—2015 年全国农村和民族八省地区贫困状况

（2）民族自治地方①贫困状况。

①贫困概况。按照现行国家农村贫困标准（每人每年 2300 元，2010 年不变价）测算，2015 年民族自治地方农村贫困人口 1805 万人，比 2014 年减少 431 万人，减少 19.3%；比 2014 年减少 2076 万人，减少 53.5%。民族自治地方占全国农村贫困人口比重为 32.4%。2012—2015 年，民族自治地方减贫率分别为 18.6%、17.3%、14.4%、19.3%，全国同期分别为 19.1%、16.7%、14.9%、20.6%。民族自治地方减贫速度大多年份慢于全国。

2015 年民族自治地方贫困发生率为 13.8%，比 2014 年下降 3.9%，比 2011 年下降 16.6 个百分点。2011-2015 年民族自治地方的贫困发生率分别为 30.4%、24.6%、20.7%、17.7%以及 13.8%，与全国农村贫困平均水平相比，分别高出 17.7%、14.4%、12.2%、10.5%、8.1%。少数民族地区贫困发生率与全国同期水平的差距逐年缩小。具体见图 3-8。

① 民族自治地方包括 5 个自治区、30 个自治州和 120 个自治县。

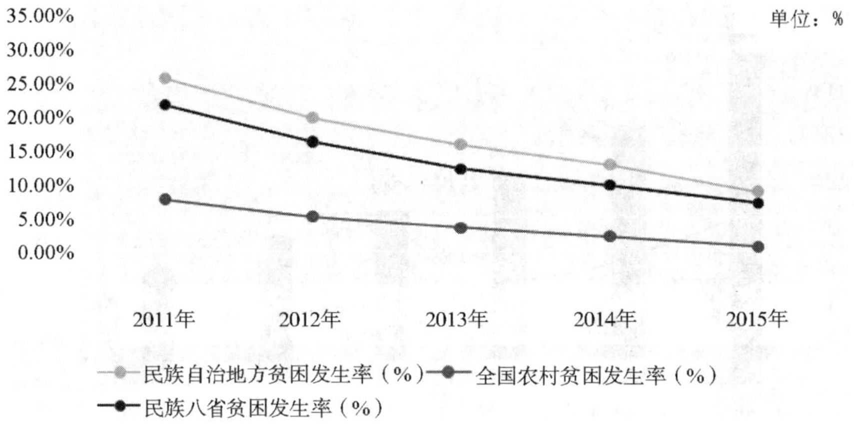

图 3-8 2011—2015 年少数民族地区和全国农村贫困发生率

②民族自治地方在连片特困地区的贫困分布。2015 年，14 个集中连片特困地区中民族自治地方的农村贫困人口 1358 万人，占全部片区农村贫困人口的比重为 47.2%，比 2011 年上升 2.5 个百分点，呈逐年上升的趋势。具体来看，滇黔桂石漠化区民族自治地方贫困人口为 400 万以上；武陵山区、乌蒙山区、新疆南疆四地州、滇西边境山区、六盘山区民族自治地方贫困人口为 100 万~400 万。具体见表 3-9。

表 3-9 2011—2015 年民族自治地方分片区农村贫困人口

（单位：万人）

片区	2011 年	2012 年	2013 年	2014 年	2015 年
六盘山区	220	184	152	120	111
秦巴山区	5	4	3	2	1
武陵山区	490	400	314	264	199
乌蒙山区	268	235	200	183	168
滇黔桂石漠化区	846	767	632	542	442
滇西边境山区	289	201	171	155	126
大兴安岭南麓山区	30	27	17	15	10

续表

片区	2011 年	2012 年	2013 年	2014 年	2015 年
燕山-太行山区	61	49	33	30	22
西藏区	71	59	80	69	59
四省藏区	146	120	89	76	61
新疆南疆四地州	272	248	219	190	160
合　计	2697	2293	1911	1645	1358

二、中国农村多维贫困测度一般步骤

(一) 贫困标准

为了便于理解，我们首先对国际贫困标准的由来与调整情况进行说明，然后对中国贫困标准的由来与调整情况进行阐述，最后将两个标准进行比较分析。

1. 国际贫困标准。国际贫困标准通常是指由世界银行发布的贫困标准。国际贫困标准根据物价水平在不同年度之间有所调整。以绝对贫困为例，世界银行在《1990 年世界发展报告》中按照 1985 年的价格计算标准，为每人每天 1.01 美元，也就是全球所熟知的“1 天 1 美元”标准。在此后的 1993 年、2005 年、2011 年世界银行更新了价格基期，贫困标准变为：1.08 美元（1993 年）、1.25 美元（2005 年）、1.9 美元（2011 年）。从 2008 年开始，世界银行为了区别于绝对贫困标准，发布了“1 天 2 美元”的一般贫困标准，该标准是按照 2005 年价格基期计算的，如采用 2011 年价格计算则为“1 天 3.1 美元”。

目前国际贫困标准主要采用每天 1.9 美元的绝对贫困标准和每天 3.1 美元的一般贫困标准。该标准是世界银行基于 2011 年价格水平确定的国际贫困标准。根据世界银行网站公布的资料，1.9 美元绝对贫困标准是全球 15 个最穷国家的国家标准的简单平均，3.1 美元一般贫困标准是其他发展中国家贫困标准的中位数。近年来世界银行发布的贫困标准如表 3-10 所示：

表 3-10 世界银行发布的贫困标准①

绝对贫困标准				一般贫困标准	
发布年份（年）	价格基期年份（年）	测度方法	数值（美元/天·人）	测度方法	数值（美元/天·人）
1990	1985	12 个最贫穷国家的最高标准	1.01	发展中国家的贫困标准的中位数	–
1994	1993	10 个最贫穷国家的国家标准的平均值	1.08		–
2008	2005	15 个最贫穷国家的国家标准的平均值	1.25		2.00
2015	2011		1.90		3.10

2. 中国农村贫困标准。我国从 20 世纪 80 年代开始大规模扶贫工作以来，先是以满足贫困群众基本生存确定农村贫困标准。进入新世纪以来，随着国家综合国力的不断增强，国民收入的持续增加，政府加大了贫困地区和贫困人口的扶持力度，先后在 2008 年和 2011 年两次大幅度提高农村贫困标准，达到可满足健康生存需要的水平和 2020 年同步实现小康的标准。自 1978 年以来我国共采用过三条贫困标准，分别是 1978 年标准、2008 年标准和 2010 年标准，三个标准所代表的生活水平各不相同；同一标准的年度变化主要体现的是物价水平的变化，所代表的实际生活水平不变。

① 此表所用数据是根据世界银行官方网站汇总。

2011 年，经国家统计局测算、各部门共同研究，国务院确定我国 2011—2020 年的农村贫困标准为“按 2010 年价格水平每人每年 2300 元”。该标准当时同时满足两个假设：一是标准中的食品支出不仅要让人吃饱，而且要适当吃好。二是恩格尔系数，即食物支出占贫困标准的比重为 60%，以此保障一定数量的非食品支出。同时国家统计局每年根据农村贫困人口的生活消费价格指数，对此标准逐年进行物价水平更新。至 2016 年，农村贫困标准达到了每人每年约 3000 元。具体见图 3-9。

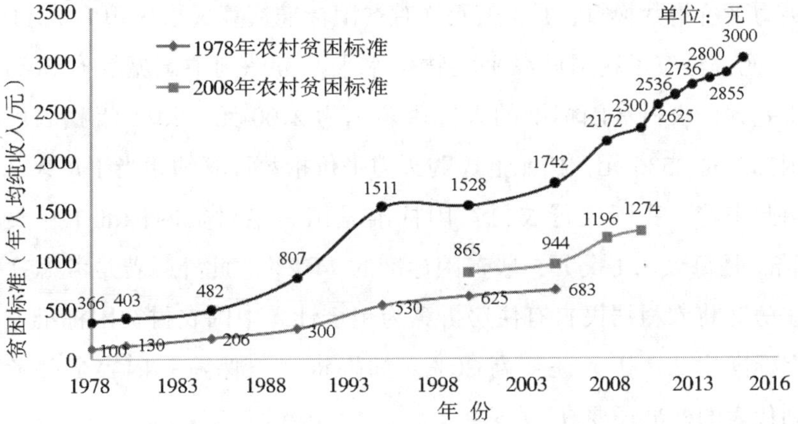

图 3-9　1978—2016 年中国农村不同贫困标准（贫困线）变化趋势①

总体来看，我国现行农村贫困标准是科学合理的，符合我国国情和所处的发展阶段，主要体现在以下五个方面：一是测度方法科学合理，采用国际上通用的基于食物、非食物需求测算的贫困标准测算方法，同时按照物价水平进行逐年更新；二是测度所采用的基础数据准确可靠，所有数据均来源于对中国农村居民家庭直接调查所得的第一手数据；三是现行农村贫困标准不仅是与“两不愁、三保障”相结合的基本上达到稳定温饱的标准，即满足与稳定温饱生活相适应的食物需求，“吃饱、适当吃好”，还要

① 数据来源于国务院扶贫开发领导小组办公室官方网站以及历年《中国农村贫困监测报告》。

能够基本满足衣、住、行、用以及义务教育、基本医疗等非食物需求，从而基本上实现“不愁吃、不愁穿，住房保障、医疗保障、义务教育保障”的稳定温饱要求；四是符合农村贫困群众对于小康的基本期待，能够达到实现同步小康的目标；五是现行中国农村贫困标准与世界银行发布的国际贫困标准相符合。

3. 国际贫困标准与中国农村贫困标准的比较。以最新的每天 1.9 美元的国际绝对贫困标准为例，2015 年世界银行按 1 美元等于 3.696 元人民币的购买力平价指数换算，1.9 美元绝对贫困标准换算成人民币为 2011 年每年 2564 元，对应了我国城乡平均物价水平。考虑到中国城乡有 30%左右的物价差异，农村贫困标准的人民币表示为 2100 元。2011 年我国现行农村贫困标准是 2536 元，按照上述购买力平价指数计算约相当于每天 2.3 美元。由此来看，我国现行农村贫困标准是国际绝对贫困标准 1.9 美元的 1.21 倍，是每天 3.1 美元一般贫困标准的 74.2%。此外，若是考虑“保障基本住房”将农村居民自有住房折算为租金计入中国农村贫困标准，则我国现有标准比 2.3 美元还要高 20%。如果将“三保障”内容全部考虑在内，则代表的标准还要高。

（二）多维贫困测度指标的选取

多维贫困测度指标的选取，不同学科背景、不同研究方向的学者，所设计的指标大多侧重自己的研究方式、方法，目前没有一个统一标准，指标设计各有特色。同时根据数据获取的难易程度不同，对指标亦有取舍。总体来看已有的指标体系可以分为两大类：第一类是权威机构发布的多维贫困测度指标；第二类则是研究者将权威机构发布的测度指标与研究范围的实际情况以及自身的研究方向结合起来，创立新的指标体系。

1. 权威机构发布的多维贫困测度指标。权威机构发布的多维贫困测度和发展指标中最具代表性的包括：联合国的人类发展指数（HDI），联合国千年发展目标（Millennium Development Goals，2009 年），联合国可持续发展目标（Sustainable Development Goals，2015 年），联合国人类贫困指数（HPI），牛津贫困与人类发展中心（Oxford Poverty and Human Development Initiative，OPHI）的多维贫困指数（MPI）。

具体来看，人类发展指数（HDI）主要由三个指标构成，即健康水平、受教育水平、生活水平；千年发展目标（MDGs）则是确立了八个发展目标，即消除极端贫困与饥饿，普及小学教育，促进性别平等和增强妇女权能，降低儿童死亡率，改善孕产妇保健，与艾滋病毒/艾滋病、疟疾和其他疾病作斗争，确保环境的可持续，全球合作促进发展；联合国可持续发展目标（SDGs）则确立了 2015—2030 年实现可持续发展的 15 个目标，即消除贫困，消除饥饿，良好健康与福祉，优质教育，性别平等，清洁饮水与卫生设施，廉价和清洁能源，体面工作和经济增长，工业、创新和基础设施，缩小差距，可持续城市和社区，负责任的消费和生产，气候行动，水下生物，陆地生物，和平、正义与强大机构，促进目标实现的伙伴关系；人类贫困指数（HPI）则主要是由 3 个指标构成，指标包括，自出生起不能活到 40 岁的概率，成人文盲率（15 岁以上人口的百分比），以及建立在以下三个变量平均数基础上的剥夺指数（不能持续获得改善水源的人口；5 岁以下体重低于平均水平的百分比；没有获得医疗保健服务的人口百分比）；多维贫困指数（MPI）则确立 3 个维度测量贫困，即健康、教育、生活水平，总共包括 10 个维度指标。具体见表 3-11、3-12。

表 3-11 多维贫困测度指标选取

类别	机 构	指数	一级指标	二级指标
多维贫困测度指标	United Nations	人类发展指数（HDI）	健康水平	用出生时预期寿命来衡量（出生时预期寿命：25 岁和 85 岁）
			受教育水平	平均受教育年限①
				利用预期受教育年②
			生活水平	用实际人均 GDP（购买力平价美元）来衡量③
		人类贫困指数（HPI）	自出生起不能活到 40 岁的人所占比重	
			成人识字率	
			建立在后面三个变量平均数基础上的剥夺指数	不能持续获得改善水源的人口； 5 岁以下体重低于平均水平的百分比； 没有获得医疗保健服务的人口百分比
	牛津贫困与人类发展中心（OPHI）	多维贫困指数（MPI）	健康	营养状况
				儿童死亡率
			教育	儿童入学率
			生活水平	饮用水、电、日常生活用燃料
				室内空间面积
				环境卫生和耐用消费品

---

① 《2010 人类发展报告》中受教育水平衡量指标进行了修改，利用平均受教育年限取代了识字率。

② 《2010 人类发展报告》中受教育水平衡量指标进行了修改，利用预期受教育年限（即预期中儿童现有入学率下得到的受教育时间）取代了毛入学率。

③ 《2010 人类发展报告》中采用人均国民总收入（GNI）取代 GDP 来评估。

表 3-12 联合国千年发展目标与可持续发展议程目标

机构	类别	目标
联合国 United Nations 发展目标	千年发展目标（MDGs）	1. 消除极端贫困与饥饿
		2. 普及小学教育
		3. 促进性别平等和增强妇女权能
		4. 降低儿童死亡率
		5. 改善孕产妇保健
		6. 与艾滋病毒/艾滋病、疟疾和其他疾病作斗争
		7. 确保环境的可持续
		8. 全球合作促进发展
	可持续发展目标（SDGs）	1. 在世界各地消除一切形式的贫穷
		2. 消除饥饿，实现粮食安全，改善营养和促进可持续农业
		3. 确保健康的生活方式，促进各年龄阶段所有人的福祉
		4. 确保包容性和公平的优质教育，促进全民享有终身学习机会
		5. 实现性别平等，增强所有妇女和儿童的权能
		6. 确保为所有人提供和可持续管理水和环境卫生
		7. 确保人人获得负担得起的、可靠的和可持续的现代能源
		8. 促进持久、包容性和可持续的经济增长，促进实现充分的生产性就业和人人有体面的工作
		9. 建造具备抵御灾害能力的基础设施，促进具有包容性的可持续产业化，并推动创新
		10. 减少国家内部和国家之间的不平等
		11. 建设包容、安全、有抵御灾害能力和可持续的城市和人类住区
		12. 采用可持续消费和生产模式
		13. 采取紧急行动应对气候变化及其影响
		14. 保护和可持续利用海洋和海洋资源以促进可持续发展

续表

机构	类别	目标
		15. 保护、恢复和促进可持续利用陆地生态系统，可持续管理森林，防止荒漠化，制止和扭转土地退化现象，遏制生物多样性的丧失
		16. 创建和平、包容的社会以促进可持续发展，让所有人都能诉诸司法，在各级建立有效、负责和包容的机构
		17. 加强执行手段，重振可持续发展全球伙伴关系

2. 综合多维贫困测度指标。主要是指学者利用前文所述的人类发展指数（HDI），联合国千年发展目标（MDGs），联合国可持续发展目标（SDGs），人类贫困指数（HPI），多维贫困指数（MPI）等指标，结合自身以及研究范围的特点重新设立的多维贫困测度指标。这一类指标具有代表性的有，王小林等2009年在对中国多维贫困测量中，将指标设置与联合国千年发展目标结合起来，设计了8个维度的多维贫困测度指标，即住房（是否拥有住房）、饮用水（安全饮水）、卫生设施（是否有充水厕所）、电（是否通电）、资产（耐用消费品等）、土地、教育（受教育年限）、健康保险（家庭成员是否有一人购买保险）；杨振等2015年在对中国农村居民多维贫困测度中从农村居民食品、衣着、居住、家庭设备及用品、医疗保健、交通和通信、文教娱乐服务、其他八大类消费的特点出发，设置了多维贫困的测度指标；方迎风等2012年在对多维贫困进行测量时，则是结合联合国人类发展指数（HDI），设计了包含人力资本（教育水平、健康状况、医疗保险）、环境卫生（卫生设施、卫生环境、照明、做饭燃料）、资产（房屋、耐用品）、收入（个体收入）4个维度10个指标的多维贫困测度指标。在以上学者设计的多维贫困测度指标，内涵趋同，只是侧重点与内容详尽不尽相同。

不论是绝对贫困还是多维贫困，它总是反映在一定的地理空间上，具有区域性的特征，因此近年来越来越多的学者将多维贫困测度和地理空间结合，设计具有空间分布特征的多维贫困测度指标。具有代表性的有，刘艳华等 2015 年利用英国国际发展机构（DFID）建立的脆弱性–可持续生计分析框架，设计了金融资本、人力资本、自然资本、物资资本、社会资本以及环境/背景脆弱性六个维度的中国农村多维贫困测度指标体系；王艳慧等在对县级多维贫困空间分布进行测度时结合联合国开发计划署（UNDP）提供的多维贫困测度指标体系，设计了经济福利、生活水平、健康以及教育四个维度 10 个指标的测算体系。具体见表 3–13。

表 3–13 中国不同区域范围多维贫困地理识别指标体系

指标体系			
中国农村多维贫困地理识别指标体系		中国县域多维贫困地理识别体系	
一级指标	二级指标	一级指标	二级指标
金融资本	现金或者食物净收入	经济福利	人均纯收入
	储蓄	生活水平	房屋结构
	借贷		饮水情况
人力资本	家庭劳动力比例、年龄、性别结构、营养和健康状况		通电情况
	受教育水平		资产
	其他培训、技能、从业类型、个数		燃料类型
自然资本	各种农用土地（耕地、林地、草地、水面）的数量和质量	健康	家庭健康
	可获得的水资源数量与质量	教育	平均教育年龄
	其他资源（风景、矿产等）能够获得的数量和质量		儿童入学率
社会资本	社会关系（亲戚、朋友、邻居等人脉）		
	社会机构和过程的支持水平		

续表

指标体系			
中国农村多维贫困地理识别指标体系		中国县域多维贫困地理识别体系	
一级指标	二级指标	一级指标	二级指标
物资资本	道路、交通、供水、学校、诊所、邮局等基础和公共服务设施的可获得数量和质量、住房数量与质量		
	家具、电器、设备等耐用品数量与质量		
环境/背景脆弱性	各种自然灾害、不利的变化等冲击		

延伸阅读

脆弱性–可持续生计分析框架是英国国际发展机构（DFID）提出的一种围绕引起贫困的相关复杂问题和因素来理解贫困并给予多种解决方案的集成分析框架。具体见图 3–10。

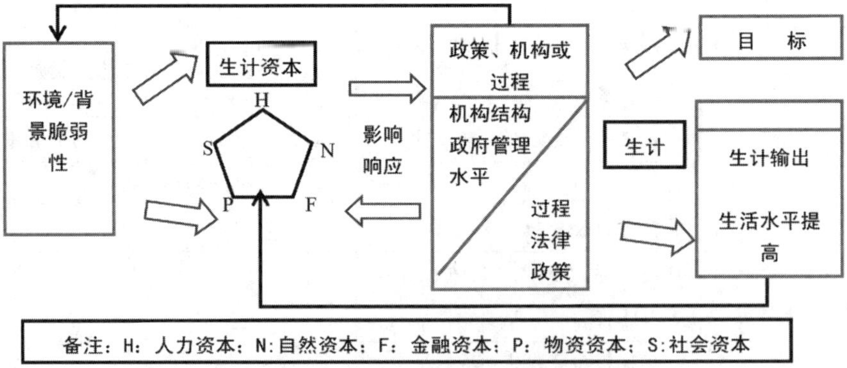

图 3–10　DFID 集成分析框架图

该框架主要包括5个部分，即环境/背景脆弱性、农户的5大生计资本、政策机构或过程、生计策略和生计输出。该框架将家庭所拥有的5种生计资本（人力资本、自然资本、金融资本、物资资本、社会资本）的数量的不同组合，可能使其组成的生计图形发生变化，其中一项或者几项缺失就会使其生计能力大大缩小；脆弱性的环境则对农户的生计资本产生一定的影响（加强或者削弱）；政策等作用则可能通过对脆弱性的环境以及农户的生计资本产生影响（正向或者反向）；农户则会综合以上情况作出生计策略；而生计输出不仅影响农户的生活水平，还进一步决定农户生计资本的获得。

近年来随着移动互联网技术的飞速发展，大数据、云计算、3S等新技术越来越多的运用于中国农村多维贫困的测度之中，为测度指标的设置也带来了一些新的变化。具有代表性的有联合国开发计划署驻华代表处，利用大数据平台对中国农村的多维贫困进行了测度，在测度中结合人类发展指数设置了生活水平指数，该指数包含8个衡量生活水平的指标，即自来水普及率、卫生厕所普及率、室内厨房普及率、生活服务设施覆盖率、金融设施覆盖率、道路基础设施覆盖率、移动互联网覆盖率、夜间灯光密度。具体见图3-11。

在设置多维贫困测度指标时，利用大数据平台比利用传统数据更具有优势。最明显的就在于，设置指标可以更加详细，能够动态地反映出贫困人群的生活习惯、特点，从而对属于多维贫困的人群以及致贫的原因有精准的识别。例如，在移动互联网飞速发展的时期，设置多维贫困测度指标时，是否有移动互联网覆盖，这是一个十分重要且必须了解的指标，如果没有大数据平台，那么对于这一个指标则只能进行挨家挨户的调查，问被采访者是不是有移动互联网电话（能够上网的手机设备），显然实现这样的调查，其成本十分高昂的。最终在传统数据获取的情况下，我们可能放

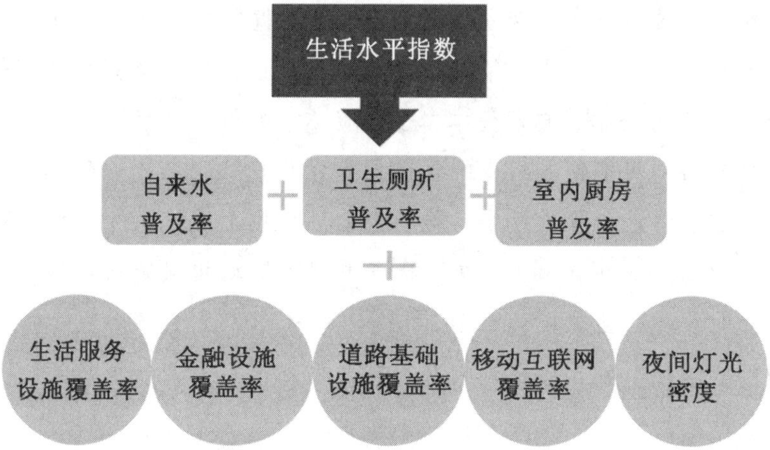

图 3-11 中国农村多维贫困测度指标（基于大数据来源设计）

弃这个十分重要的指标。如使用大数据平台，利用手机的定位功能，以及手机智能操作系统，则能够足不出户便能获得这一指标的数据，手机定位功能能够了解哪些地方使用移动互联网设备，而手机智能操作系统则能够反映出用户的使用习惯，从对多维贫困的测度具有重要的作用。

3. 中国农村贫困测度的指标和内容。在现行中国农村贫困标准下，对于贫困人口、贫困村和贫困县的主要测度指标包括：贫困发生率、贫困人口规模、人均可支配收入、人均消费支出、居住条件、农村卫生教育条件以及农村基础设施条件。

贫困发生率：贫困发生率即贫困人口比重，是指生活在现行贫困标准以下的人口占全部人口的比重。

贫困人口规模：是指贫困人口的总人数。贫困人口规模测度方法是用贫困发生率乘以该地区相应的农村人口数量，得到地区贫困人口的规模。

人均可支配收入：指可用于最终消费支出和储蓄的总和，包括现金收入和实物收入。按照收入来源，可支配收入包括工资性收入、经营性收入、财产性收入和转移性收入。

人均消费支出：人均消费支出指居民用于满足家庭日常生活消费的全部支出，包括购买实物支出和服务性消费支出。消费支出按商品和服务的用途可分为食品、衣着、家庭设备用品及服务、医疗保健、交通和通信、娱乐教育文化服务、居住、杂项商品和服务等八大类。

居住环境：主要在是指人均拥有的住房面积，住房结构类型，是否有安全用水。

农村卫生教育条件：包括享受医疗保障的人口比重，有卫生室、文化室的行政村比重，义务教育阶段入学率。

农村基础设施条件：通硬化路的农户比重，用电保障。

总体来看，以上指标既与农村经济社会发展主要统计指标相关，又与贫困人口、贫困村及贫困县的退出考核指标相结合，既能够全面地反映我国农村扶贫开发的成就，又能够对农村经济社会发展状况进行系统了解，是符合我国国情和当前所处的发展阶段和现阶段我国农村贫困标准的测度指标，具有科学性与合理性。

对绝对贫困的识别，只需要考虑个体获得收入的多少，然后与国家制定的贫困标准进行比较，低于国家贫困标准的就属于绝对贫困的范畴，它仅仅只考虑收入因素，操作简单、高效，但不能够反映个体贫困的本质原因。(如表3-14）我国对于贫困地区、贫困县的识别主要也是以贫困人口的比重（贫困发生率）为主要识别指标。多维贫困的测度则要复杂得多，对于个体而言，首先多维贫困不仅要考虑收入，还包括影响个体自身自由生活、发展的方方面面（如医疗、教育、卫生、文化、平等的权利等），因此设计一个完善地多维贫困测度指标体系就十分重要，这个指标体系要能够较为完善地涵盖个体自由发展所需的基本条件。有了完善的测度指标，还需要获得测度指标所需要的数据，同样获取数据的方法是多样的(例如：统计数据、调研数据、平台数据，也包括现在广泛应用的大数据)。有了较为完善的数据以后，就需要运用多维贫困测度的方法对数据进行统计分析处理，最后得出结论。

表 3-14 贫困户、贫困村、贫困县主要测度指标①

贫困户主要测度指标	贫困村主要测度指标	贫困县主要测度指标
年人均纯收入稳定超过国家贫困标准	贫困发生率（%）	贫困发生率（%）
“两不愁”：不愁吃、不愁穿	基础设施、基本公共服务（文化室、卫生室、硬化路、通信网络等）	
“三保障”：义务教育保障、住房保障、基本医疗保障	产业发展 村集体经济收入	

（三）中国农村多维贫困测度数据来源

在对多维贫困进行测度时，根据设计的测度指标获得可用的数据是进行测度的基础。目前，数据获得的途径很多，大多分为三类：第一类是传统的数据获取方式，包括统计数据，机构数据，以及研究者实地考察获取数据；第二类是地理空间数据②，例如遥感影像数据、土地利用数据等；第三类就是“大数据”，主要为大的互联网公司、科研平台提供的数据等。

1. 传统数据获取方式。目前来看，利用传统数据获取方式，进行多维贫困测度仍然是大多数研究者的主要途径。原因在于传统数据获取较为方便，局限性相对较小，数据多样。具体见图 3-12。

（1）统计数据。它包括国民经济发展的方方面面，有国家统计年鉴、

---

① 根据中共中央办公厅、国务院办公厅印发的《关于建立贫困退出机制的意见》进行整理得出。

② 地理空间数据主要面向主题的、集成的、动态更新的、持久的空间数据集合。所属学科：地理学（一级学科）。地理信息系统（二级学科）空间数据是数据的一种特殊类型，指所有带有空间坐标的数据。地理空间数据是空间数据的一种特殊类型，指带有地理坐标的数据，包括资源、环境、经济和社会等领域的一切带有地理坐标的数据，是地理实体的空间特征和属性特征的数字描述。

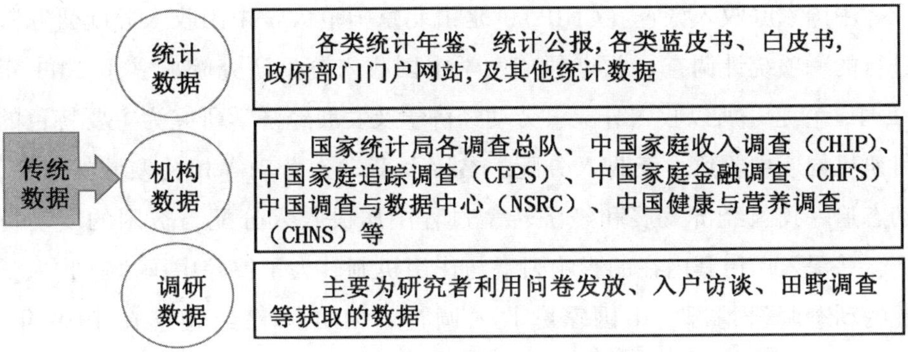

图 3-12 传统数据的主要类型及来源方式

统计公报，地方省、市、县的统计年鉴，各种专项统计年鉴，各种监测报告，各个领域蓝皮书、白皮书，以及政府部门的门户网站等。

（2）机构数据。主要有国家统计局各调查总队数据，中国家庭收入调查（CHIP）、中国家庭追踪调查（CFPS）、中国家庭金融调查（CHFS）、中国人民大学中国调查与数据中心（NSRC）数据、中国健康与营养调查（CHNS）等。

国家统计局各调查总队，既是政府统计调查机构，也是统计执法机构，依法独立行使统计调查、统计监督的职权，独立向国家统计局上报调查结果，并对上报的调查资料的真实性负责。同时，承担地方政府委托的各项统计调查任务。主要职能是，组织实施城乡住户、国民经济主要行业生产价格、投资价格、居民消费价格、农产量、农业中间消耗、服务业、规模以下工业、规模以下固定资产投资和资质以外建筑业企业等国家抽样调查制度，以及国家统计局布置的有关企业景气、企业集团、现代企业制度跟踪监测、农村贫困监测、城乡社会经济基本情况等专项调查制度。其主要成果为《中国住户调查年鉴》《中国农村贫困监测报告》等。如刘林等 2017 年在对连片特困地区少数民族农户多维贫困的动态变化研究中就使用了 2011 年和 2012 年国家统计局新疆调查总队的农村住户调查数据。

中国家庭收入调查（CHIP），是由北京师范大学中国收入分配研究院进行的一项统计调查。北京师范大学中国收入分配研究院成立于2011年11月，它是一所以收入分配、劳动经济学及发展经济学研究为主要特色的科研机构，主要致力于收入分配、贫困及劳动力劳动等相关领域的研究，动态追踪我国经济发展和经济转型过程中居民收入分配与贫困的变动特征，并深入探讨其内在的影响因素与作用机制。为了追踪中国家庭收入分配的动态调研情况，中国家庭收入调查（CHIP）已经相继在1989年、1996年、2003年、2008年和2014年做了五次入户调查，分别收集了1988年、1995年、2002年、2007年和2013年的收支信息，以及其他家庭和个人信息，编号为CHIP1988、CHIP1995、CHIP2002、CHIP2007和CHIP2013。

中国家庭追踪调查（CFPS），是由美国皇家科学院院士、“长江学者”讲座教授、著名社会学家谢宇倡导筹建并担任主要负责人的一项大规模追踪调查项目。其调查内容涵盖了教育、婚姻、家庭、养老、住房、医疗保健、收入分配、价值观等多个方面；调查对象主要以社区、家庭、个体为为主，其数据包含社区数据库、家庭数据库和成人数据以及少儿数据库。其样本覆盖全国25个省（市、自治区），16000个家庭，38000多个个体。主要数据有：2008年、2009年试调查数据，2010年、2011年、2012年全国追踪调查数据。

中国家庭金融调查（CHFS），中国家庭金融调查与研究中心是西南财经大学于2010年成立的集数据采集与数据研究于一身的公益性学术调研机构，包含中国家庭、小微企业和城乡社区治理三大数据库，同时，中国家庭金融调查与研究中心是“高等学校学科创新引智计划”（简称“111计划”）的社科类创新引智基地之一。调查的内容主要包括：金融资产和包括住房资产在内的非金融资产、负债和信贷约束、收入、消费、社会保障与保险、代际转移支付、人口特征和就业以及支付习惯等。

中国人民大学中国调查与数据中心（NSRC），成立于2009年3月，是由中国人民大学直属的跨学科、跨院系的综合性科研机构。中心的宗旨为科学、系统、全面地采集、整理、存储与开发中国经济与社会调查数据，进行调查方法与相关技术的研究开发，实施具有重大科学与现实意义的大型科研项目，为科学研究和政府决策提供数据支持。中国调查与数据中心（NSRC）主要围绕中国的经济和社会数据，以数据采集、数据存储、数据开发为主要方向。同时中国调查与数据中心（NSRC）还联合全国53所高校组成了“中国社会调查网络（CSSN）”，组织实施中国综合社会调查（CGSS），中国老年社会追踪调查（CLASS），大学生成长追踪调查（CSDS），千人百村调查等大型长期追踪调查项目，建成了大规模、全国性、全方位、多层次、连续性与自主性的社会科学基础数据采集平台。

中国健康与营养调查（CHNS），是由美国北卡罗纳大学人口中心与中国预防科学医学院联合进行的大规模的社会健康调查。调查内容包括：健康学、营养学、社会学、人口学、经济学、公共政策等多个学科。其数据的内容十分广泛，包括社区调查、家庭户调查、个人调查、健康调查、营养和体质检验、食品市场调查及健康和计划生育调查。

（3）调研数据。研究者实地考察数据，主要是研究者以问卷发放、入户访谈、田野调查等形式获得的数据。此类数据一般为第一手的资料，真实性较高，但是由于个人研究者时间、精力有限，其获取的数据往往是小范围的，不够全面。例如刘伟等2014年在对西部山区农户多维贫困测度时，就使用了对于陕西省西康市1404份调查问卷的数据。

2. 地理空间数据获取方式。在对多维贫困空间分布进行测度时，需要使用地理空间数据，但是地理空间数据往往并不是单独使用，而是和其他资源、环境、经济和社会等领域结合使用。这里主要介绍与多维贫困测度相关的地理空间数据，主要有：遥感影像数据、标准地图数据、DEM（数字高程数据）、土地利用数据、气象数据（降水量、气温、空气质量）等。

如刘艳华等2015年在对中国农村多维贫困地理识别中就使用了大量地理空间数据，包括DEM、降雨量、土地利用、县级行政区划等基础地理数据。

遥感是指通过人造地球卫星、无人机等航空设备上的遥测仪器把对地球表面实施感应遥测和资源管理的监视（如树木、草地、土壤、水、矿物、农家作物、鱼类和野生动物等的资源管理）结合起来的一种新技术。遥感影像的成像方式主要是航空摄影、航空扫描以及微博雷达。目前主要的遥感影像卫星有我国的高分系列卫星、资源系列卫星，美国的LANDSAT系列卫星以及欧洲航天局哥白尼计划（GMES）的Sentinel系列卫星等。遥感影像数据获取的渠道主要有，国家地理信息测绘局，地方省、市、自治区地理信息测绘局，天地图（国家地理信息公共服务平台），地理空间数据云，谷歌地球（Google Earth）等平台。

标准地图依据中国和世界各国国界线画法标准编制而成，可用于新闻宣传用图、书刊报纸插图、广告展示背景图、工艺品设计底图等，也可作为编制公开版地图的参考底图。社会公众可以免费浏览、下载标准地图，直接使用标准地图时需要标注审图号。也就是我们常见的各种出版地图、矢量地图、专题地图。标准地区获取的主要渠道有，国家地理信息测绘局标准地图服务，天地图（国家地理信息公共服务平台）标准地图服务等。

DEM（数字高程数据）是通过有限的地形高程数据实现对地面地形的数字化模拟（即地形表面形态的数字化表达），它是用一组有序数值阵列形式表示地面高程的一种实体地面模型。其在多维贫困测度中可以用于地形等自然条件对贫困产生的影响。DEM获取的途径主要为地理空间数据云，全国地理信息资源目录服务系统（国家地理信息测绘局），主要类型有GDEMDEM 30米分辨率数字高程、SRTMDEM 90米分辨率原始高程以及SRTMDMUTM 90米分辨率数字高程等。具体见图3-13。

土地利用数据可以对研究区域的土地利用分类、土地数量的多少进行了解。在对中国农村多维贫困的测度中农户所拥有的土地数量、土地类型

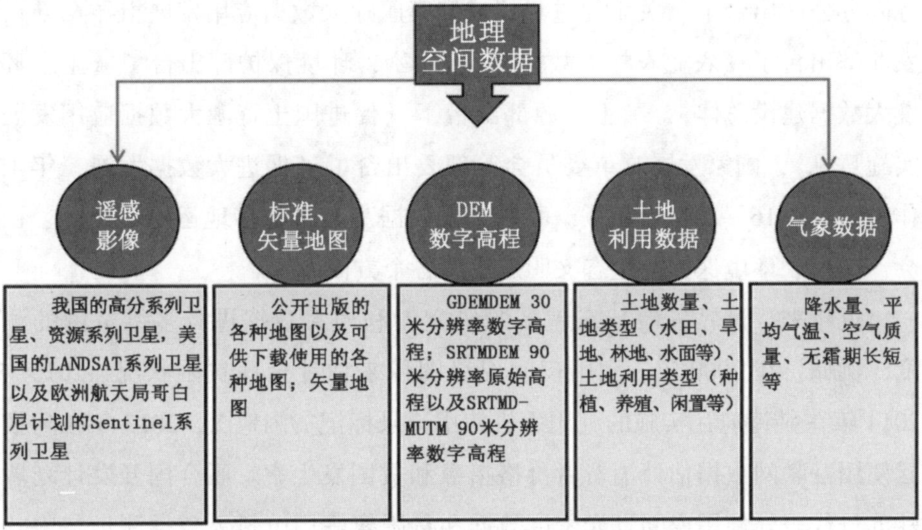

图 3-13　地理空间数据类型及来源方式

（水田、旱地、林地等）是一个重要指标，利用土地利用图则可以轻松获取该项数据。该项数据可以从地理空间数据云平台获得。

气象数据在对多维贫困的测度中，主要是用来衡量该地区的自然环境，采取的主要指标有降水量、无霜期时长、平均温度、空气质量等，这些指标能够反映出研究区域动植物生长条件和人类的生存条件。该项数据的获取渠道主要有气象局以及地理空间数据云平台等。

3.“大数据”的简介及其获取方式。大数据（big data），指无法在一定时间范围内用常规软件工具进行捕捉、管理和处理的数据集合，是需要新处理模式才能具有更强的决策力、洞察发现力和流程优化能力的海量、高增长率和多样化的信息资产。2015 年 8 月 31 日，国务院以国发〔2015〕50 号印发《促进大数据发展行动纲要》，其主要任务是：加快政府数据开放共享，推动资源整合，提升治理能力；推动产业创新发展，培育新兴业态，助力经济转型；强化安全保障，提高管理水平，促进健康发展。2016 年工业和信息化部出台了《大数据产业发展规划（2016—2020 年）》，国务院办公厅出台了《关于促进和规范健康医疗大数据应用发展指导意见》，农业部出台了《农业农村大数据试点方案》，环境保护部出台了《生态环境大数据建设总体》，国土资源部出台了《促进国土资源大数据应用发展实施意见》，国家发展改革委员会等部委出台了《促进大数据发展三年工作方案（2016—2018年）》，可见“大数据”越来越多地运用于经济、社会、文化、环境保护、生态文明建设等各个方面。

近年来，世界各地越来越多的研究者利用大数据进行多维贫困的测度，例如：在2009年，利用夜间卫星图像来估计全球贫困状况，2013—2014年在科特迪瓦实施的利用手机使用记录标记贫困地图，2013年在阿根廷使用互联网数据估计消费者价格指数和贫困发生率。联合国开发计划署驻苏丹代表处使用夜间灯光密度数据和贫困家庭用电量大数据测量贫困状况，等等。

因此运用“大数据”进行多维贫困的测度是未来的一个发展方向，也是对传统数据的有益补充。大数据获取数据较为容易，成本较低，具有客观真实性，还可以排除传统数据获取时的人为误差。目前主要的大数据获取来源，主要有国家层面的大数据库、数据平台，例如国务院扶贫办的全国扶贫开发信息系统；此外还有大型互联网公司，例如百度云、金山云、阿里云、腾讯、华为等。

目前在中国农村多维贫困测度中，“大数据”主要用来衡量经济、教育、卫生等维度，例如基础设施覆盖、金融服务覆盖，互联网覆盖等。

延伸阅读

2017年5月国家信息中心发布了《中国大数据发展报告（2017）》，该报告说明了虽然我国目前大数据发展处于起步阶段，但是各地大数据产业蓬勃发展，大数据领域投资热度持续攀升，同时创新创业保持良好发展态势。同时也指出大数据发展也存在着人才供需结构不均衡现象等问题。大数据不仅运用于农村多维贫困测度中，在多维贫困的治理中也具有显著的效果。在农业部发布的《农业农村大数据试点方案》中提出，要充分发挥各地农业部分及企业、科研单位、行业协会的作用，推进大数据在农业生产、经营、管理、服务等各环节、各领域的应用；要推进涉农数据共享，开展生猪、柑橘、花生、马铃薯、大蒜、绿叶菜、大闸蟹、普洱茶等单品种大数据建设；要积极探索市场化的投资、建设、运营机制。这一系列的举措，都有利于农村、农业、农民的发展，对于缓解农村多维贫困具有重要的作用。单项农产品的大数据建设，有利于了解地方各种农产品的需求量和供给量，从而在产业扶贫中正确制定产业发展措施，不至于出现贫困户发展了产业，但是由于需求不足，导致卖不出去的情况出现。大数据在农业物联网、信息进村入户和农产品电子商务以及在测土配方施肥、动植物疫病防控、农机作业、农产品质量安全监管、农业生态环境保护等领域亦有重要的作用。这对因缺乏技术而致贫的群体具有重要的意义，因为其将负责的农业生产技术简单化。而农村电子商务的发展则增加了农产品的销路。大数据在农村、农业中的广泛应用，不仅仅能够对贫困治理产生积极的作用，对农村、农业以后的发展将具有深远的影响。

（四）中国农村多维贫困测度方法的选择

前文中详细介绍了多维贫困的测度方法，这里需要说明的是如何进行测度方法的选择。从现有文献来看，国内学者应用公理化方法中的 AF 方法以及模糊集方法对中国多维贫困测度进行了较多的探索和研究，但许多测度上的难题使得这些多维贫困测度方法仍难以应用于具体的扶贫实践当中。第一，数据可获得性。如何根据多维贫困理论设计出能够全面深入反映贫困特征的变量并获得相应数据，这是一个基本的问题。Alkire 在 2010

年的研究表明，即使是国际上最著名的调查，其在就业、赋权、安全、体面出门的能力、心理和主观福利这五个重要维度上的数据依然很匮乏。第二，贫困临界值如何合理界定？模糊集方法是否能有效解决该问题？仍缺乏实践的检验。第三，如何处理变量间的互补关系和替代关系。第四，各变量的权重如何确定更加合理。这些问题都需要进行深入的研究。对于中国来说，由于地域经济发展不平衡、文化制度多元化，因此如何将多维贫困测度理论高效地应用于扶贫实践更是一个难题。

因此，在进行多维贫困测度方法的选择中，一方面可以大胆创新，设计一个简单、高效，更加适合中国实际的多维贫困测度方法。另一方面则采用目前主流的多维贫困测度方法，在测度指标设计、权重分配、贫困临界值的界定上，要结合中国实际；在数据获取上则应该拓宽渠道，特别是注重对于大数据的利用。

三、中国农村多维贫困测度及结果

进行中国农村多维贫困的测度目的是了解中国农村多维贫困的现状，这些现状包括哪些人属于多维贫困的范畴、农村多维贫困的区域分布、各个维度的贫困状况等，从而为多维贫困的治理提供支持。在本部分中将主要介绍中国农村多维贫困的测度并对得出的结果进行分析。

（一）不同区域范围的农村多维贫困测度及结果分析

1. 全国范围的多维贫困测度及其结果。在对全国范围多维贫困测度中，由于不同的学者采用了不同的指标、不同的方法以及不同的数据来源，所呈现的测度结果也不尽相同，刘艳华等对中国农村的多维贫困进行了地理识别和类型划分。

刘艳华、徐勇在《中国农村多维贫困地理识别及类型划分》中使用脆弱性-可持续生计分析框架，利用对家庭生存所需要的5种生计资本（人力资本、自然资本、金融资本、物资资本、社会资本），建立了人力资本、自然资本、金融资本、物资资本、社会资本以及环境/背景脆弱性6个维度的中国农村多维贫困测度指标，并使用统计数据（统计年鉴、2010年人口普查数据）和地理空间数据（DEM、降水量数据、土地利用数据），采用测算五种生计资本构成几何五边形面积的方法，并利用环境/背景脆弱性指标对其进行修正从而得出多维贫困指数，对中国农村进行了县域尺度的贫困地理识别，同时还与国家确定的扶贫开发重点县进行了对比。

其测算结果表明：

第一，在测算方法上，以脆弱性-可持续生计分析框架为理论基础，通过以中国实际为基础的中国农村多维贫困地理识别指标体系的构建和对多维发展指数计算方法的发展，建立了中国农村多维贫困地理精准识别的方法。其基于多维度的指标体系和集成式识别方法更贴合多维要素影响农户生结果的作用过程。

第二，在识别结果上，有23个省（市、自治区）的655个县级单位被识别为多维贫困县，涉及农村人口1.41亿，空间分布呈现出集中连片的特点。青藏高原及其周边的南疆三地州、黄土高原西部、滇西-川西高山峡谷区域为最大的贫困区，乌蒙山-大凉山区、滇黔桂石漠化区、云南边境山区、武陵山区、秦巴山地、山陕峡谷区、燕山-太行山区等也是贫困县的集中分布区。

与国家最新划定的贫困区对比显示，该研究识别出的多维贫困县瞄准了在各单维度和综合维度都处于更劣势水平的县（市、区）。71.79%的国家重点扶持贫困县与识别结果重叠。重叠度较高的地区主要分布在中西部集中连片山区的核心区；大多数中东部山区的贫困县，弱势/剥夺维度较少，没有进入多维贫困识别的范畴；而在广大西南和西北部的高原、山地边缘区，除了收入较低外，农户实际还遭受着多重的弱势/剥夺，并未达到真正的非贫困生计状态，更缺乏生计的可持续性，却往往容易被经济维度的度量所忽略。

2. 县域范围的多维贫困测度及其结果。王艳慧在《县级多维贫困度量及其空间分布格局研究》一文中以秦巴山区河南南阳市境内的内乡县、镇平县、淅川县以及南召县4个集中连片特困地区扶贫重点县为研究区域，使用基于联合国开发计划署的“双临界值”法（剥夺临界值+贫困临界值），采用研究区域范围内2011年县扶贫办对137个行政村2740户抽样入户调查数据，设计了包含经济福利、生活水平、健康、教育4个维度9个指标的多维贫困测度体系，对县域范围内农村多维贫困进行了测算。

其测算结果表明：

第一，从单维度角度看，研究区域内4县贫困程度由低到高分布是：镇平县、内乡县、淅川县、南召县；从多维贫困角度看，研究区域内4县的多维贫困程度由低到高分别是：镇平县、南召县、淅川县、内乡县。其主要致贫指标为收入因素和健康因素，其次为燃料类型因素、教育因素以及儿童入学率因素。

第二，从分布情况来看，多维贫困程度在空间上都反映出西高东低的走势。通过维度分解可以发现，收入对多维贫困程度的贡献度分布在空间上呈现西北-东南条带分布，且镇平县附近收入对多维贫困测度的贡献度最低，南召县和淅川县的最高；而健康问题主要集中在镇平县。

（二）不同群体的农村多维贫困测度及结果分析

1. 老年人多维贫困测度。老年人是农村的特殊群体。随着我国农村社会转型的加速、城乡人口迁移规模的增长，我国农村老龄化和空心化问题逐渐突出，呈现出增速快、规模大、未富先老等鲜明特征，并伴随家庭规模小型化、家庭结构核心化和少子化等现象。传统意义上，农村老年人主要依靠于家庭内部收入转移和子女赡养来提供养老支持，但随着工业化、城市化进程的加快，家庭对老年人提供的养老支持在内容上已经发生了深刻的变化。此外，农村老年人群体权利保护也遭受着双重冲击，传统的家庭保障功能随子女外出务工进一步弱化；农村社会公共保障体系不健全，农村老年人不能从中获得自身所需的经济赡养、医疗保健、生活照料等服务。老龄人口贫困已经成为不容忽视的问题。

庄天慧等[①] 2017 年在对我国四省藏区多维贫困测度的研究中，对老年人群体的多维贫困情况进行了研究。该研究的调研样本中男性老人有 123 人，占比为 42.71%，女性老人有 165 人，占比为 57.29%。区域老人年龄段主要集中在 60~70 岁，占比达到 68.06%。从总体看，样本中老人受教育程度较低，文盲占比达到 72.57%。抽样的老人中有 58.33%已建档立卡，说明四省藏区处于多维贫困状态的老年人较多，应重点关注。

在维度选取方面，老人在身体健康、精神慰藉等方面有特殊的需求，更容易受到贫困、疾病、孤独感的冲击与袭扰，但这些难以用单一收入标准衡量。基于此，该研究选取消费水平、居住环境、身体健康、心理健康、家庭关系 5 个维度，收入/消费、住房条件、卫生条件等 7 个指标对四省藏区老年人多维贫困进行测量。其中，“消费水平”能较好地体现四省藏区老人的生活质量，是测量老人经济贫困最直接的指标。“居住环境”是反映老人有无居住保障以及生活环境是否有利于自身健康的重要指标。“身体健康”是老人有效参与脱贫、提高生活满意度的重要依托，身体越健康，藏区老人发生经济贫困和健康贫困的概率越小。“心理健康”是测量老人内心贫困和精神贫困的重要指标。“家庭关系”是家庭保障功能能否得到充分发挥、老年人的社会权利能否得到有效保护的主要标志。

该研究的结果表明：第一，四省藏区老人经济贫困状况严重，45.83%

① 该研究为西南减贫与发展研究中心庄天慧教授主持的国家社会科学基金项目“四省藏区多维贫困及其治理对策研究”的系列成果。

的藏区老人处于绝对贫困状况，物质生活水平较低。第二，藏区老人居住环境堪忧，仅有78.82%的老人有住房保障，62.50%的老人仍处于人畜混居环境下，应加大住房、卫生方面的整治力度。第三，藏区老人发生健康贫困的可能性大，51.39%的老人处于身体健康被剥夺的贫困状态中，应重视护理服务、医疗需求等方面的治理。第四，老人精神状态普遍积极向上，52.78%的老人情绪表现为正面，发生精神贫困的概率较低。第五，藏区老人得到的家庭关照较多，但家庭自我养老能力弱，60%以上的老人能经常得到儿女、配偶的照顾，但儿女外出务工减少，家庭经济负担加重。

2. 妇女多维贫困测度。张晓颖等在《流动妇女多维贫困分析》一文中利用AF多维贫困测度方法，建立收入、教育培训、健康、生活水平、社会融入4个维度11个指标的流动妇女多维贫困测度体系，以调查问卷的方式于2013年随机调查北京市532名保姆、月嫂、钟点工、保育员，得到451份有效问卷，对流动妇女的多维贫困进行测度。其结果表明：

第一，从多维贫困的视角衡量流动妇女的贫困问题发现，用国家农村扶贫标准来测量流动妇女收入贫困，样本群体完全脱贫；但是利用北京市城市居民最低生活保障标准作为贫困标准，样本收入贫困发生率为0.44%。

第二，用收入、教育培训、健康、生活水平4个维度测量的多维贫困指数表明，家庭服务业流动妇女在生活水平维度最为贫困，其他贫困维度依次为教育培训、健康、收入。这表明，在客观维度方面，流动妇女最需要提高的是生活水平。按照户籍对多维贫困指数进行分解，结果表明农村户籍的流动妇女多维贫困发生率高于城镇户籍的流动妇女。按照接受教育年限对多维贫困指数进行分解，结果表明受教育程度低的流动妇女多维贫困发生率高于受教育程度高的流动妇女。

第三，用收入、教育培训、健康、生活水平和社会融入5个维度测量多维贫困表明：家政服务业流动妇女社会融入维度最为贫困，其他贫困维度依次为生活水平、教育培训、健康和收入。

3. 儿童多维贫困测度。目前对于儿童的贫困尚未有明确一致的定义。联合国儿童基金会将儿童贫困定义为最基本的“社会服务的剥夺”，其最基本的社会服务包括食品、安全饮用水、卫生设施、卫生保健服务、住所、教育和信息服务。英国儿童贫困研究与政策中心将儿童贫困定义为：儿童以及青少年在生长过程中无法获得和使用各种类型的资源，而这些资源对于他们的福祉和潜能的发挥至关重要。从广义的角度来说，这些资源是指经济、社会、文化、物资、环境和政治资源。

当年，测量儿童贫困的方法主要有四种：货币分析法、剥夺法、社会排斥法以及福利分析法，在对儿童多维贫困的测度中，主要从生存、参与、发展、保护、健康四个维度进行测度。

冯贺霞等使用中国国际扶贫中心2013年“集中连片特困地区农户多维贫困调查”数据，运用AF方法，采用了生存、健康、教育、保护、参与这5个维度、19个指标构建贫困地区儿童多维贫困指数对内蒙古、新疆、甘肃、广西、四川五省儿童多维贫困进行了测度分析（如图3-14），结果发现：

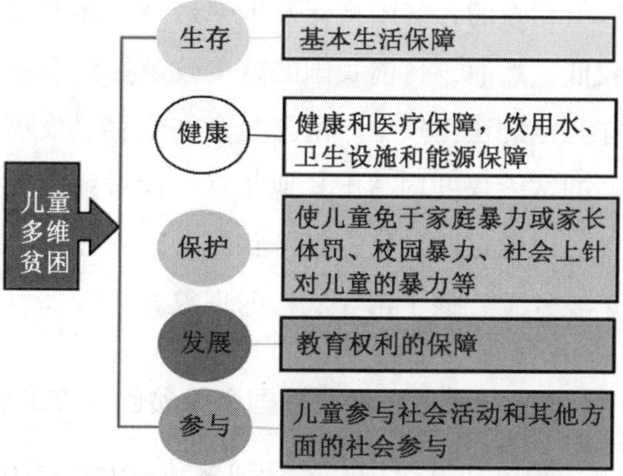

图3-14 儿童多维贫困测度的指标解释

第一，儿童存在包括收入在内的多维贫困。72.03%的儿童所在家庭使用粪桶、旱厕、无卫生设施或无冲水类型的厕所，57.52%的儿童不能决定自己的业余爱好，46.47%的儿童不能决定自己的日常生活，36.21%的儿童遭遇过校园暴力。可见，中国儿童减贫战略对贫困儿童的识别和瞄准应该基于多维视角进行。

第二，参与对儿童多维贫困指数的贡献率最高（28.46%），此外，业余爱好、日常生活、学习的决定、户籍的贡献率分别是11.41%、8.86%、7.58%、0.55%。相关部门应积极研究、推广和引导儿童正确参与家庭、文化和社会活动，培育儿童自我做主，对其行为自我负责的良好习惯。

第三，健康对多维贫困指数的贡献率较高（20.29%）。健康维度中医疗保险对儿童多维贫困指数的贡献率是1.3%，而卫生设施的贡献率是12.12%。2006年以来，新型农村合作医疗在全国农村迅速推广，其政策取向从消除医疗保险维度的贫困来讲取得了显著的成效。然而，恶劣的卫生设施容易散布传染性疾病，今后需要加强卫生设施方面的减贫。

第四，留守时间越长，儿童各指标贫困发生率相对越高，留守6个月以上儿童的各贫困指标发生率最高，而非留守儿童各贫困指标发生率相对较低。然而，目前我国的减贫政策更侧重整体和区域，针对儿童尤其是留守儿童的还比较少。留守儿童在生存、发展、健康、教育及参与等维度方面的贫困程度均高于其他儿童，针对留守儿童多维贫困状况，相关干预政策可以通过改善家庭经济状况、改善流动儿童进程上学等途径，避免父母进城务工、孩子留守农村的现象。

（三）大数据时代中国多维贫困测度的尝试及结果分析

2016年联合国开发计划署利用大数据发布了《人类发展指数之生活水平维度——应用大数据测度中国贫困》报告，报告中利用大数据对中国农村的多维贫困进行了测度。本部分将借鉴其中的部分内容，利用大数据平台，从自来水普及率、卫生厕所普及率、室内厨房普及率、生活服务设施覆盖率、金融服务设施覆盖率、道路基层设施覆盖率、移动互联网覆盖率、夜间灯光密度八大指标构成的生活水平指数进行测度。其各项指标数据来源、数据年限、指标计算方法见表3-15。本部分所涉及的数据均来源

表 3-15 生活水平指标构成情况

指 标	数据来源及时间	指标测算
自来水普及率	第六次人口普查（2010 年）	有自来水的家庭数/家庭样本总数
卫生厕所普及率	第六次人口普查（2010 年）	有卫生厕所的家庭数/家庭样本总数
室内厨房普及率	第六次人口普查（2010 年）	有室内厨房的家庭数/家庭样本总数
生活服务设施覆盖率	百度公司（2015 年）	该县生活服务 POI① 数据/［全县总面积（km^2）×全县人口］
金融服务设施覆盖率	百度公司（2015 年）	该县自动取款机和银行 POI 数据/［全县总面积（km^2）×全县人口］
道路基层设施覆盖率	百度公司（2015 年）	道路总长度/［全县总面积（km^2）×全县人口］
移动互联网覆盖率	百度公司（2015 年）	百度定位服务用户数/全县人口数
夜间灯光密度	（DMSP-OLS）② 数据集	全县夜间灯光密度/［全县总面积（km^2）×全县人口］

于《人类发展指数之生活水平维度——应用大数据测度中国贫困》。

由于在测度方法上采用不同维度的数据，为了便于比较，本部分首先对八大指标的统计结果数据进行标准化和尺度变换；然后对八大指标进行权重分配；最后求出几何平均值，得出生活水平指数。

1. 八大指标测度结果。这里将对自来水普及率、卫生厕所普及率、室内厨房普及率、生活服务设施覆盖率、金融服务设施覆盖率、道路基层设施覆盖率、移动互联网覆盖率、夜间灯光密度八大指标的全国水平进行说明，从而了解各省在这八个指标的排名情况。具体结果如下：

---

① POI 是指百度的兴趣点数据。百度兴趣点是特定的定位数据，分为多个类别。每个数据都有位置坐标和类别信息。一个数据集大约包含 5000 万条 POI，分成 30 大类和 230 个小类。在这里使用“生活设施”和“金融服务”两大类数据。

② DMSP-OLS 是指美国海洋和大气管理局防卫气象卫星计划的线性扫描业务系统。

（1）自来水普及率。全国自来水平均普及率为56.03%，自来水普及率最高的大多分布在沿海一带，其中上海最高。此外新疆的东部、甘肃西部和内蒙古西部，自来水普及率也较高，这一结果比较意外，原因在于我们通常认为中国西部地区通常缺水。自来水普及率较低的地区，主要分布在内陆省份，其中西藏自来水普及率最低。测度的31个省（市、自治区）中有16省区自来水普及率低于全国平均水平，普及率由高到低分别是：内蒙古（55.2%）、海南（53.58%）、湖北（52.83%）、甘肃（52.72%）、云南（50.68%）、陕西（50.40%）、安徽（48.85%）、重庆（47.95%）、江西（47.85%）、广西（47.13%）、贵州（44.26%）、湖南（44.19%）、四川（41.66%）、青海（38.67%）、河南（38.62%）、西藏（28.88%），其余省份则高于全国水平水平。具体见图3-15。

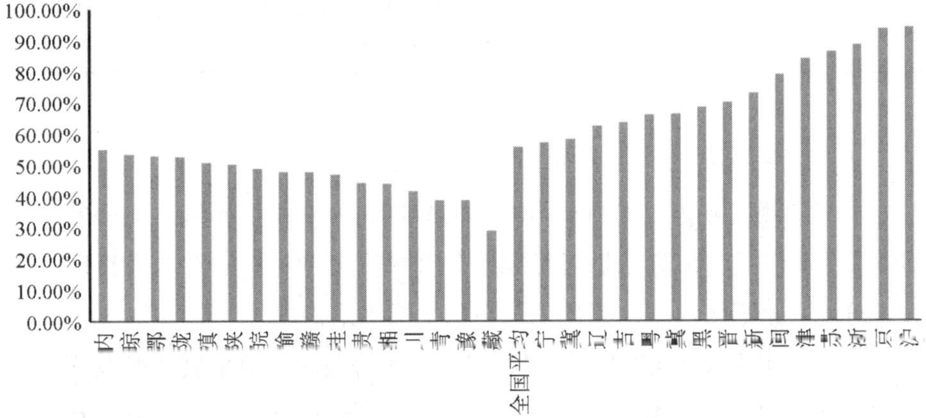

图3-15　全国各省自来水普及率分布

此外在自来水排名最低的100个县中，西藏占37%，除西藏以外，排名最后100名的县中，青海占14%，云南占12%，具体见图3-16。

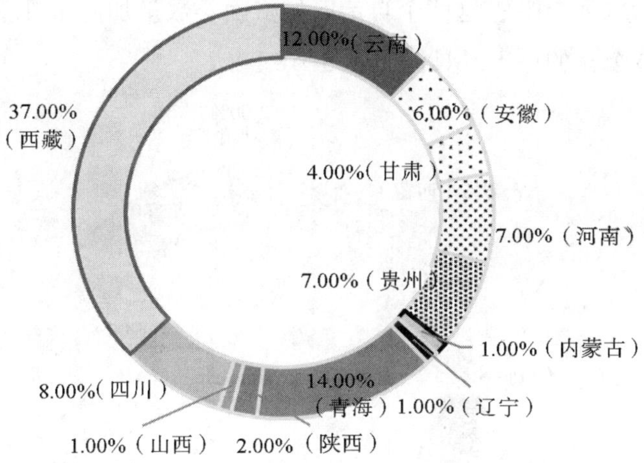

图 3-16　全国自来水普及率排名最后 100 个县分布

（2）卫生厕所普及率。通过测度发现，全国平均有 63%的家庭拥有卫生厕所，其中卫生厕所普及率最高的是北京市，为 87.7%；普及率最低的是内蒙古，为 34.13%。比例最低的 5 个省是内蒙古（34.13%）、青海（36.70%）、云南（40.73%）、西藏（41.62%）、贵州（42.40%）；比例最高的 5 个省区是北京（87.69%）、上海（85.01%）、辽宁（79.53%）、广东（78.72%）、山东（77.81%）。具体见图 3-17。

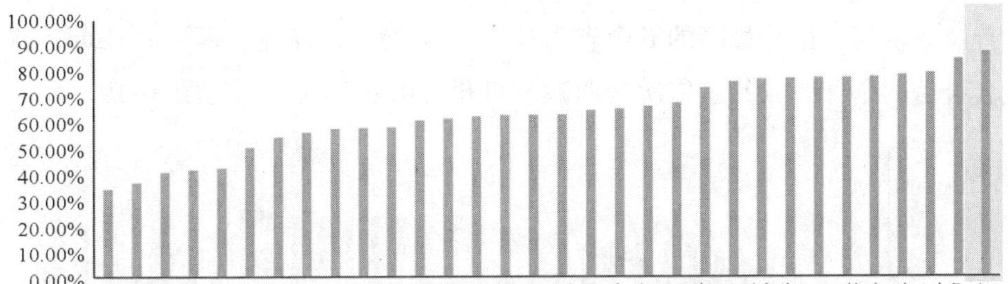

图 3-17　全国各省卫生厕所普及率分布

此外，卫生厕所普及率排名最靠后的 100 个县中，西藏占比为 23%，内蒙古自治区为20%，这两个自治区的贫困县数量加起来几乎相当于排在最末的100个县的一半。具体见图3-18。

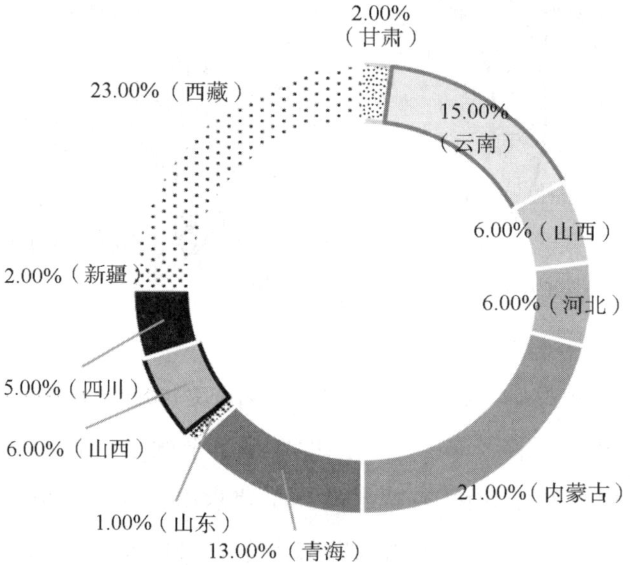

图3-18 全国卫生厕所普及率排名最后100个县分布

（3）室内厨房普及率。从测度的结合来看，全国室内厨房普及率为79.39%，且在地区之间存在严重的不均衡。其中东部、东北部的室内厨房普及率较高，得分最高的五个省为辽宁、黑龙江、吉林、福建和江苏；排名最后的是青海，然后依次为西藏、贵州、山西和新疆。见图3-19。

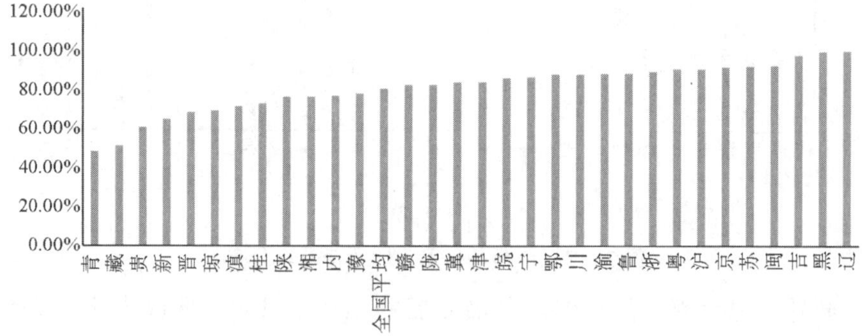

图3-19 全国各省室内厨房普及率分布

在室内厨房普及率最低的100个县中，主要分布在甘肃、贵州、湖南、内蒙古、青海、陕西、山西、四川、新疆、西藏、云南等11个省区，有24%在西藏，17%在青海。另外，山西、云南和贵州的县也各占约10%。具体见图3-20。

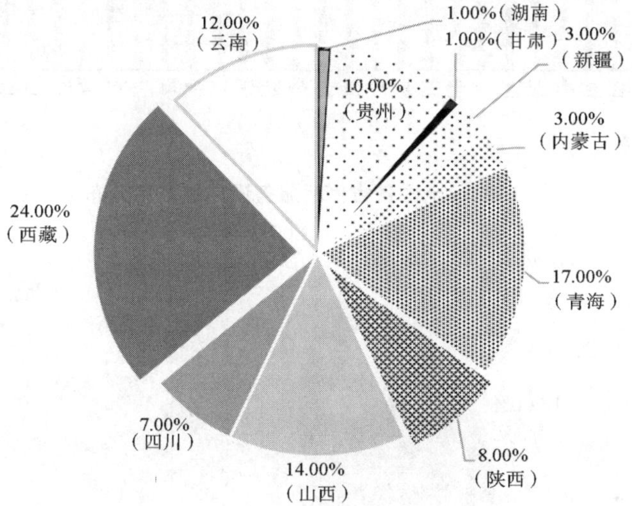

图3-20 全国室内厨房普及率排名最后100个县分布

（4）生活服务设施覆盖率。主要测度了每平方千米人均拥有的省会服务设施的数量，这些生活服务设施包括：通信营业厅、邮局、物流网点、售票处、家政服务、公共厕所等与人们日常生活息息相关的机构或者场所。测度的结果表明，在生活设施服务方面全国平均值为61.3%，东部地区的覆盖率超过中西部地区的覆盖率。分省来看，浙江覆盖率最高为75.1%，西藏最低为39.4%；在31个省中有12个省排名在全国平均水平以下，表明各省之间分布不均。排名靠前的省的覆盖率，足以超过得分靠后的省份的覆盖率之和。具体见图3-21。

在得分排名最低的100个县中，有甘肃、云南、西藏、新疆、四川、山西、青海、内蒙古、贵州9个西部省上榜。其中西藏和青海几乎占了一半，云南有15个县。具体见图3-22。

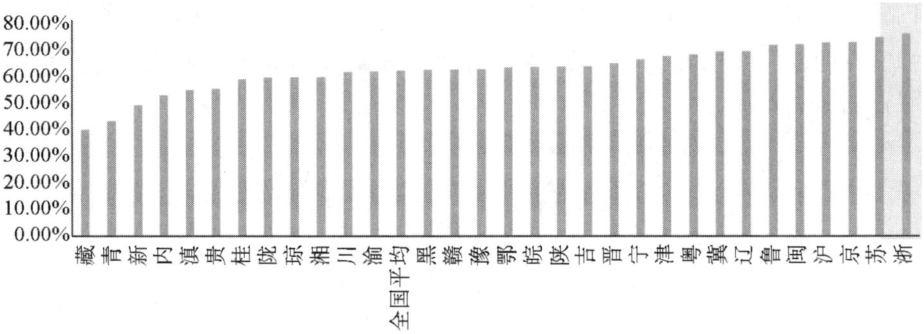

图3-21 全国各省生活服务设施覆盖率分布

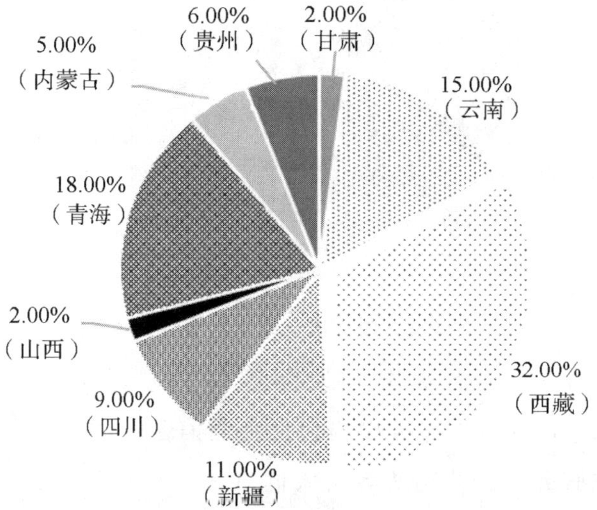

图3-22 全国生活服务设施覆盖率排名最后100个县分布

（5）金融服务设施覆盖率。这里的金融服务设施覆盖率，是统计人均每平方千米的自动取款机、银行和信用社的数量。从全国来看，金融设施覆盖率平均水平为54.7%，依然是东部地区远远超过中西部地区。分省来看，最高的是浙江省为67.9%，最低的新疆为34.7%；覆盖率最高的五个省市分别是浙江、江苏、河北、山东和福建，覆盖率最低的是新疆、西藏、青海、内蒙古和黑龙江。具体见图3-23。

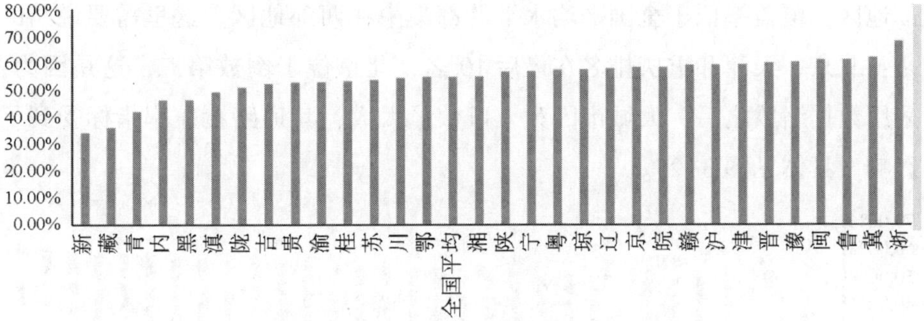

图 3-23 全国各省金融服务设施覆盖率分布

在排名最后的100个县中，主要集中在西藏、新疆和内蒙古3省，其中西藏（30%）和新疆（32%）二者所占比重之和超过一半以上。具体见图3-24。

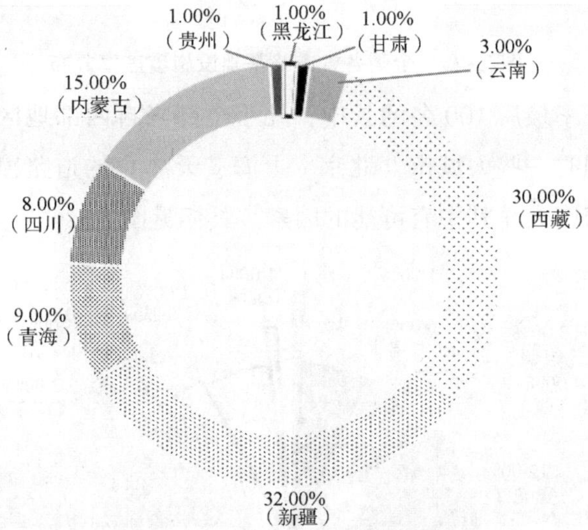

图 3-24 全国金融服务设施覆盖率排名最后100个县分布

（6）道路基础设施覆盖率。此处是对人均每平方千米拥有的道路长度进行测度，并根据路面质量进行相应的调整。结果表明，全国平均水平为53.8%，其中河北覆盖率最高，为63.4%；新疆覆盖率最低，为40.4%。地区分布极不均衡，原因在于：覆盖率高于全国平均水平的省份都位于东部地区，覆盖率低于全国平均水平的都集中在西部地区。这里需要说明的是：北京、天津和重庆排名在最后10名，北京位于倒数第三，这是因为，采用数据缩放之后，大城市因为人口数量太大，其道路覆盖率指标受到了影响。具体见图3-25。

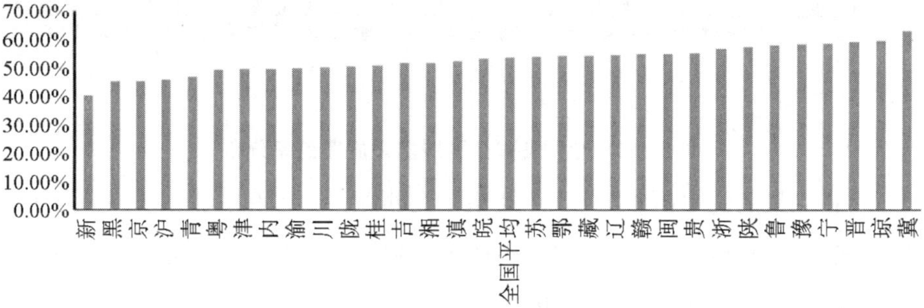

图3-25 全国各省道路基础设施覆盖率分布

道路覆盖率最后100名的县中，几乎全部来自西部地区，其中新疆和四川最多；同时一些大城市（北京、上海、天津）的道路覆盖率得分排名靠后，人口密度大是其中有可能的因素。具体见图3-26。

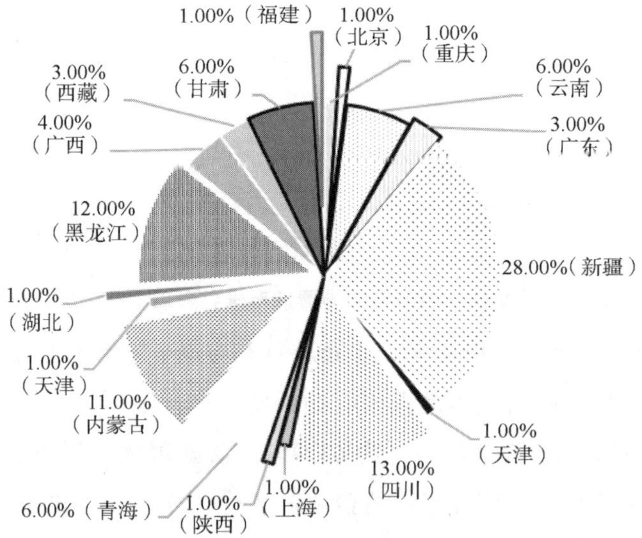

图3-26 全国道路基础设施覆盖率排名最后100个县分布

（7）移动互联网覆盖率。从地区分布来看，指数高的大多集中在东部地区，新疆东部和内蒙古西部也较高，而西部省覆盖率高的主要集中在大城市地区。移动互联网覆盖率的全国平均水平为 27.2%，最高的是北京(50%)。分省来看，覆盖率最高的 5 个省份分别是（由高到低）：北京、浙江、上海、广东和江苏；得分最低的 5 个省份是（由高到低）：湖北、湖南、江西、吉林和西藏。具体见图 3-27。

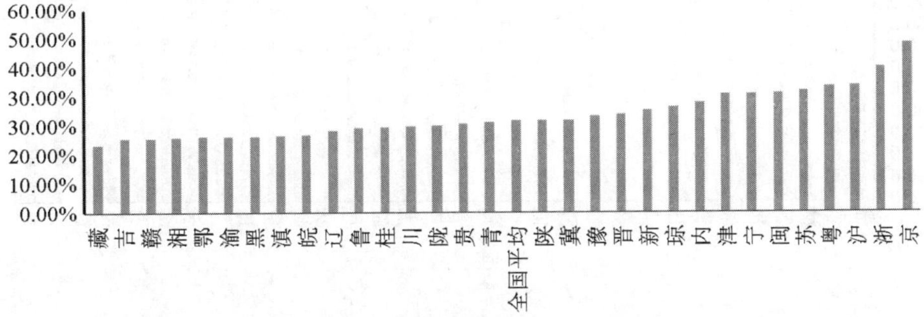

图 3-27　全国各省移动互联网覆盖率分布

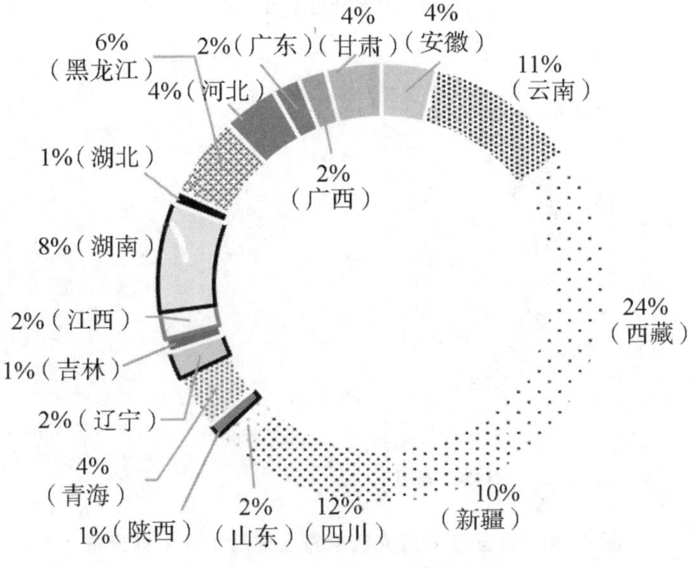

图 3-28　全国移动互联网覆盖率排名最后 100 个县分布

移动互联网覆盖率排名最后的100个县中，18个省都有分布，其中超过一半分布在西藏、云南、四川和新疆等中西部省区。这说明，除了东、中、西部地区不同省份的差异巨大以外，同一省内的不同地区也存在较大差距。具体见图3-28。

（8）夜间灯光密度。全国夜间灯光密度指标平均水平为69.3%，其中河北最高，为77.3%；西藏最低，为50.0%。从分布来看夜间灯光密集地

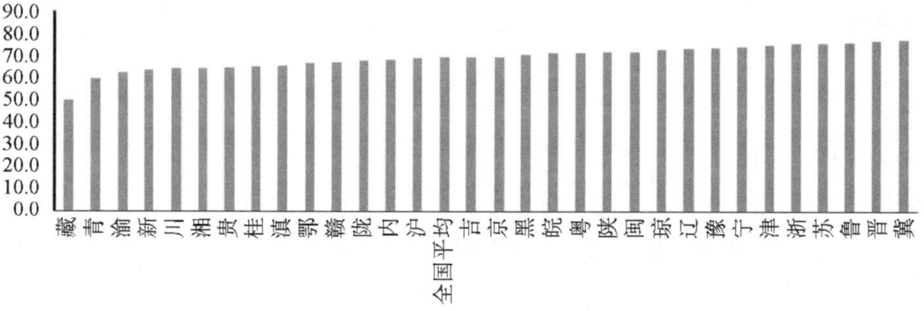

图3-29　全国各省夜间灯光密度分布

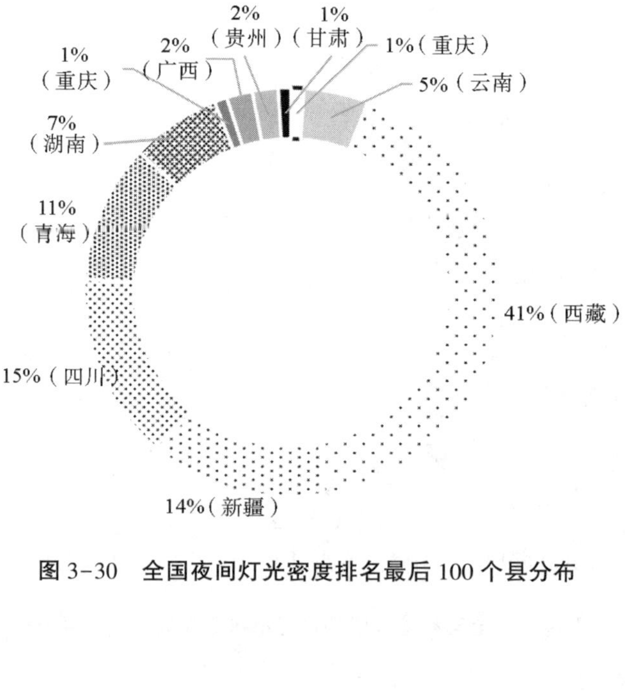

图3-30　全国夜间灯光密度排名最后100个县分布

区主要集中在东部地区，同时夜间灯光分布较密集的县散布于全国各地，且大多在省会城市；分省来看，排名最高的5个省分别是（由高到低）：河北、山西、山东、江苏和浙江；排名最后的5个省区是（由低到高）：西藏、青海、重庆、新疆和四川（与湖南并列）。具体见图3-29。

夜间灯光密度排名最后的100县中最主要来自于西藏（41个），另外有29个县来自新疆和四川。具体见图3-30。

2. 生活水平指数测度结果。生活水平指数是由上述自来水普及率、卫生厕所普及率、室内厨房普及率、生活服务设施覆盖率、金融服务设施覆盖率、道路基础设施覆盖率、移动互联网覆盖率以及夜间灯光密度八大生活水平指标的综合测度值。

从测度的结果来看，中国东部各省的生活水平指数明显高于中、西部省份，城市明显高于农村地区，生活水平指数值由东到西依次递减。分东、中、西部来看，几乎所有东部沿海省份的生活水平指数都高于其他的省份；中部地区生活水平指数得分有高有低，同一省内省会城市所在地生活水平指数明显高于省内其他地区；西部绝大分地区生活水平指数很低，集中在西藏和青海，同样省会城市所在地区明显高于省内其他地区。

生活水平指数在全国各大区域也有一些分布规律。就沿海地区而言，东北地区不如南方，生活水平指数较低的主要集中在大兴安岭南麓山区；中部地区平原（如江汉平原、渭河平原、华北平原）、四川盆地底部等地区生活水平指数较高。这表明生活水平指数的高低，与地形密切相关。

对全国31个省（市、自治区）进行生活水平指数值进行分析可以得知，生活水平指数平均值为61，有19个省（市、自治区）的生活水平指数高于全国平均值，主要集中在东海岸的11个和中部的8个省（市、自治区）。西部省（市、自治区）生活水平指数低于全国平均水平。从具体排名来看，浙江、江苏、北京生活水平指数排名为前三甲；在四个直辖市中只有重庆排名低于全国平均水平，居于第21位；海南省生活水平指数与全国平均水平相当，是东部沿海唯一一个没有超过全国平均水平的省份；在全国5个自治区中，只有宁夏回族自治区生活水平指数高于全国平均水平，排名第11位；排名最后的三个省份则是西藏、青海和新疆，全部位于西部地区。具体见图3-31。

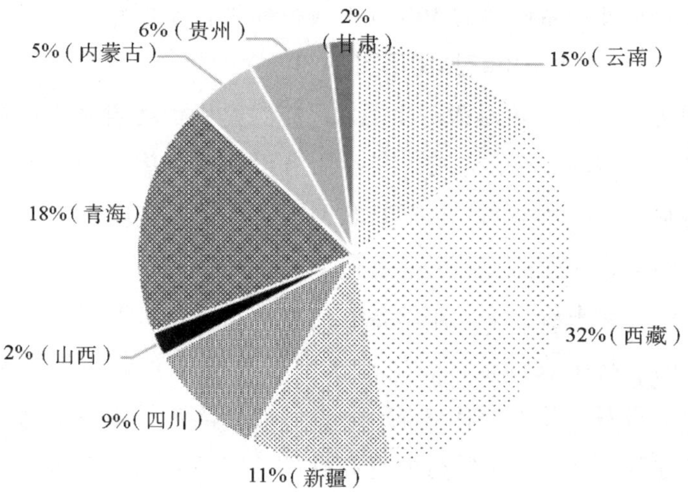

图3-31　全国生活水平指数排名最后100个县分布

在生活水平指数排名最后的100个县中，全部集中在中国西部9省、自治区。具体来看，有32个县在西藏自治区，有18个县在青海省，有15县在云南省，有11个县在新疆，有9个县在四川，6个县在贵州，5个县在内蒙古，山西和甘肃各有2个县。

四、中国农村多维贫困测度实践——四省藏区农牧民多维贫困测度的案例分析

四省藏区既是我国集中连片贫困地区，也是典型的少数民族地区，又是深度贫困地区，与其他十三个连片特困地区和西藏自治区相比，四省藏

区的贫困及其治理有其特殊性，在致贫原因和扶贫方式上呈现出异质性。与其他集中连片特困地区相比，四省藏区的民族文化独特、宗教文化影响深远、非正式制度作用巨大，致贫原因复杂；与西藏相比，四省藏区地处省际毗邻区，远离交易中心且市场分割较为严重，贫困治理难度大且协作能力要求较高。另外，四省藏区集民族地区、连片特困地区、农牧区于一体，且大多属于国家主体功能区分类中的限制开发区和禁止开发区，生态脆弱与贫困问题高度耦合。区域内贫困态势突出、治贫难度极大，常规的扶贫方式与政策都面临严峻挑战，亟需从多维贫困视角对其进行综合性的贫困治理，而其中的首要任务则是对其多维贫困现状进行准确的判断。故本部分将对四省藏区多维贫困测度的方法、过程和结果进行深入分析，期望通过对这一复杂、典型的案例的阐释使读者更加直观地了解多维贫困测度方法，并对其他地区的多维贫困测度提供借鉴。

（一）样本描述

本案例的数据来源于西南减贫与发展研究中心庄天慧教授主持的国家社会科学基金项目“四省藏区多维贫困及其治理对策研究”。课题组于2015—2016年组织调研人员在四川、云南、青海、甘肃藏区进行入村、入户调研。其中，青海藏区主要是对玉树县资料的搜集和访谈，甘肃藏区样本农户主要涉及甘南藏族自治州的合作市、舟曲县、卓尼县、临潭县、迭部县、夏河县和碌曲县，武威市天祝藏族自治县；云南藏区样本农户主要涉及迪庆藏族自治州的香格里拉市、德钦县和维西傈僳族自治县；四川藏区样本农户主要为甘孜藏族自治州的理塘县、阿坝藏族羌族自治州的理县；具有较好的代表性。该调查采用问卷和访谈的形式，共填写有效问卷484份。调查和访谈的主要内容包括：家庭成员基本情况、家庭住房情况、家庭水电路和通信等基础设施使用情况、家庭主要收入和支出情况、家庭教育和食物消费情况、宗教消费和建房支出等开支情况、家庭借贷情况、家庭决策模式、家庭社会关系、扶贫成效感知等方面进行详细询问，对典型的贫困妇女、老人、儿童进行了案例访谈，并对村庄人口与资源环境、贫困整体情况和扶贫项目投入等进行了调查。

本研究数据样本的基本特征见表3-16。从表中来看，样本中家庭人数平均为4人，最多的家庭人数达到10人，说明家庭人数整体上偏高。家庭成员受教育年限平均不到5年，偏低。家庭住房是否为危房均值仅为0.12，表明有较多的家庭房屋存在安全隐患。家庭厕所类型均值为0.91，表明绝大部分家庭的厕所为旱厕或无厕所。家庭饮水、通电、燃料情况的均值显示，有相当一部分家庭在以上能源使用方面存在不足。家庭耐用消费品数量均值仅为0.04，表明仅有极少的家庭拥有耐用消费品。

表3-16 样本基本特征

项目	极小值	极大值	均值	标准差
家庭人口数（人）	1	10	4.10	1.61
家庭成年成员平均受教育年限（年）	0	15	4.83	3.19
家庭成员健康情况（好=1；一般=2；不好=3）	1	3	1.66	0.81
劳动能力（普通劳动力=1；技能劳动力=2；部分丧失劳动力=3；完全丧失劳动能力=4；无劳动能力=5）	1	5	2.48	0.90
人均住房面积（平方米）	5	300	39.41	32.48
住房是否危房（是=1；否=0）	0	1	0.12	0.32
家庭厕所类型（无厕所或旱厕=1；水冲式厕所=0）	0	1	0.91	0.29
是否人畜混居（是=1；否=0）	0	1	0.25	0.43
家庭饮用水来源（自来水或井深5米以上的井水=0；否则=1）	0	1	0.32	0.47
家庭通电情况（常年通电=3；间隔通电=2；没有通电=1）	1	3	1.08	0.31

续表

项目	极小值	极大值	均值	标准差
家庭燃料情况（全年做饭燃料充足=0；否则=1）	0	1	0.33	0.47
家庭耐用消费品数量（小于3个=1；否则=0）	0	1	0.04	0.19

（二）方法与指标的选取

1. 测度方法。在测度方法上，本节在前一章叙述的众多方法中，根据测度地区和样本的实际情况采用A-F法。这里简要介绍A-F法的测算步骤：

A-F方法利用“双界线”法来识别贫困。第一步设定多维贫困的维度，第二步设定判断样本为贫困的维度界限值，即双重界限。第一层界限为识别样本在各维度是否被剥夺，第二层界限通过样本被剥夺的维度数识别样本是否为多维贫困。

令$Y_{n,d}$代表$n×d$维矩阵，令矩阵元素$y_{ij} \in Y_{n,d}$表示个体i在维度j上的取值，$i=1, 2, \cdots, n$；$j=1, 2, \cdots, d$。行向量$y_i=(y_{i1}, y_{i2}, \cdots, y_{id})$包含了个体$i$在所有维度上的取值。列向量$y_{ij}=(y_{1j}, y_{2j}, \cdots, y_{nj})$代表$j$维度上不同个体的取值。

介绍A-F法之前首先阐述双界线识别方法的基本元素。

剥夺临界值：令向量$z=(z_1, z_2, \cdots, z_d)$为剥夺临界值矩阵，用$z_j$（$z_j>0$）表示个体$Z$在第$j$个维度被剥夺的临界值（$j=1, 2, \cdots, d$）。

权重：令向量w（$w_1, w_2, \cdots, w_d$）为权重矩阵，w_j表示维度j在多维贫困测度中所占的权重，这个权重代表了各个维度的相对重要程度（$j=1, 2, \cdots, d$）。多维贫困指数中各个维度测量多维贫困指标的权重影响多维贫困的测量结果以及对所研究区域或群体贫困状态的判断。一般在A-F方法运用过程中采用的是等权重法。

剥夺计数：令$c_i=(c_1, c_2, \cdots, c_n)$表示剥夺计数。它反映个体被剥夺的广度。$c_i$（$i=1$，2，…，$n$）表示个体 i 所经受的被剥夺的维度个数。

识别函数：识别函数总结了上述实施步骤产生的结果，并且判定在给定剥夺临界值 z，权重 w 和贫困临界值 k 的时候，个体是否为贫困。当个体为贫困时，识别函数取值为 1，否则取值为 0。

剥夺矩阵：$g^0=[g_{ij}^0]$。可以利用剥夺临界值 z_j 将所有个体各维度取值矩阵转换成 $Y_{n,d}$ 剥夺矩阵。g_{ij}^0 取值为 0 或者 1，当个体 i 在 j 维度取值 y_{ij} 小于 z_j 时取值为 1，否则取值为 0。

审查剥夺矩阵：$g^0(k)=[g_{ij}^0(k)]$。剥夺矩阵向审查剥夺矩阵转化的步骤如下：当个体 i 在 j 个维度中处于贫困的维度数小于 k 时，则认为个体 i 当时没有经受 k 维贫困，从而行向量 $g_i^0(k)$ 中每个值都为 0；当个体 i 在 j 个维度中处于贫困的维度数不小于 k 时，则认为个体 i 当时经受着 k 维贫困，从而行向量 $g_i^0(k)$ 等于行向量 g_i^0。

规范化差距审查矩阵：$g^1(k)=[g_{ij}^1(k)]$。可以按照个体各维度取值矩阵 $Y_{n,d}$ 向审查剥夺矩阵转化的方式先确定矩阵 $g^1(k)$ 中取值不为零的元素，$g^0(k)$ 中不为零的元素在 $g^1(k)$ 中相对应的元素取值也不为零，$g_{ij}^1(k)=(z_j-y_{ij})/z_j$。

平方差审查矩阵：$g^2(k)=[g_{ij}^2(k)]$。矩阵 $g^2(k)$ 元素的取值与 $g^1(k)$ 步骤一样，只是具体值不同：$g_{ij}^1(k)=\lfloor(z_j-y_{ij})=z_j]^2=[g_{ij}^1(k)]^2$。

接下来，采用 A-F 法进行计算。A-F 多维贫困指数 MPI 和平均被剥夺份额计算公式分别为：

$$MPI=\sum_{i=1}^{n}c_i(k)/nd;\ A=\sum_{i=1}^{n}c_i(k)/qd; \qquad (1)$$

其中，n 表示被评价对象总人（户）数，q 表示在维度贫困线为 k 时的多维贫困人（户）数。c_i 前面已经介绍（剥夺计数），$c_i(k)$ 表示维度贫困线为 k 时 c_i 的取值。贫困发生率 $H=q/n$，A 表示平均被剥夺份额。结

合（1）式我们发现 $MPI=H\times A$。由此可以判断出：给定维度临界线下，多维贫困指数由贫困发生率和平均被剥夺程度决定。如果要更精确的测度多维贫困，可以用平均贫困距 G（*average poverty gap*）对 *MPI* 调整得到：$M_1=H\times A\times G$。进一步利用贫困深度 S（*poverty severity*）对 *MPI* 进行调整，可以得到：$M_2=H\times A\times S$。其中平均贫困距 $G=|g^1(k)|/|g^0(k)|$；贫困深度 $S=|g^2(k)|/|g^0(k)|$。

多维贫困按维度分解的计算公式如下：

计算各维度对多维贫困指数的贡献额：$MPI_j=(q_j\times w_j)/n$。

定义 MPI_j 为 j 维度的多维贫困贡献额，q_j 为多维贫困情况下 j 维度的贫困发生率。比如当考察二维贫困时，我们识别出发生二维贫困的被评价对象后，再考察这些贫困者在各维度的贫困状况，其在 j 维度处于贫困的被评价对象的个数就是我们需要的 q_j，w_j 为 j 维度的权重。然后可以计算出 j 维度对多维贫困的贡献率 C_j 为：$C_j=MPI_j/MPI=(q_j\times w_j)/(n\times MPI)$。

2. 测度指标选取。在测度指标上，基于新一轮脱贫攻坚工作的现实情况及藏区贫困户的统计数据，本研究在采用“多维贫困指数”（multidimensional poverty index，MPI）的基础上对测算指标进行了适当调整，选择了衡量藏区农牧户贫困程度的 3 个维度 12 个指标（表 3-17）。由于目前国际上对 MPI 测算指标的权重确定尚无统一的标准和方法，本研究采用指标等权重法进行测量，为客观反映藏区农牧户的贫困状况、程度、致贫原因等提供判断标准。

表 3-17 多维贫困测量指标体系

序号	维度	指标	剥夺临界判断与赋值
1	健康	自我健康评价（x_1）	自我评价“不好”=1；自我评价“好”或“一般”=0
2		劳动能力（x_2）	部分丧失劳动能力、完全丧失劳动能力或无劳动能力=1；技能劳动力或普通劳动力=0
3	教育	家庭成年成员平均受教育年限（x_3）	家庭成年成员平均受教育年限小于9年=1；家庭成年成员平均受教育年限大于或等于9年=0
4		适龄儿童辍学情况（x_4）	家庭有适龄辍学儿童=1；否则=0
5	生活水平	人均住房面积（x_5）	人均住房面积小于25平方米=1；人均住房面积大于或等于25平方米=0
6		住房是否危房（x_6）	是=1；否=0
7		家庭厕所类型（x_7）	无厕所或旱厕=1；水冲式厕所=0
8		是否人畜混居（x_8）	是=1；否=0
9		家庭饮用水来源（x_9）	自来水或井深5米以上的井水=0；否则=1
10		家庭通电情况（x_{10}）	常年通电=0；否则=1
11		家庭燃料情况（x_{11}）	全年做饭燃料充足=0；否则=1
12		家庭耐用消费品数量（x_{12}）	小于3个=1；否则=0

（三）测度结果

1. 单维贫困测量。根据剥夺临界判断标准，计算出各维度单维贫困发生率。由表 3-18 可知，贫困发生率最高的维度指标为“家庭成年成员平均受教育年限（x_3）”，达到 91.0%；其次为“家庭厕所类型（x_7）”（90.5%）；第三名为“劳动能力（x_2）”，贫困发生率为 48.8%。排名第四至七名的指标依次为"人均住房面积（x_5）"，贫困发生率为34.3%；"家庭燃料情况（x_{11}）"，贫困发生率为33.3%；"家庭饮用水来源（x_9）"，贫困发生率为32.2%；"是否人畜混居（x_8）"，贫困发生率25%。由此可见，调查区域的农牧户在住房、饮水、做饭、取暖等日常生活条件存在明显不足，在以上维度的贫困发生率均高于25%，即至少有1/4的农牧户在以上指标中仍处于贫困状态。贫困发生率在10%以下的指标有"适龄儿童辍学情况（x_4）"（8.6%）、"家庭通电情况（x_{10}）"（7.3%）和"家庭耐用消费品数量（x_{12}）"（3.8%），表明这三个指标在农牧户中的贫困发生率较低，即这三个指标在农牧户日常生活中具有较高的可及性。

表3-18 单维贫困发生率

维度	指标	贫困发生率（%）	排序
健康	自我健康评价（x_1）	21.8	8
	劳动能力（x_2）	48.8	3
教育	家庭成年成员平均受教育年限（x_3）	91	1
	适龄儿童辍学情况（x_4）	8.6	10
生活水平	人均住房面积（x_5）	34.3	4
	住房是否危房（x_6）	11.8	9
	家庭厕所类型（x_7）	90.5	2
	是否人畜混居（x_8）	25	7
	家庭饮用水来源（x_9）	32.2	6
	家庭通电情况（x_{10}）	7.3	11
	家庭燃料情况（x_{11}）	33.3	5
	家庭耐用消费品数量（x_{12}）	3.8	12

2. 多维贫困测量。不同剥夺临界值下的多维贫困发生率（H）表示贫困农牧户在某一个指标下的贫困范围大小，即多维贫困户数在全部样本户数中的比例。MPI 则表示综合贫困程度，MPI 值越大说明越贫困（详见表 3-19）。

表 3-19　多维贫困测量结果　（单位:%）

K	贫困发生率（*H*）	平均被剥夺份额（*A*）	多维贫困指数（MPI）
1	98. 75	34. 50	34. 06
2	96. 96	34. 98	33. 91
3	88. 01	36. 84	32. 42
4	62. 61	26. 07	26. 07
5	35. 96	17. 19	17. 19
6	16. 64	9. 14	9. 14
7	7. 33	61. 18	4. 49
8	2. 15	68. 06	1. 46
9	0. 36	75. 00	0. 27
10	0. 00	-	-

由表 3-19 可知，当 K=1 时，农牧户贫困发生率为 98. 75%（即 98. 75%的农牧户在 12 个指标中的任意一个指标上存在剥夺），平均被剥夺份额为 0. 345，多维贫困指数约为 0. 341。当 K=2 时，农牧户贫困发生率仍高达 96. 96%，平均被剥夺份额约为 0. 35，多维贫困指数约为 0. 34。当 K=3 时，农牧户贫困发生率为 88. 01%，平均被剥夺份额约为 0. 368，多维贫困指数约为 0. 324。当 K=4 时，农牧户贫困发生率为 62. 61%，平均被剥夺份额约为 0. 261，多维贫困指数约为 0. 261。可见，在四个维度上仍有超过六成的农牧民处于贫困状态，多维贫困情况非常突出。

从变化趋势来看（图 3-32），随着 K 的增加，贫困发生率呈现逐步下

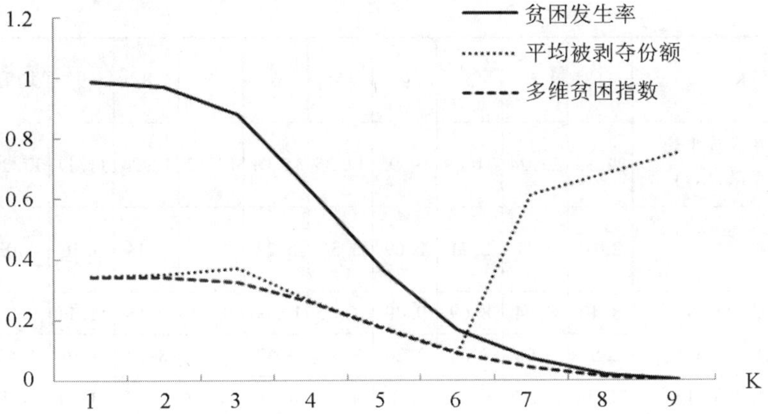

图 3-32 贫困发生率、平均被剥夺份额和多维贫困指数

降的趋势；平均被剥夺份额的变化走势较为复杂，呈现出先上升、再下降、再上升的波动趋势；多维贫困指数跟贫困发生率一样，也呈现出逐步下降的趋势。当 K=9 时，农牧户的贫困发生率显著下降到 0.36%，平均被剥夺份额为 0.75，多维贫困指数仅为 0.0027。而当 K=10、11、12 时，研究区域内农牧户的多维贫困指数均等于 0，说明调查区域的农牧户不存在极端贫困的情况，即不存在 10 个及以上的指标同时被剥夺的极端贫困户。

3. 贫困维度分解。通过贫困临界值 K 对多维贫困指数进行分解，研究每个指标对多维贫困指数的贡献率，进而剖析藏区农牧户多维贫困的致贫原因，结果见表 3-20。

表 3-20 多维贫困指数（*MPI*）——不同 *K* 之下每个维度贡献率

（单位：%）

K	1	2	3	4	5	6	7	8	9	均值	均值排序
MPI	34.06	33.91	32.42	26.07	17.19	9.14	4.49	1.46	0.27	–	–
自我健康评价（x_1）	5.34	5.36	5.61	6.86	9.02	9.79	9.97	7.14	11.11	7.80	7
劳动能力（x_2）	11.95	11.91	12.00	12.24	12.75	11.58	11.96	10.20	11.11	11.74	3

续表

K	1	2	3	4	5	6	7	8	9	均值	均值排序
家庭成年成员平均受教育年限（x_3）	22.32	22.24	21.89	19.95	17.35	15.01	13.62	12.24	11.11	17.30	1
适龄儿童辍学情况（x_4）	2.10	2.11	2.21	2.69	3.56	5.22	5.65	7.14	5.56	4.03	10
人均住房面积（x_5）	8.40	8.44	8.69	9.49	10.75	10.60	9.30	9.18	11.11	9.55	5
住房是否房（x_6）	2.89	2.90	3.03	3.26	3.82	4.57	5.65	8.12	5.56	4.43	9
家庭厕所类型（x_7）	22.14	22.17	21.22	19.15	16.47	14.04	11.97	12.22	11.11	16.72	2
是否人畜混居（x_8）	6.13	6.15	6.07	5.09	5.12	5.38	6.64	5.10	0.00	5.08	8
家庭饮用水来源（x_9）	7.88	7.82	8.05	8.46	8.15	8.48	9.30	8.16	11.11	8.60	6
家庭通电情况（x_{10}）	1.79	1.80	1.75	1.94	2.34	3.59	3.65	6.12	11.11	3.79	11
家庭燃料情况（x_{11}）	8.14	8.18	8.51	9.78	9.54	9.95	10.30	12.24	11.11	9.75	4
家庭耐用消费品数量（x_{12}）	0.92	0.92	0.97	1.09	1.13	1.79	1.99	2.04	0.00	1.21	12

表3-19说明在不同的维度之下，每个指标的贡献率存在差异。当K=2时，“家庭成年成员平均受教育年限（x_3）”对农牧户多维贫困的贡献程度最大，达到22.24%；其次为“家庭厕所类型（x_7）”，贡献度为22.15%；排第三的是“劳动能力（x_2）”（11.91%），表明以上3个指标对农牧户的多维贫困产生了重要影响。而“人均住房面积（x_5）”“家庭燃料情况（x_{11}）”“家庭饮用水来源（x_9）”“是否人畜混居（x_8）”“自我健康评价（x_1）”“住房是否危房（x_6）”“适龄儿童辍学情况（x_4）”“家庭通电情况（x_{10}）”的贡献度分别为8.44%、8.18%、7.82%、6.15%、5.36%、2.90%、2.11%、1.80%，表明这些指标是农牧户多维贫

困产生的次要因素。“家庭耐用消费品数量（x_{12}）”的贡献度仅为0.92%，表明其对多维贫困的影响很小。

当K=9时，“是否人畜混居（x_8）”和“家庭耐用消费品数量（x_{12}）”的贡献度均为0，表明贫困临界值为9时，这两个指标对多维贫困没有影响；其他10个指标中，“适龄儿童辍学情况（x_4）”和“住房是否危房（x_6）简称”这两个指标的贡献度均为5.56%，剩余8个指标的贡献度均为11.11%，呈现出趋同趋势。

从维度贡献率均值来看，前五位依次是“家庭成年成员平均受教育年限（x_3）”“家庭厕所类型（x_7）”“劳动能力（x_2）”“家庭燃料情况（x_{11}）”“人均住房面积（x_5）”。表明以上五个指标对农牧户多维贫困贡献较大，同时也是减贫首先应该聚焦的内容。

（四）结论

第一，藏区农牧户贫困维度普遍超过3个及以上，处于深度贫困状态。首先，处于多维贫困状态的农牧户比例高。按照UNDP发布的多维贫困标准，即如果3个及以上指标被剥夺则视为多维贫困，农牧户中有高达88.01%的家庭属于多维贫困范畴，并且在指标数量为4、5、6个的水平上仍分别有62.61%、35.96%、16.64%的农牧户被剥夺。这意味着调查区域内有超过六成的农牧户处于维度为4的多维贫困状态，超过1/3的农牧户处于维度为5的多维贫困状态，表明多维贫困覆盖率很高，分布范围广。其次，调查区域仍然存在严重的多维贫困情况。虽然农牧户不存在10个及以上指标均被剥夺的情况，但由测量结果可知，有7.33%的农牧户在7个指标上被剥夺，2.15%的农牧户在8个指标上被剥夺，有0.36%的家庭在9个指标上被剥夺，即同时在9个维度上都处于贫困状态。这样的家庭多是深度贫困的农户，脱贫难度非常大。再次，多维贫困程度逐渐加深。随着K值的增加，多维贫困发生率在下降，但是平均被剥夺份额在波动中增加，表明多维贫困的深度在逐渐加深，因此实现藏区农牧户稳定脱贫仍然任重而道远。

第二，教育、住房、劳动能力和燃料是最短缺的4个贫困维度。在单维贫困上，“家庭成年成员平均受教育年限”“厕所类型”“劳动能力”等指标上表现出较高的贫困发生率；教育、住房、劳动能力和燃料对多维贫困的贡献合计超过60%。在单维贫困的测度中，贫困发生率最高的5个指标均在这4个维度的范畴。更值得关注的是，这4个贫困维度极容易形成一个贫困的恶性循环。首先，藏区等民族地区教育教学设施设备落后、师资力量相对薄弱，加上部分家庭因资金短缺无法保证子女正常上学，容易导致藏区农牧户基础教育不足，造成原始人力资本积累不足；其次，原始人力资本积累不足，加上职业教育、就业培训、技能培训短缺，容易导致其劳动能力不足；再次，劳动能力不足直接导致其营收能力不足，造成收入低下，无力对住房进行改造和修建，加上高寒的地理环境，对燃料的需求量大，但是传统燃料供给不足，又无力使用新能源。从而形成“受教育水平低下—技能培训不足—劳动技能低下—营收能力不足—生活水平低下—投资教育不足—受教育水平低下”的恶性循环，难以突破。

第三，贫困程度越深的群体越需要在家庭生活水平和健康、教育方面给予帮扶。随着贫困维度的增加，涉及健康和教育的“自我健康评价”“适龄儿童辍学情况”指标，以及与家庭水平尤其是硬件设施相关的“住房是否危房”“家庭燃料情况”“家庭饮用水来源”“家庭通电情况”“家庭耐用消费品数量”这几个指标的贡献率呈现明显的递增趋势。这表明越是贫困程度深的群体，在这三方面的剥夺情况更严重，在扶贫工作“啃硬骨头”时更应针对这些方面给予有效、精准的支持和保障。

在本章中我们对中国农村多维贫困测度的一般步骤以及测度结果进行了较为详细的分析。通过对不同区域范围、不同群体以及利用大数据进行的多维贫困测度的介绍，可以知道在中国多维贫困的测度中，数据来源、测度方法、测度区域的不同，其结果往往也有差异。目前在多维贫困的测度中仍然没有一种统一方法，每一种方法仍然具有较强的主观性因素。但是随着时代的发展，我们可以发现一些新的方法、技术越来越多地运用于多维贫困的测度以及贫困的治理中，例如大数据、云计算以及人工智能等。这些新出现的技术方法或许将为我们提供更加客观、有效的多维贫困测度标准。然而如何将这些新的技术方法与贫困的测度和治理结合，也将是未来多维贫困与贫困治理领域重要的研究内容。

·第四章·

多维贫困治理国际经验

减贫是一项复杂的系统工程，需从收入、教育和医疗卫生等多个方面有序展开，需政府、企业和专家学者等多个主体广泛参与，需本国、世界其他各国和国际组织联合行动。无论是发达国家还是发展中国家，均在多维贫困治理方面采取大量措施并取得显著成效。因此，本章将介绍国外的多维贫困治理措施，并分析他国多维减贫实践所带来的启示，以期对我国减贫事业做出一定贡献。在案例选择上，本章以发达国家美国、日本、英国、韩国和发展中国家印度、孟加拉国、哥伦比亚、坦桑尼亚为研究对象，综合描述各国在教育、医疗、就业等维度的贫困现状，然后阐述各国政府、社会组织、贫困人群等主体在教育、医疗、就业等方面的治理经验，同时突出各国家、各主体、各措施的侧重点，最后介绍各国典型项目的运行方式、典型地区的治理措施或典型战略的主要内容。

一、发达国家多维贫困治理经验

发达国家中有多个国家在多维贫困治理方面有着突出、值得借鉴之处，其中美国制定并完善各类扶贫法案，为贫困治理建立法律保障；日本以振兴后进地区作为重要内容，追求人与自然协调发展；英国社会企业蓬勃发展，开创出公共服务供给新模式；韩国动员广大农民参与新村运动，促进农民增收和农村发展。以下将针对上述国家对其多维贫困概况、贫困治理措施及经验进行介绍。

（一）美国多维贫困治理经验

1. 多维贫困概况。美国是西方发达国家的典型代表，较早便做出对发达国家乃至世界贫困治理最具影响力的措施。1964 年，约翰逊政府向贫困宣战，并确定贫困线的绝对标准，即各类家庭贫困线为每年 3000 美元（约人民币 7385.4 元）、无亲属个人则 1500 美元（约人民币 3692.7 元）。1965 年，社会保障部将贫困线拓展为两条：一条基于“经济水平”；另一条基于“低成本水平”，即根据家庭人口结构、收入种类、规模、户主年龄等确定一个可接受的最低生活标准（若食品消费是家庭消费的 1/3，贫困线就等于 3 倍的食品贫困线）。在此标准下，2015 年美国贫困人口为 4310 万人，贫困率达 13.5%；其中，25~61 岁美国人中家庭收入低于联邦贫困线的 150%的人口占 21.0%。

《2015 年人类发展报告》显示，美国人类发展指数（Human Development Index，简称 HDI）高达 0.92[①]。但就教育而言，美国的儿童入学率有所下降。根据世界银行 2009—2014 年的数据，儿童小学入学率由 94.8%下降到 93.1%，男童入学率由 93.9%下降到 92.9%，女童入学率由 95.8%下降到 93.3%。此外，美国的失业率较高，到 2016 年全国失业率达 4.9%，其中男性失业率为 5.0%，女性失业率为 4.8%；25~61 岁的家庭成员无一人有工作的人口占成年人总数的 11.0%。虽然美国 5 岁以下儿童营养不良率较低，仅有 0.5%，女童营养不良率为 0.4%，男童营养不良率为 0.5%[②]；但 25~61 岁且无公共或私人医疗保险的人口占成年人总数的 16.0%，居住在贫困率超过 20%的地区的人口占成年人总数的 18.5%。更值得注意的是，这些贫困因素时常“群聚”，至少一个维度上属于贫困的

---

① 为便于比较，HDI 指数、MPI 指数、基尼系数、入学率、失学率保留小数点后两位数字，其他均保留小数点后一位数字。

② 数据来源于世界银行，2012.

人口有 47.0%，“二维”“三维”“四维”贫困的人口分别有 23.0%、9.0%、2.0%。

美国贫困人口的结构比较复杂，多维贫困的比例和模式在不同种族间差别较大。相关研究表明，美国有色人种和少数族裔遭受社会排斥，2010 年美国非洲裔、拉丁裔贫困发生率分别为 27.4%、26.6%，高于白人 9.9% 的贫困发生率；白人家庭的中位收入是非洲裔家庭的 20 倍、拉丁裔家庭的 28 倍①。而《中国社会科学报》综合外媒报道进一步指出，2014 年美国白人中“一维”贫困者不到 40.0%，“二维”贫困者约占 15.0%，而这两个比例在拉丁裔美国人中分别达到 70.0%以上和 40.0%以上，在非洲裔美国人中则分别为 65.0%以上和 35.0%以上。此外，各类的弱势群体的贫困发生率创新高。2010 年，妇女贫困发生率达 14.5%，妇女极端贫困发生率为 6.3%；同年，全国儿童贫困发生率上升至 21.6%，38 个州儿童贫困率均上升，密西西比州儿童贫困率高达 31.0%。

2. 治理措施。

（1）完善社会保障制度。1913 年，美国成立第一个福利委员会，对贫困问题进行集中管理和应对，调控范围局限在妇女和儿童中。1935 年，美国颁布世界上第一个完整的社会保障法律法规——《社会保障法》，建立包含援助未成年儿童家庭、额外保障收入、医疗补助方案和食品券补贴等核心内容的社会保障制度。20 世纪 80 年代，核心项目引发青年暴力犯罪、非婚生子女、福利依赖等问题，因此政府进行制度改革并先后通过《个人责任和工作机会协调法案》和《为自立而工作法案》，以贫困家庭临时救助取代援助未成年儿童家庭项目，取消对贫困家庭无限期的收入援助保障，对福利救济金领取者采取严格的领取时间和工作时限限制；同时增加穷人教育、就业培训和孩子照看等方面的福利性开支，鼓励贫困者参加工

① 吴华. 中等收入阶段中国减贫发展战略与政策选择［D］. 财政部财政科学研究所，2012.

作和帮助失业者再就业，以达到最高程度的自立和自足。

（2）推行以政府为主导的教育和职业培训。美国重视人力资本，并实施相关措施提升贫困人口的人力资本。首先，美国政府在 20 世纪 60 年代便制定《人力发展和培训法》《经济机会法》，并在克林顿时期出台国民终身学习制度等一系列法律。其次，全面实施相关计划：①儿童和青年教育计划。包括对贫困家庭一岁儿童进行学前教育的“善始计划”，免费招收贫困家庭的高中生参加大学举办辅导班的“跳班计划”，政府拨款为青年学生提供临时性工作的“半工半读计划”及“不让一个孩子掉队”的教育改革计划等。②职业培训与再培训计划。该计划包括“职业队计划”“街道青年队计划”“新经历计划”等，对无工作经历的年轻人以及已就业的工人提供各种训练和职业技能培训。其中，政府执行农业季节工计划、职业团计划及企业界工作机会计划，劳动部执行邻近地区青年人集团计划，各大学执行勤俭学计划等。

（3）加强对族裔贫困人口的赋权。由于长期存在种族歧视，黑人和非洲裔等少数族裔的贫困状况尤为引人注目，政府开始侧重解决黑人和少数族裔社会权利“贫困”的问题。政府通过具有里程碑意义的三个“民权法案”，禁止在工资、上学、就业、选举、住房等方面因肤色和种族原因而产生歧视，以法律形式结束美国的种族隔离制度。1964 年美国还将“反歧视”列入《民权法》，通过实施反歧视法规消除部分社会壁垒，提高黑人和少数族裔就业和参加公共决策、社会活动的机会。同时，在“社区行动计划”中，要求穷人特别是贫困黑人“最大限度地参与”当地社区各项活动，在地方政治中获得发言权。

（4）改善贫困地区的公共服务。在 20 世纪 60 年代，政府相继通过《阿巴拉契亚地区发展法》和《公共工程经济开发法案》[①]，这是联邦政府

① 朱霞梅. 反贫困的理论与实践研究［D］. 复旦大学，2010.

自田纳西河流域工程计划以来对开发贫困地区投入最大的努力，在加大贫困地区的公共工程投资、强化贫困地区的基础设施建设等方面发挥重要的作用。1993年，政府又通过《联邦受援区和受援社区法案》，采取公共设施、人力资本、就业、住房、环境保护和公共安全等方面的综合性援助措施，以调动地方参与者的积极性、培育受援地区自我可持续发展能力。

（5）发挥社会组织及公民的减贫作用。自18世纪始，美国教会和其他互助团体就开始为穷人提供福利援助，促进贫困群体社会资本的形成。此外，在美国政府征收高额遗产税、减免捐助慈善事业的富人部分遗产税并且大力推进社会福利保障的民营化与市场化的背景下，慈善组织、宗教团体或私人组织与各州通过签订契约的方式实施就业培训、福利服务和就业投资项目等与救济和福利有关的项目。社区居民自发参与社区行动项目，建立互助组织，提供教育、医疗、培训等服务，培养贫困个体对社区的参与、责任意识；私人基金会等社会和民间力量积极参与社会贫困治理工作，如福特基金会资助著名的“青年动员项目”，福特等12个基金会资助开展的个人发展账户示范工程“美国梦”等。

案例

阿巴拉契亚地区发展

阿巴拉契亚地区是美国主要的连片特困地区，覆盖美国东部13个州、420个县、2500万人口。该地区1960年贫困率高达30.9%，有295个（占比为70.2%）深度贫困县（贫困率高于美国平均水平1.5倍的县）[①]；经过50多年的发展，2012年贫困率降至16.6%，但仍有107个（占比为

---

① Appalachian Regional Commission. Fiscal year 2014 performance and accountability report [R]. 2014.

25.5%）深度贫困县；该区域发展不平衡，各县平均贫困率为19.5%，贫困率最高的县达40.5%，最低的达7.6%；并且失业率高，平均失业率为9.0%，最高的县甚至达到17.8%。

针对该地区的贫困治理措施有：（1）跨区域合作，联合推动减贫。1963年美国成立代表联邦、州和地方政府协作关系的区域经济发展组织“阿巴拉契亚区域委员会”（Appalachia Regional Council，以下简称ARC）[①]，引导、组织13个州跨区域联动与合作减贫。委员会主席由总统任命，主要成员包括13个州的州长，地方成员来自多县联合组成的开发专区。1965年美国制定《阿巴拉契亚地区发展法》并明确ARC的职能包括增加就业机会、提升人民技能、完善基础设施、扩大对外交流等。（2）加强生态治理，改善地区环境。ARC在可持续发展理念的指导下，采取涉及土地复垦、水净化、大气净化、酸雨控制等各个方面的措施，具体包括强制矿坑复田、复草，减少水土流失；严格处理废水、污水，减轻水污染；加强废气消烟除尘、遏制酸雨，改善大气环境等[②]。（3）重点投资公路项目，关注非公路项目。ARC援助公路项目和教育培训、电信、医疗卫生、社区发展、住房等非公路项目，其中公路项目投资比例为80.0%，非公路项目为50.0%；对于贫困县的援助项目，ARC投资比例为80.0%，州或地方政府配套20.0%[③]。（4）培育增长极，发挥辐射带动作用。ARC将阿巴拉契亚地区的420个县划分为68个开发专区，每个专区重点扶持一个“增长潜力最大、国家投下的资金可望得到最大收益”[④]的城镇，打造成该区

---

① GATRELL J，CALZONETTI F. Growing competitiveness in Appalachia：Strategic science technology planning in West Virginia［J］. Journal of Appalachian Studies，2003（9）：293-321.

② NESBITT J T，WEINER D. Conflicting environmental imaginaries and the politics of nature in Central Appalachia［J］. Journal of Appalachian Studies，2001，32（3）：333-349.

③ 纪万师. 从阿巴拉契亚地区看美国贫困地区的开发思路［J］. 中国经济快讯，2000，（50）：30-31.

④ 何芬，赵燕霞. 美、日促进集中连片特困地区减贫的经验借鉴［J］. 世界地理研究，2015，（04）：20-29.

的增长中心。(5) 发挥资源优势，发展特色产业。该地区利用丰富的动植物资源和历史文化底蕴发展旅游业，开辟4个国家森林公园，创造工作机会的同时促进区域经济发展。如大烟山国家公园作为全美游客量最多的国家公园，2013年总游览量达9250万。

(二) 日本多维贫困治理经验

1. 多维贫困概况。日本在20世纪60年代经济开始腾飞，贫困人口也逐渐减少；但20世纪90年代后，因房地产市场泡沫破灭、贫富分化扩大等问题，贫困人口呈现上升的趋势。但日本的贫困问题主要体现为“相对贫困”，于是根据相对贫困标准，划分“贫困线”为普通日本中等家庭收入的一半。在此标准下，日本2015年的相对贫困率达16.1%，主要集中于年收入在122万日元（约人民币6.3万元）且独自生活的人，其中女性比例为33.0%，男性比例为25.0%。尽管日本失业率较低，仅为3.1%，其中男性失业率为3.3%，女性失业率为2.8%①。但日本贫富差距显著扩大。经济合作与发展组织（Organization for Economic Cooperation and Development，简称“OECD”）发布于2015年的调查报告指出，日本的贫困差距远远高于OECD成员国的平均水平，收入最高10%群体和收入最低10%群体的收入差距达到10.7倍，比1990年代的均值增加8倍。

并且，日本代际贫困情况突出。根据日本厚生劳动省2009年发布的调查数据，日本单亲家庭贫困率达54.3%，远超OECD成员国30.0%的均值，居世界第一。同时日本山行大学学者配合日本政府总务省实施的调查显示，2012年贫困育儿家庭约有146万户，39个都道府县（占比为83.0%）的育儿家庭贫困率超过10.0%，其中冲绳县高达37.5%。除收入外，儿童的贫困问题还体现在营养、教育等方面。世界银行2010年的数据

① 数据来自于世界银行，2015.

显示，日本 5 岁以下儿童的营养不良率达 3.4%，女童占 3.3%，男童占 3.5%，与同期哥伦比亚儿童的营养不良率基本一致，且远远高于同期的美国、英国等发达国家。日本虽然实行 9 年义务教育，儿童小学总入学率较高，男童和女童的入学率均达到 99.95%[①]，但由于无力承担学费而辍学的青少年较多，共计 16181 人，占总数的 20.4%。此外，非日本籍的父母（如移民劳工）的孩子虽然可以上学，但其教育责任仅由公立学校承担且其语言学习的需要无法得到满足。

2. 治理措施。

（1）构建多元化社会保障体系。日本在 1874 年成立《恤救规则》，1932 年颁布《救助法》，确立其社会救助制度。随后日本先后制定《生活保护法》《儿童福利法》《残疾人福利法》《国民年金法》《老年人福利法》《母子福利法》，确立日本“福利六法体制”[②]。该保障体系主要分为生活保护、社会保险、社会福利与公共卫生 4 个方面：生活保护是对贫困户或家庭提供现金或生活保护设施；社会保险涉及医疗保险、年金保险、雇佣保险和劳动灾害补偿保险等；社会福利是对儿童、母子、老人、身体障碍者等提供资金及服务；公共卫生涉及精神保健、母子保健、传染病预防和结核病防治等。日本社会保障由政府和民间组织共同或分头举办，且具有多元化性质，但只涉及当事人最基本、最低标准的要求。

（2）实行城乡教育一体化。二战后，日本政府先后出台《教育基本法》《学校教育法》《偏僻地区教育振兴法》等一系列政策法规，实行城乡教育一体化的管理体制。日本形成 6-3-3-4 新学制，即小学 6 年、初中 3 年、高中 3 年、大学 4 年学制，其中 9 年义务教育主要由公立学校提供；推行教育结构多样化政策，在专业设置上灵活多样，旨在加强学生的文化

① 数据来源于世界银行，2014.

② 李刚. 民族地区城镇化进程中的城市贫困问题研究［D］. 中央民族大学，2010.

教育和职业教育。同时，日本实行城乡一体化的义务教育财政投入机制，经费由中央、县和市政府共同分担，但中央政府承担主要责任。除财政投入保障外，日本还通过完善基础设施、保证办学条件、实行教师定期调换制度和发放津贴等方式推进教育的发展。

（3）加强区域贫困问题治理。自20世纪60年代起，日本先后制定《山村振兴法》《欠发达地区工业开发促进法》《新产业城市建设促进法》等一系列法律，旨在强化农村地区的基础设施、促进不发达地区的工业发展，具体措施主要包括：制订农村开发计划，并根据既定计划严格实行产业规划；中央政府加大资金的投入力度，对后进地区实施特别税法，同时引导农民集体资本和金融资本进入各类农村经济开发之中；鼓励建立各种经济开发服务组织如大资本家经营的专业公司，为产业发展提供多种服务；强化与农民生活相关的基础设施和公共设施，促进农业生产和经济发展等。

（4）通过城乡交流增加贫困人口发展机会。自日本推出“两地居住”的对策即城市居民因为各种需要可在农村反复往返逗留的政策①、鼓励大量农村开设市民农园以提供城乡交流平台，很多外出谋生的年轻人口或城市居住人口返回农村，为农村提供大量劳动力的同时，也为农村带来先进的科学技术、生产方式、管理机制等。同时也导致日本山村及人口过疏地区中越来越多的农户不再局限于季节性较强的农业生产工作，而选择在农闲季节外出寻找更多更好的发展机会，收入水平和文化见识得到进一步的提高。相关数据表示，到1990年日本以农业收入为主的“兼业农户”仅占过疏地区总农户的19.5%，但以非农收入为主的“兼业农户”占过疏地区总农户的61.5%。

（5）社会组织是贫困治理中的重要主体。自1998年日本颁布《特定

① 张永祥. 社会资本视角下的中、日、韩三国反贫困研究［D］. 西南财经大学，2011.

非营利活动促进法》，民间组织发展成为日本社区的利益载体和沟通渠道，在医疗卫生、社区管理、减少失业等方面扮演重要角色。如“町内会”①作为社区最基本的公益性组织，替居民表达权利诉求的同时又协助政府政策实施，如与地方政府协商设立“学童保育园”以照顾双职工家庭的小学生，向卧床老人的家庭派遣家庭护理员等，同时组织社区居民参与防火防灾、美化社区环境等活动，形成一种良性互动的社会循环。“农业协同组织”（简称“农协”）是农民的一个互助组织，承担农户的农业生产、流通、销售等各环节的服务，同时覆盖综合性指导、保险、公共设施等多方面的服务，并代表农民在土地、财政、农产品价格等政策上向国家或地方政府提出建议，在提高农民收入、缓解农民贫困等方面发挥积极作用。

案例

北海道地区发展

北海道地区是日本的连片特困地区，面积为8.3万平方千米，占日本总面积的22.0%；人口密度为68人/平方千米，远低于全国平均水平（即300人/平方千米）；气候寒冷，年平均温度6℃~10℃，年平均降水量800mm~1500mm；经济落后，2004年北海道内总产值为19.7万亿日元（约人民币1.5万亿元），约占日本GDP的4.0%②。但北海道自然资源丰富，可开垦耕地占全国的47.0%（69.4万公顷），煤炭占全国的48.0%（84亿吨）等。

针对该地区的贫困治理措施有：（1）进行分阶段、有序开发。日本1950年颁布《北海道开发法》，1954年制定《奶牛饲养振兴法》，同时建

① “町内会”是日本某地域范围内居住或营业的所有居民和企业组织起来的居民自治组织。

② 数据来源于北海道统计协会，2004.

立“北海道开发厅”（中央机构）和“北海道开发局”（地方机构），形成中央直辖、地方辅助的开发体制①。日本共实施七期北海道综合开发计划，每期有各自的阶段性目标和任务，明确且注重连续性和递进性，形成与全国性开发规划相配套的完整规划体系。(2) 给予大量财政金融支持。北海道享受日本全国性财政税收优惠政策，同时还享受特殊优惠政策，如河流改造方面多补贴16.0%；公路建设方面多补贴30.0%；其他基础设施方面多补贴18.0%。此外，不同实施主体分别给予资金支持，如农业土地改良所需调查费用，国营事业由中央政府出资，道营事业由道政府出资，团体营事业由中央政府给予补助金。(3) 构建活力中小城市。日本政府将50.0%以上的资金投向北海道的道路、港湾、机场等基础设施，建立起北海道内外发达的综合交通体系。在之前的町②和农村地区，也发展起一批新兴的中小城市，如石狩市由一个不起眼的小镇变成北海道第六大港口城市；函馆、札幌、小樽、富良野4个城市常年高居“日本最具魅力城市”前十位。(4) 适时优化产业结构。北海道利用其25.0%的耕地，以专业化、大规模为特色，重点发展农业、旅游、物流等一三产业，降低第二产业在区域经济中的比重，构建成日本主要的粮食、畜产品、海产品供给基地。(5) 建设自然共生型社会。北海道在1978年率先制定实施《环境影响评价条例》，明确规定公路、农业、旅游等16类项目的开发必须进行环境影响评价，日本环境省专门在北海道地区设立地方环境事务所，监管指导北海道各城市进行环境治理，加强污染治理与生态修复，实施网走湖水污染治理、景区垃圾无害化处理等项目③。北海道相继设立6个国立公园、5个准国立公园和12个道立公园，区域森林覆盖率达到71.0%，蝉联“日

① 川端俊一郎. 北海道開発の展望をめぐる最近の論説 [J]. 開発論集, 1987, (2): 1-10.

② 町是日本的地方行政组织，相当于中国的镇。

③ 何芬，赵燕霞. 美、日促进集中连片特困地区减贫的经验借鉴 [J]. 世界地理研究, 2015, (04): 20-29.

本最具魅力都道府县”第一名。

（三）英国多维贫困治理经验

1. 多维贫困概况。英国是世界上最早完成工业化的国家，但工业化过程中也出现了一系列社会问题，贫困问题就是其中最早和最严重的问题之一。英国早年选用基本的食品、衣着、住房需求的“购物篮子”作为贫困标准测量并提出相关措施治理贫困。1950年后，随着现代福利国家的建立，英国废除“购物篮子”测量方法。1979年，英国开始通过相对贫困标准确定贫困人口，即根据中位数收入（处于中间收入分配阶层的家庭所获得的税后收入）60%的贫困线确定家庭收入贫困的货币量。在此标准下，英国2010年的相对贫困率为22.0%，2011年则有30.0%的工薪阶层生活在贫困线上。20世纪80年代后，英国开始采用社会排除性贫困标准，在首相办公室设立社会排斥局，对因失业、缺失工作技能、收入低、住房问题、生活地区犯罪率高、健康问题和家庭破碎等综合性因素导致贫困的社会排斥群体进行识别，并监测其状况。

《2015年人类发展报告》显示，英国HDI指数高达0.91。但就儿童贫困而言，英国金融研究所2010年报告指出，英国约有210万儿童生活在低收入家庭，160万儿童生活在低收入、无业家庭。同时，联合国儿童基金会报告表明，33%的儿童处于营养、教育等方面的“多维贫困”中。在营养方面，15岁以下的英国儿童中有20.0%遭遇食品不安全问题，高于发达国家的平均值①。而在教育方面，虽然英国2012年的儿童小学总入学率高达99.79%，男童入学率达99.86%，女童入学率为99.72%。但根据世界银行2014年的数据，英国青少年仍未充分享有教育尤其是高等教育的权

① UNICEF. 英国超3成儿童处于“多维贫困”境况. http://news.k618.cn/world/201706/t20170616_11728046.html.

利，青少年失学率达 1.51%，其中男性青少年失学率为 1.53%，女性青少年失学率为 1.48%[①]；25 岁以上且无高中文凭的人口仅占总人口的 25.3%，其中男性占比为 23.9%，女性占比为 26.7%[②]。

2. 治理措施。

（1）政府完善社会济贫制度。英国是最早建立社会济贫制度、最早宣布建成福利国家的国家，构建全面完善的社会保障体系是其贫困治理的重要举措。该国于 1601 年便已建立以“济贫法”为代表的济贫制度，旨在系统地对贫困者捐赠物资、提供就业便利、提供职业培训等帮扶。20 世纪起，英国开始进行社会改革，颁布《养老金法案》《国民保险法》等法律，建立现代社会保险制度；并于 40 年代初先后通过《家庭补助法》《社会保险法》《国民卫生保健服务法》等法令措施，构建新的社会保障法律体系。经过历届政府的调整和改革，如 1965 年通过《社会保障法》、1975 年社会保障金交纳体系改革等，英国最终构成项目众多、体系庞大、全民共享，覆盖公民从出生到死亡的各阶段、各方面基本生活需求的“社会安全网”保障体系。此外，英国的社会保障制度完全由政府机构及公共雇员运作。

（2）促进贫困人群可持续就业。为减轻福利依赖，最大限度地激发贫困者的发展能力，英国对贫困人群可持续就业政策进行了系统构建。1995 年英国颁布《求职者法》，旨在以契约形式对政府与贫困者之间的贫困救助与就业促进加以规范。随后，英国制定《1998 年新体制的一般规定》，对残疾人口、失业人口等实行强制性再就业培训，同时引入就业辅导员制度，给每个准备求职的贫困者提供一个就业顾问进行就业指导。此外，英国还制定配套的就业能力评估制度，客观地评价疾病患者或残疾人的工作能力，并提出针对性的建议；颁发《2000 年工作关系法》《2002 年就业

① 数据来源于世界银行，2014.

② 数据来源于世界银行，2014.

法》及其配套政策，实行灵活的弹性工作制度，使妇女、残疾人等就业困难人群或者其他做零工的贫困者享有和全职工作人员同样的福利待遇。

（3）通过资产建设解决贫困代际传递问题。英国特别重视儿童发展，实施儿童信托基金项目，旨在为所有新生人口积累资产。该项目的主要措施是政府为每一个新生人口建立一个账户，账户由儿童信托基金公司统一管理，政府为每一个账户投入一定数目的资金，每名儿童 250 英镑（约人民币 2242.9 元），贫困家庭的儿童 500 英镑（约人民币 4485.9 元）；儿童 7 岁时，政府会另存一次款，该存款必须在儿童 18 岁后才能使用，主要被用于未来教育、接受培训、购买房屋或事业建设等实际问题。同时，该项目将社会供应与个人责任、个人控制相结合。除政府外，家庭也可以往账户里存款，每年最多可存入 1200 英镑（约人民币 1.1 万元）。

（4）针对贫困区域出台专项治理政策。英国针对贫困地域实施一系列政策，早前主要包括拆除贫民窟，重建新公共住房，大规模、有计划地分散人口和就业到周边地域的新城政策。1969 年，地方政府主导在 12 个落后地区、弱势群体和贫困社区推行“社区发展项目”和“城市计划”，通过中央、地方的官方和非官方努力，有条件地鼓励市民主动参与，形成贫困、边缘化社区的新型干预形式。2000 年引入一系列短期、由多种代理机构伙伴关系管理、“以地区为基础”的项目。2001 年，随后引进旗舰项目“邻里复兴的国家政策”，形成 18 个政策行动小组，鼓励 88 个地方当局建立“地方战略伙伴关系”，投入 16 亿用于住房改造，投入 9600 万用于贫困地区商业代理机构的建立。

（5）发挥社会企业在贫困治理中的积极作用。社会企业遵守《社会利益企业法》《社会企业行动计划》等文件，采用社区企业、合作社、发展信托基金公司等组织形式，在解决就业、孤老救助、残障人员康复等方面发挥独特作用。如英国的 Track2000 回收中心，将回收的家电和家具等旧货维修后再以低廉的价格卖给或捐给低收入人群，并且以回收的旧物为学习材料，为有特殊需要的群体如残障人士、失业人员等提供技能培训；哈克尼社区交通集团（Hackney Community Transport，简称“HCT”）提供包括“从伦敦红色巴士到社会服务性交通运输、从学校运输到停车换乘、从社区交通到教育培训”[①]在内的各项服务，旨在为年老、疾病、残疾（精神或生理）或贫穷的人提供社区交通服务，并且通过提供培训项目减少失业率。

案例

社区新政

20世纪90年代，因经济衰退和技术变革，英国社区衰败、贫困的形势严峻。据统计，1998年，英国的贫困社区中44.0%的居民依靠救济金，就业率为55.0%，犯罪率为3.8%，而同期全英国依靠救济金的居民比例为22.0%、就业率为74.0%、犯罪率为1.1%[②]。为最大限度地避免贫困社区、群体的社会排斥，英国启动综合地区复兴项目——“社区新政”。该项目预算为2万多亿英镑，实施对象集中于39个邻里地区的1000~4000户家庭；最初被应用于17个“开拓性”地区，每个地区的方案都包括建立居民、社区管理者、地方当局和地方商业团体之间的有效的多重地方伙伴关系[③]。但从2000年起，该项目的投资规模变大、时间变长且更注重可持续再生，每个地区在10年期限内可得到2000万~5000万英镑（约人民

---

① 《中英社会企业及社会投资案例》特刊. https：//www. britishcouncil. cn/programmes/society/social-entrepreneurs/case-studies/hct.

② Using data from the DETR Indices of Deprivation. http：/ / www. regeneration. detr. gov. uk, 2000.

③ 袁媛，伍彬. 英国反贫困的地域政策及对中国的规划启示［J］. 国际城市规划，2012，27（05）：96-101.

币 2.5 亿~6.3 亿元）的投资。

该项目的主要内容有：（1）促进区域经济发展。政府建立 12 个就业区，并在英国失业率最高的地区设立 32 个职业行动小组，为就业弱势人群提供量身定制的就业方案。同时，政府和私营部门合作开发出城市企业指数，建立技能岗位匹配数据库，通过创业支持、就业服务、职业技能培训等措施促进社区青年就业[①]。（2）改善教育和技术培训。1997 年，英国教育与就业部提出教育改革计划，并于 1998 年选择部分城市或乡村地区成立“教育行动区”。“教育行动区”由不超过 20 所中小学和特殊学校组成。同时，该部门提出“卓越城市计划”“创新教学计划”等行动计划让地方教育当局、家长、企业界、英国培训和企业协会以及其他相关机构以伙伴的关系相互配合。（3）提高医疗卫生水平。1997 年，国家卫生部建立 26 个“卫生行动区”，涵盖 73 个地方当局。“卫生行动区”不仅具有典型的卫生部门的规模，并将卫生与就业、住宅和反贫困行动相联系。此外，政府实施国民保健服务计划，招揽贫困社区的基层医疗工作者，引进新的绩效评价指标，制订各种一般医疗服务和私人医疗服务计划，以提供灵活多样的初级保健服务[②]。（4）加强犯罪预防。内政部开发一个政策工具包，以减少种族主义犯罪。青少年司法委员会通过 264 项计划，成立青少年司法改革试点以减少青少年犯罪。同时政府与社区组织合作，建立社区警务室和联防组织，发动当地居民共同预防犯罪[③]。

（四）韩国多维贫困治理经验

1. 多维贫困概况。随着韩国经济的快速发展，贫困人口迅速减少，按

---

① FORCE S. Enterprising Communities：wealth beyond welfare［J］. 2000.

② 徐延辉，黄云凌. 社区能力建设与反贫困实践——以英国“社区复兴运动”为例［J］. 社会科学战线，2013（04）：204-210.

③ OFFICE C. New commitment to neighbourhood renewal：national action strategy plan［J］. Synthetic Technology & Application，2001，101（6）：1745-1746.

照“一篮子商品”市场价值的计算得出的绝对贫困率从20世纪60年代的40.0%降至2009年的14.6%。并且，韩国开始关注相对贫困，将贫困线标准设定为年收入低于可支配收入中间值的一半。韩国统计厅发表的《2012年家庭金融及福利调查结果》表明，在998万韩元（约人民币5.8万元）的贫困标准下，韩国的相对贫困率为16.7%，其中女性贫困率较高，为18.3%，男性贫困率则为14.6%；18岁以下未成年人贫困率为11.5%，18~64岁成年人贫困率为11.6%，而65岁以上老年人的贫困率高达49.4%，在韩国国内贫困人群中和经济合作与发展组织成员国中排名第一；1人户家庭贫困率达50.1%，无职业家庭贫困率为66.7%，残疾人家庭贫困率为38.9%、单亲家庭贫困率为37.8%、跨国家庭贫困率为20.8%。

《2015年人类发展报告》指出，韩国HDI指数为0.898，高于同期日本0.891的HDI指数，但韩国在教育、就业方面仍存在贫困现象。世界银行2015年的数据表明，韩国儿童的小学总入学率为98.21%，男童入学率达98.46%，女童入学率则为97.94%。但韩国接受高等教育的人口较少，2010年韩国25岁以上且无高中文凭的人口占总人口的27.3%，其中男性占比为20.4%，女性占比为33.9%①。并且各层次学历人群中均存在贫困人口，小学以下学历人口的贫困率为16.7%、初中毕业人口的贫困率为21.0%、高中毕业人口的贫困率为13.4%、大学毕业人口的贫困率为6.4%②。值得注意的是，因韩国出生率下降及经济放缓等原因，韩国失业率相较于其他发达国家而言偏高，到2016年全国失业率达3.7%，其中男性失业率为3.8%，女性失业率为3.5%。

2. 治理措施。

（1）政府实行家庭式福利制度。韩国实行福利和经济增长同步发展的

① 数据来源于世界银行，2010。

② 韩国每6人中有1人属贫困阶层.http：//finance. stockstar. com/SS2012122100002801. shtml.

政策，建立医疗、就业、贫困救济等一系列社会保障制度。其保障制度大致分为社会保险、公共救济和社会福利服务三部分，社会保险主要包括年金保险、医疗保险、产业灾害补偿保险以及雇佣保险；公共救济包括生活保护、有功人员①生活保护和灾害救护；社会福利服务包括老年人福利、残疾人福利、儿童福利和妇女福利等。此外，韩国福利制度和家庭结合在一起，以家庭为单位，实行“家庭式的社会保障制度”②。即政府提倡由各个家庭来负责老年人、残疾人等成员的生活，对这样的家庭在居住、税收等方面给予优惠；而且为防止家庭破坏，实行夫妇优待制度，对独身则不优待。如1989年修订的《老人福利法》就要求政府对赡养老人的家庭和个人给予税收的减免。

（2）全面推行义务教育。1946年，文教部颁布《义务教育实施计划》，随后又颁布《义务教育完成年计划》《义务教育设施扩充计划》等以加大义务教育推进的力度，并分阶段逐步加大财政资金对义务教育的投入。此外，韩国文教部下设普通教育局新设义务教育科，主要负责普及不发达地区9年的义务教育；1968年实施初中免试入学的制度；20世纪80年代初为不发达地区的学生优先延长义务教育的年限，并在全国的偏僻落后地区优先对初中阶段的免费义务教育实施；2012将满5周岁的幼儿园大班的儿童纳入共同教育体系。此外，政府优先为偏僻地区以及城市低收入家庭的适龄儿童提供免费的幼儿教育，并对月平均收入低于一定标准的一些特殊家庭（如双胞胎子女家庭），给予每月15.8万韩元（约人民币925.4元）的教育补贴。

（3）通过农业发展促进减贫。韩国耕地面积占全国面积的22.0%，但人口密度约480人/平方千米。此外，韩国城乡居民收入差距较大，1962

① 有功人员是指爱国先烈，爱国志士，战死、战伤、殉职、公伤的军警，殉职、公伤的公务员，武功勋章和报国勋章获得者等及遗属。

② 张永祥. 社会资本视角下的中、日、韩三国反贫困研究［D］. 西南财经大学，2011.

年经营不足 1 公顷耕地的农户占全国农户的 67. 0%，其年收入不到城市居民的 50. 0%。因此，韩国前 4 个五年经济发展计划中都强调通过发展农业来保障粮食供给、促进农民增收。“一五”（1962—1966 年）期间，政府颁布《土地改良计划法》《土地开垦促进法》和《农产品检查法》，低价供应化肥等农业投入，改善水利设施来增加农民收入；“二五”（1967—1971 年）期间，制定《农业基本条令》《农地准备法》和《农业灾害补偿条例》，采取谷物高价格政策，并在 4 条河流流域建立多用途大坝和电站，改进水利灌溉和农业用水供给；“三五”（1972—1976 年）期间，颁布《农地保护和利用法》《农产品批发销售法》及《化肥管理法》等；“四五”（1977—1981 年）期间，将《农业批发销售法》和《农产品价格稳定法》合并，颁布《机械化促进法》，提高农业的现代化水平，以实现农场主收入的增长和粮食生产方面的自给自足。

（4）贫困群体主动参与贫困治理。贫困群体发挥“勤奋、自助、协力”的“新农村精神”，发挥贫困治理过程中最主要且最重要的作用。1964 年，政府提出“自助劳动计划”，大量贫困人口响应号召，积极参加短期的劳动密集型和简单的公共工程，如清扫街道、卫生设施、清除污染等。1970 年，政府发起“新村运动”，农户积极利用政府给予和自身拥有的资源参与新农村建设。据统计，1971—1980 年，新村运动投入的 34251 亿韩元（约人民币 142. 8 亿元）中，农民积极投入资金、劳务、土地、物资等生产资料，占比达到 49. 4%，而政府直接投资仅占 27. 8%（中央占 14. 3%，地方占 13. 5%）。此外，许多剩余劳动力尝试在农闲季节参加修路、改善下水道、植树造林等大型项目。相关数据表明，1974—1982 年政府共组织此类项目 7. 8 万个，农民投入到新农村开发项目的劳动日共计 18. 6 亿个。

（5）社会组织致力于贫困治理。韩国每个地方均设有以区域为单位的地方农协会和中央农协会，这一机构会组织农资、建材、家电等物资，把本地区农民乃至全国农民纳入同一体系，有利于韩国农村经济的发展和农民贫困问题的减少。韩国还设立安城教育院，即具有农民教育学院性质的农业培训学校，它通过短期、实践性教学方式给农民传授立体栽培、无农药栽培等知识；同时配合其他民间组织（如农村文化研究会）、农业科研院校（如农业专业大学）等主体包村包点，或者轮流到农村推广农业相关知识和技术，以提高农民的文化素质和生产技能。韩国新农村金库[①]作为农民自发形成的金融性组织，对成员发放贷款、实行特有的减税待遇，将城市的资金引导到农村，有效解决贫困人口“贷款难、贷款少”的问题；通过中央教育院的多层次培训、农村金库例会等方式，提高当地农民的文化水平。此外，新农村金库在建设落后区域的文化福利设施、组织农民共同建设新农村等方面也发挥着重要作用。

案例

新村运动

韩国推进城市化和工业化过程中，工农业发展严重失衡，农村贫困问题十分突出：农村人口比重大，1970 年农村人口占 50%；城乡收入差距大，1970 年农村家庭收入为 25600 韩元（约人民币 202.9 元），城市家庭收入则为 38100 韩元（约人民币 302.0 元）[②]。因此，韩国自 1970 年发起“新村运动”，以政府支援、农民自主和项目开发为纽带，设计并实施一系列带动农民自发进行家乡建设的项目活动。中央内务部在组织实施新村运动的过程中，建立全国性组织新乡村运动中央协议会，打造自上而下的全

---

① 韩国新农村金库是指长期生活在某一区域内的农民，在相互了解和信任的基础上，共同出资并向急需资金的成员提供低息融资而形成的自发性金融组织。

② 数据来自于世界银行，1970.

国性网络，最终形成一个发展中国家跨越式、超常规发展的模式。

该计划的主要特点有：(1) 分阶段、递进性发展。新村运动共分为5个阶段，各阶段有各自的目标：基础建设阶段（1971—1973年）旨在改善农民的吃住条件。韩国政府为全国农村免费提供300袋水泥，并强制农户用于桥梁、村级公路、公共浴池等公共事业，同时改良作物、蔬果、畜禽品种等。扩散阶段（1974—1976年）旨在改善居住环境和提高生活质量。政府修建村民会馆，收集各种农业统计资料，召开会议和举办各种农业技术培训班和交流会；建立新乡村运动中央研修院，对新村指导员、国家各级公务员、社会各界负责人分批进行新村教育；动员大学和科研院所的人员轮流到农村巡回讲授和推广文化知识、技术①。同时政府修建自来水设施等生产公用设施，对卓有成就的农村提供贷款及各优惠政策。充实和提高阶段（1977—1980年）旨在鼓励发展畜牧业、农产品加工业和特产农业，积极推动农村保险业的发展。政府为广大农村提供各种建材，支援农村的文化住宅和农工开发区建设；进行村庄领导人（包括女性）的培训。国民自发运动阶段（1981—1988年）旨在建立和完善全国性新乡村运动的民间组织。政府制订规划、协调、服务，以及提供一些财政、物资、技术支持和服务等，民间组织主要承担培训和信息、宣传工作。自我发展阶段（1988年以后）旨在加强社区文明建设与经济开发。政府倡导全体公民自觉抵制各种社会不良现象，共同致力于国民伦理道德建设、共同体意识教育以及民主与法制教育，同时积极推动城乡流通业的健康发展。(2) 分对象、针对性发展。韩国根据各地区农村的发展水平将农村划分为基础村、自助村、自立村、自营村、福利村。基础村指未覆盖基础设施或户均储蓄低于1.5万韩元（约人民币118.9元）的村庄，政府主要将资金投入村庄基础设施和基本生活环境方面。自助村是基本建立基础设施、仍需铺设农

① 李水山．韩国新乡村运动［J］．小城镇建设，2005（08）：16-18.

用道路和治理小河流等的村庄，政府主要将资金投放于房屋改造、河流治理、农用道路建设等方面。自立村是完成基础建设、需要促进农业机械化等的村庄，政府主要加强其文化和福利设施建设、鼓励其发展非农产业等。自营村是能实现收入、完成70.0%以上开发项目的村庄。福利村是完成90.0%以上开发项目、农户可获得可持续性收入的村庄。援助后，政府还会针对村庄由佳到差的表现划分为自立、自助、基础三级，政府只对自立村和自助村继续提供援助，所以基础村到1978年基本上消失。此外，韩国政府依据山村地势继续将农村划分为“山村”“中间山村”“平原村庄”和“渔村”。“山村”即周围都是山且50%以上的耕地为坡耕地的村庄，“中间山村”即坡耕地在20.0%~30.0%的村庄，“平原村庄”即耕地较平整的村庄，“渔村”即靠海或在小岛上的村庄①。政府给这些村庄设定的发展方向分别是发展林木加工业，发展工厂化畜牧业，发展农产品加工业，改善捕鱼船、捕捞工具，发展浅海养殖业，发展集约化的园艺业、家庭手工业等。

二、发展中国家多维贫困治理经验

发展中国家大多面临严峻的贫困问题，在长期的贫困治理实践中各个国家也探索出了众多成效显著、有借鉴价值的治理经验，例如，印度直接提供食物等必需品，满足贫困人口最低基本生活需要；孟加拉国探索出小额信贷扶贫模式，并被许多发展中国家效仿；哥伦比亚坚持多维贫困理念，设计执行多管齐下的新制度安排；坦桑尼亚积极发展与援助国的关系，将大量援助用于贫困治理。以下将详细介绍这些国家的多维贫困概况、贫困治理措施和经验。

---

① 宋蔼瑕. 江西省农村居民贫困问题研究［D］. 江西财经大学，2013.

（一）印度多维贫困治理经验

1. 多维贫困概况。印度是世界上贫困人口最多的国家之一。根据印度贫困线标准（每人每天最低营养需求的消费食品清单所需的最低人均货币支出），2010 年其总贫困人口为 3.6 亿，占总人口的 29.5%；极贫人口占全球极贫人口的比重高达 33.0%。此外，印度城乡贫困发生率相差较大，在农村，居民贫困线为每人每日 32 卢比（约人民币 4.4 元）的标准下，农村贫困率高达 25.9%；而在城市，居民贫困线则为 47 卢比（约人民币 6.5 元）的标准下，城市贫困率仅为 13.7%①。自 2002 年，印度政府尝试从多维贫困角度计算食品、住房、工作、资产和教育等 13 个维度的贫困得分，低于临界值则给贫困家庭颁发“贫困家庭卡”。2008 年，印度赋予贫困类型分值，采用排除等标准，计算总分以识别贫困家庭，并在贫困治理方面取得一定成效。《2015 年人类发展报告》显示，印度 HDI 指数为 0.61，多维贫困指数（Multidimensional Poverty Index，简称“MPI”）则为 0.28。

印度农村人口占总人口的 77.0%，而农村穷人占穷人总数的 79.0%，主要集中在小农、边际农（耕种土地不足半公顷）、无地农（农业和非农工人）、低种姓之中。此外，印度失业率较高，到 2016 年国内失业率达 3.5%，其中男性失业率为 3.3%，女性失业率占 4.1%。印度教育比较落后，文盲半文盲的人口较多，根据世界银行 2011 年的数据，印度 15 岁以上人口识字率为 69.3%，即 30.7%的人口不能读写，远远低于同期哥伦比亚的 93.6%。尤其值得注意的是，印度高学历人才较少，且男女在接受高等教育方面存在不公平现象。25 岁以上且无高中文凭的人口占总人口的

---

① 数据来源于世界银行，2011.

73.1%，其中男性占比为65.9%，女性占比则高达80.8%[①]。

尽管印度过去十年经济进步显著，但印度忍饥挨饿的人口仍然较多，全球饥饿指数（GHI）[②] 达到22.9，在泰国等饥饿严重的79个国家中排第65名。直至2016年，印度仍有超过6亿的人口患有蛋白质、维生素或铁缺乏等不同类型的营养不良，营养不良率高达46.0%。而在营养不良的人口中，青少年和儿童占有相当大的比重，19岁以下的印度儿童和青少年中有22.7%的女孩和30.7%的男孩中等或严重营养不足；5岁以下儿童的营养不良率达29.4%，其中女童营养不良率为28.7%，男童营养不良率为30.0%[③]。除营养不良外，印度患结核病、心血管疾病和糖尿病的人数分别高达5500万、6500万、8000万。

印度每年用于改善卫生状况的支出不足254.8亿卢比（约人民币25.6亿元），仅为食品和就业计划支出金额的1/60。印度在卫生设施方面也存在贫困现象。印度的城市未设立综合的垃圾处理系统，大多数河流皆是露天的下水道，50.0%的印度家庭的饮用水源已受到污染。尽管印度对农村和城市的饮用水进行改善，获得改善水源的农村人口和城市人口比例分别达到92.6%和97.1%[④]，但在卫生设施方面的投入仍有不足，世界银行2015年的数据显示，该国获得改善卫生设施的城市人口比例仅为62.6%，获得改善卫生设施的农村人口占比更是低至28.5%。

2. 治理措施。

（1）政府为贫困人口提供基本生活保障。印度建立了公共分配系统，即国家设立平价商店并给予适当的财政补贴，保证平价商店以低于市场的

① 数据来源于世界银行，2011.

② 全球饥饿指数以营养不良人口占总人口的比例、5岁以下孩子体重不足的比例、5岁以下孩子的死亡率来衡量。

③ 数据来源于世界银行，2014.

④ 数据来源于世界银行，2015.

价格向广大居民特别是低收入居民供应基本生活消费品。目前，印度的平价商店共有 45 万多个，遍布全国城乡，覆盖全国 50 多亿人口。商店主要供应小麦、大米、白糖、食用油、布匹、煤炭和煤油等 7 种生活必需品，有的商店还供应茶叶、肥皂、火柴、食盐、豆类等重要生活用品。低收入居民凭借政府向其发放的购物卡，就可到当地的平价商店购物。为保证系统的正常运转，印度政府每年拨出巨款进行转移性补贴，仅粮食补贴一项，中央政府 1998—1999 年度支出就达 900 亿卢比（约人民币 176. 7 亿元），比 1991—1992 年度的 285 亿卢比（约人民币 63. 5 亿元）增加 2 倍多。

（2）完善医疗养老等社会保障体系。印度实行全民免费医疗制度，并健全包括保健站、初级保健中心和社区保健中心三部分的农村医疗网络。除免费向穷人提供医疗服务外，政府还通过由卫生部和家庭福利部共同建立的疾病救助基金向贫困人口提供救助。印度设计《国家社会保障提案》，将农民纳入国家养老保障覆盖范围，规定由联邦、邦和个人三方共同负担缴费，并免除贫困人口的缴费义务。印度规定 65 岁以上的贫困老人每月可领取一定数量的老年人津贴和免费的大米与面粉，并规定遗弃老年父母的子女将被处以监禁和罚款。此外，印度先后通过非正规教育保障计划、黑板计划、学校膳食计划、对女孩上初级学校提供奖学金等方式来改善贫困人口基础教育情况。

（3）针对贫困群体出台就业计划。印度注重将就业和脱贫工作相结合，20 世纪 80 年代便制订乡村人力规划、支付食品的就业规划及乡村无地就业保障规划等；20 世纪 90 年代更侧重于实施“发展与公正”并重的战略。如 1989 年，政府提出“贾瓦哈尔就业保证计划”。该计划由乡村评议会负责实施，中央提供 80. 0%的援助，地方提供 20. 0%的援助。因印度低种姓[①]和部族[②]人口的贫困程度相对较高，占农村地区穷人的33.3%，占极度贫困人口的38.0%，“贾瓦哈尔就业保证计划”要求被选择帮扶的落后群体中，区域内低种姓部族人口占60.0%，其余人口占40.0%。同时，“贾瓦哈尔就业保证计划”的辅助计划“英迪拉·赫瓦伊计划”和“百万水井计划”共为低种姓部族及无地劳动者修建107.4万套住房，挖掘36.7万口水井，在一定程度上改善了贫弱阶层的生活状况。

（4）通过农业综合发展促进农民增收。印度在独立后便开始实行土地制度改革，通过废除中间人制度、进行租佃改革、规定土地持有最高限额等方式确定土地私有权，奠定农业发展基础。20世纪60年代，印度开展以引进高产品种、增施化肥、扩大灌溉、促进机械化为重点的“绿色革命”运动，随后发起“白色革命”和“蓝色革命”，发展畜牧业和渔业，保障贫困者粮食供给。同时，政府积极支持发展信贷合作社和土地开发银行、增设商业银行农村分支机构、建立地区性的农业银行，委托贷款给优先发展的部门，对穷人实行差别利率以增加穷人生产性资源。此外，政府成立印度综合保险公司的议案，推出《农作物保险指导计划》等农作物保险计划，成立一个高级别的跨部保险委员会等以降低农业生产风险、提高农民收入水平。

（5）区域发展战略重点向贫困地区倾斜。因历史、地理等原因，印度经济发展不平衡，呈现从西南到东北递减的态势，贫困群体也主要集中于东北地区。1996年，政府制定新的发展战略，即加快东北地区的公路、能源、电信等基础设施建设，更把有利于加强内部联系和经贸往来的跨邦通信及交通设施作为重中之重；出资兴建东北地区的水利灌溉设施，举办农业及园艺科技开发、培训等项目，促进当地农、林、园艺业发展的同时鼓

---

① 印度实行严格的种姓制度，即将印度教徒分为四大等级，最高等的种姓是婆罗门，第二等级是刹帝利，第三等级是吠舍，最低等的种姓是首陀罗。

② 印度共有414个部族，包括比尔族、奥朗族、贡德族、桑塔尔族、米纳族和蒙达族等。

励当地居民加强对生态环境的保护。同年，政府还出台“看东北”政策，要求所有中央政府部委将年度预算资金的10.0%定向投入东北地区，同时政府还专门成立“中央节余资金管理委员会”，负责统一收集、使用各部委剩余的东北开发资金。如1998—1999年，该委员会将约11.6亿卢比（约人民币2.3亿元）的剩余资金全部用于东北地区新开发项目上。

案例

缓解农村贫困计划

印度独立后，经济形势不稳定，贫困化问题突出，1970年贫困人口有2.9亿，贫困率高达52.4%；农村贫困程度高于城市贫困程度，城市贫困率为45.5%，农村贫困率则高达53.0%①；各邦农村发展不平衡，除旁遮普、哈里亚和西北部农村贫困率低于11.0%外，其余各邦农村贫困率均超过50.0%，喀拉拉甚至高达72.9%②。因此，1970年印度提出“缓解农村贫困计划”，以当地需求、资源状况、人力潜力等为依据，旨在通过多种计划实现经济稳定增长、满足人口最低需要，最终消灭贫困。相关计划实施后，印度贫困有所缓解，如1990年印度贫困率降至49.0%，其中农村贫困人口减少1亿人，贫困率降至48.2%。

该计划的主要内容有：(1) 小农发展计划、边际农及农业劳工发展计划（1970—1971年）。治理措施包括兴建水利设施，对贫困小农、边际农和农业劳工提供生产资料、信贷优惠或就业机会等。(2) 干旱地区发展计划（1972年）。政府在干旱地区兴建劳动密集型的生产工程如小型水利、

---

① 数据来源于世界银行研究报告《印度：贫困、就业和社会福利》（1989）、《1990年世界银行发展报告》。

② 数据来源于世界银行研究报告《印度地区间的不平衡，发展目标和贫困》（1989）。

水土保持、造林、修路和饮水工程，减少干旱带来的不良影响，提高贫困人口收入和恢复生态平衡。(3) 乡村综合发展计划（1978年）。政府向贫困线以下的小农、边际农和农业劳动者提供补助、贷款以及种子、化肥、农药等生产资料，并提供各种技术性服务；投资兴建水利设施，免费给农村贫困居民供水①。除开办各种职业培训中心外，政府还在农村投资兴办小型工业、农产品加工业、商业和支持性服务事业等。(4) 国家乡村就业计划（1980年）。该计划旨在每年为乡村社区培养3亿~4亿劳动力；创造永久性社会资产；改善、提高穷人营养状况及生活水平。为此，政府规定计划费用总数的40.0%~50.0%用作原料支出，10.0%用于建造最贫穷种姓和部落居民所需的饮水井、住房等，10.0%用于营造公共森林。该计划由中央政府和邦政府各承担50.0%的经费，并由县农村发展机构负责执行，但不允许承包商介入任何就业活动。(5) 乡村无地人口就业保证计划(1983年)。该计划的资金完全由中央政府提供，旨在为每户无地家庭中的1名成员每年提供至少100个劳动日，以增加农村无地者的收入；强化社区基础设施建设，以满足农村经济日益增长的需要。(6) 乡村工作就业计划（1989年）。该计划覆盖印度乡村4400万户家庭，旨在增加农村基础设施的生产性工程以创造新的就业机会。该计划的费用由中央政府和邦政府共同负担，首先中央政府根据各邦直辖区农村贫困人口占全国农村贫困人口总数的比例将资金分配给邦政府，然后邦政府再根据各县的贫困程度给予相应拨付②。按平均计算，拥有一人的乡村每年可获10万卢比（约人民币2.3万元）拨款。

（二）孟加拉国多维贫困治理经验

1. 多维贫困概况。孟加拉国人口密度较大，经济发展滞后，是世界贫

① 尚玥佟.发展中国家贫困化理论与反贫困战略［D］.中国社会科学院研究生院，2001.

② 王俊文.当代中国农村贫困与反贫困问题研究［D］.华中师范大学，2007.

困问题较为严重的国家之一。其多维贫困呈现以下特征：一是贫困人口多，虽然贫困率每年仍保持减少1.5%左右，但在贫困线标准之下，即每人每月消费不足1600孟加拉塔卡（约人民币135.5元）、收入不足1300塔卡（约人民币110.1元）者为极度贫困人口，收入不足1600塔卡（约人民币135.5元）者为中度贫困人口，2014年孟加拉仍有25.6%的贫困人口，其中12.4%为极度贫困人口。二是城乡发展不均衡，世界银行2010年的数据显示，孟加拉国的城市贫困率为21.3%，农村贫困率为35.2%，城乡差距悬殊。三是收入分配不平等，其基尼系数高达0.32[①]。

孟加拉国90.0%的人口生活在农村，国民经济主要依靠农业，但最重要的土地资源集中在少数大地主手中，全国70.0%的人口处于无地状态，80.0%以上的农村人口是佃农，主要靠租种地主的土地维持生存。他们由于长期缺乏资金，加之正常情况下年利率高达120.0%的高利贷，工作积极性受到抑制。而工业以制麻、制衣、棉纺织和化工为主，重工业薄弱，制造业欠发达，从业人口仅占全国总劳动力的8.0%。因此，孟加拉国的失业率较高，且女性在就业方面面临不公平待遇。世界银行2016年的数据显示，孟加拉国失业率为4.1%，其中男性失业率为3.5%，女性失业率则高至5.1%。

《2015年人类发展报告》指出，孟加拉国HDI指数为0.57，但MPI指数则低至0.24，在教育、卫生、健康等维度存在剥夺。孟加拉国重视教育尤其是女性教育，2008—2010年儿童小学总入学率由89.78%上升到90.51%，男童入学率由88.73%下降到86.08%，而女童入学率却从90.87%增加到95.13%。但孟加拉文盲、半文盲人数仍然较多，全国成年人识字率仅为47.1%，男性成年人识字率为47.5%，女性成年人识字率为

① 数据来源于世界银行，2010.

46.8%[①]。此外，孟加拉国注重饮用水和卫生设施的改善，且重视农村的发展多于城市的发展。根据世界银行2015年的数据，孟加拉国获得改善水源的农村人口比例和城市人口比例分别为87.0%和86.5%，经改善卫生设施的农村人口比例和城市人口比例则分别为62.1%和57.7%。值得注意的是，孟加拉国营养不良的儿童较多，5岁以下上儿童营养不良率高达32.9%，其中男童营养不良率为32.3%，女童营养不良率为33.5%，远远高于同期印度儿童的营养不良率[②]。

2. 治理措施。

（1）政府制定贫困减缓战略。孟加拉国自建国以来就将减缓贫困上升至国家战略的高度，制定了一系列国家发展计划和战略。7个“五年计划”均将发展经济、促进就业和扶贫作为核心主题，如“五五”（1997—2002年）计划将扶贫与发展相联系，要求政府加大基础服务和社会保障的投资、培养穷人的危机承受能力，有针对性地发展雇佣项目、增加穷人的工作机会和收入。此外，政府又发布“减缓贫困战略文件”，以加强贫困人口发展能力、推进社会安全网建设等。在考量多维贫困现状和社会经济活力的基础上，政府又对该战略的框架进行调整：五个战略模块包括为减贫提供益贫增长的宏观经济环境、关键发展区域、基础设施、为脆弱性贫困人群提供社会保护、强调人类发展；五个支撑战略则是确保公民参与权和社会融合、促进政府管理良好发展、保障公共服务、注重环境保护并积极应对气候变化、以科学技术提高生产力。

（2）采取多元化贫困治理措施。孟加拉国针对极贫群体制订安全网保障计划，并逐步加强该计划的执行力度，如提高医疗、健康领域的投入比重、给穷人提供更多短期的就业机会，以改善贫困群体的贫困状况。同

① 数据来源于世界银行，2010.
② 数据来源于世界银行，2014.

时，孟加拉国关注妇女和儿童权利，不仅将消除性别歧视纳入政府重要发展战略，还提出“2002 年母婴健康制度法案”以及 2011 年的有关儿童、妇女发展、健康的三项国家政策，保证女性拥有与男性相等的受教育权、就业机会，提高社会公共事务中女性的参与度及话语权。此外，孟加拉国大力发展小额信贷，针对极端贫困人群开展许多信贷项目，减轻贫困人口的还款压力并给予女性更多接受教育、增加社会话语权的机会。

（3）社会组织在贫困治理中发挥重要作用。孟加拉国被称作“世界非政府组织和救援事业的首府”①，每年 10.0%～20.0%的人口从社会组织帮扶中受益。1972 年成立的乡村进步委员会以孟加拉国农村的赤贫户为扶贫对象，针对不同贫困程度的人群制定具体的帮扶计划以及辅助政策，以此解决贫困人口在教育、医疗保健、就业培训等领域的贫困问题。2004 年，乡村进步委员会共创造 635 个就业机会，产值达 145.8 亿塔卡（约人民币 1205.8 亿元），对国内生产总值贡献率达 1.1 个百分点。2003 年成立的穆罕默德研究中心动用一切力量鼓励人们向信任的机构缴纳济贫税，同时将国内所有收入汇总到一个或多个伊斯兰银行并创立基金，通过向指定接受帮扶的人发放股份凭证等方式，为孟加拉国总人口 85.0%的穆斯林群体脱贫做出贡献。而格莱珉银行倡导的小额信贷模式已成为世界各国扶贫政策借鉴的典范，对孟加拉国减贫成效起到决定性作用。

（4）发挥国际力量联合减贫。孟加拉国是一个需长期接受国际援助的国家，一方面世界其他国家及国际组织关注孟加拉国减贫事业，另一方面孟加拉国为摆脱贫困也积极与援助国家开展合作扶贫。1972 年日本和孟加拉国正式建交后，日本为其提供巨额经济援助，孟加拉国将资金集中投入于基础设施、母婴健康、教育、饮用水以及非政府组织资金支持等领域。2012 年美国国务卿希拉里访问孟加拉国期间，美孟两国宣布建立“伙伴关

① 何苑．孟加拉国贫困问题研究［D］．云南大学，2016．

系对话”机制，美国提供 10 亿美元（约人民币 63.1 亿元）的援助，并作出在气候变化、卫生粮食安全等领域提供千万美元援助的承诺。世界银行作为孟加拉国国际援助机构的协调者，其援助重点在 20 世纪 70 年代集中于孟加拉国的粮食供给方面；21 世纪则将转向贫困治理，包括人力资源发展、环境管理、性别平等、农村综合发展及私营部口的经济增长等方面。

案例

乡村银行

孟加拉国广大无地农民因长期缺乏资金，且无力借还高利贷，只能靠出卖劳动力和乞讨谋生。在此背景下，孟加拉吉大港大学经济系教授穆罕默德·尤纳斯博士在 1967 年发起小额信贷并用于具体的反贫困实践，创建出著名的乡村银行（Grammen Bank，以下简称 GB），并于 1983 年得到政府认可。GB 按照商业化原则向穷人提供不需要抵押担保、制度化、组织化的金融服务，因此 GB 体制上带有更多的经济团体性质。GB 以贷款为整个项目的入口和媒介，在成员相互信任和严格管理的基础上，根据穷人贷款需求的特点制定出一系列具有内在联系的贷款原则和制度。2004 年，GB 已有 1277 个分行，遍布 46620 个村庄，累计发放贷款 2079.6 亿塔卡（约人民币 369.2 亿元），还款率达 98.9%。GB 除了为穷人尤其是妇女提供小额信贷外，还提供住房、教育、医疗保健等方面的服务，大大提高穷人的收入和生活水平。据统计，接受 GB 贷款的农户人均收入约增加 32.0%，保健消费是对照组的 2.3 倍，房屋消费是对照组的 2.4 倍，服装消费是对照组的 3.7 倍等①。

乡村银行的运行方式如下：（1）只向穷人提供小额短期贷款。GB 从

① 明拥军．新疆贫困地区反贫困研究［D］．新疆农业大学，2006.

贫困家庭实际出发，明确规定只有无地（即土地少于0.5公顷）或无财产（即全部财产折成现金不足1.0公顷土地价值）的人才有资格成为GB成员。(2) 整贷零还。小额信贷遵循一次贷款、分次等额或不等额偿还原则。贫困家庭向小额信贷机构申请获得无抵押担保贷款，然后在一个年度内分52周或36旬还完，从而降低贷款风险、缓解还款压力、提高资金回收率。(3) 建立互助联保组织。贫困家庭在自愿基础上选择相邻却没有亲戚关系的人组成相互帮助、相互担保的组织（一般5户形成1个小组，5~8个小组构成1个中心），每个小组成员具有相互连带责任。GB采取2∶2∶1分阶段放款方式，即小组内5个人按贷款需求的紧急程度排出顺序，先贷给最急需的两户，然后根据这两户的还款信誉给另外两户和小组长放款；同时，中心内各小组负有联保还贷责任，其他成员在某小组成员还款困难时有责任和义务帮助还款。(4) 提供持续信贷服务。小额信贷向信贷良好记录者提供持续贷款，持续满足贫困者的信贷需求并通过持续贷款的方式约束他们的行为。(5) 重点向妇女提供贷款。GB向妇女提供贷款，提高还贷率并改善妇女的生活状况和社会地位。(6) 与政府部门密切合作。政府为GB提供免税优惠政策，以4.0%~5.0%的利息提供贷款，并允许银行以非政府组织形式从事金融市场活动。(7) 积极提供各类非金融服务。GB为借款人子女（女童享有优先权）设立奖学金，提供高等教育贷款；鼓励成员参与社区管理、参与乡村排灌系统建立等集体投标活动；支持农户做微型开发项目并提供相关指导；为贷款者设立养老基金，让贷款者通过长期的小额存款得到双倍的养老基金。

（三）哥伦比亚多维贫困治理经验

1. 多维贫困概况。哥伦比亚经济保持良好增长势头，但其贫困问题仍然突出。哥伦比亚的贫困线分为极端贫困线和国家贫困线，前者主要是根据每人每天最低食物消费成本定义；后者则是根据包括食物、住房、公共服务、教育、医疗等在内的一篮子消费成本定义，并先后于1985年、1995年、2006年进行调整。在月收入低于21.2万比索（约人民币650.6元）即为贫困人口的规定下，2015年哥伦比亚的贫困人口达到1321万人，贫困率为27.8%，其中城市贫困率为24.1%，农村贫困率为40.3%。此外，哥伦比亚的贫富差距悬殊，基尼系数高达0.54，在联合国发展计划署观测的134个国家中高居第14位①。2010年后，哥伦比亚政府更多地采用多维贫困方法来度量贫困，在多维贫困治理方面与孟加拉国等发展中国家相比取得更好的成绩。《2015年人类发展报告》显示，哥伦比亚HDI指数为0.72，MPI指数则低至0.03。

相关研究表明，哥伦比亚2012年的多维贫困率为35.0%，其中城市多维贫困率为18.0%，农村多维贫困率则达到65.0%，且贫困问题主要体现在就业、教育、卫生等方面②。哥伦比亚经济增长较快，2014年经济增长率高达5.0%，但同年全国失业率为9.2%，其中男性失业率为7.0%，女性失业率更是高达12.0%③。哥伦比亚教育比较落后，25岁以上且无高中文凭的人口仅占总人口的54.6%，其中男性占比为55.4%，女性占比为53.9%④。虽然哥伦比亚儿童营养不良率比其他发展中国家低，但与发达国家相比仍存在较大的差距。世界银行2010年的数据显示，哥伦比亚5岁以上儿童营养不良率为3.4%，其中男童占比为3.5%，女童占比为3.3%。此外，哥伦比亚地区发展不均衡，获得改善水源和改善卫生设施的城市人口比例分别达到96.3%和85.2%，但获得改善水源和改善卫生设施的农村人口占比则分别低至73.8%和67.9%⑤。

---

① 数据来源于世界银行，2014.

② 吴华. 中等收入阶段中国减贫发展战略与政策选择［D］. 财政部财政科学研究所，2012.

③ 数据来源于世界银行，2014.

④ 数据来源于世界银行，2015.

⑤ 数据来源于世界银行，2015.

2. 治理措施。

（1）政府实施国家减贫战略。2010 年，哥伦比亚颁布实施 2011—2014 年国家发展战略即“共享繁荣”战略，旨在推动“增加就业”“减少贫困”“更加安全”这三者相互作用，从而共同促进本国民主、繁荣。其中，哥伦比亚“国家消除极端贫困战略”是哥伦比亚政府实现千年发展目标的主要途径，旨在促进所有人一致行动以显著减少不平等、极端贫困和建设一个平等的社会。为实现短期目标（即 2011—2014 年间，35 万个家庭摆脱贫困、115 万个家庭缓解极端贫困），政府设计并执行多管齐下的新制度安排；制订以家庭为单位的“协助家庭制定减贫计划”“优先社会服务”等计划，要求家庭协管员对 50 万最贫困的目标家庭提供支持和帮助。同时，哥伦比亚政府创造了社会支持网络，主要包括农村地区有条件的现金转移支付项目、创造就业计划和培训计划等。

（2）优先采用多维贫困测量方法。哥伦比亚政府采用多维贫困测量方法，建立涵盖 9 个领域、45 项基本指标的指标体系，具体包括：身份确认，通过不同支持获得的收入和工作，儿童、青年的教育和成年人的培训，家庭各成员的健康和营养，安全且舒适的住房，良好的家庭关系，金融参与及储蓄创造，确保享有正式和非正式的法律服务等。此外，哥伦比亚还建立了一套清晰的贫困监测和评估系统，监控贫困人口的需求动态、评价政策和项目的执行效果。

（3）构建系统的贫困治理机制。为更好地实施国家减贫战略，哥伦比亚建立多层次的组织实施框架：国家层面主要包括跨部门指导委员会、执行委员会、国家协调组、协调委员会、跨部门技术工作平台 5 种协调机构；部门层面主要包括地区政府部门、社会政策部门委员会、社会行动署地方事务办公室 3 种协调机构；地方政府层面主要包括市长、社会政策高级委员会、减贫战略市级代表、项目经理、家庭计划协助员 5 个协调和执行机构。该协调机制虽然较为完整，但不同层面协调机构间无隶属和报告工作关系，不同的委员会由不同机构牵头，机构间的协调也缺乏法律框架。

（4）政府构建完善的贫困信息共享系统。哥伦比亚在贫困动态性、多维性的指导思想下，建立全国统一的信息分享系统。该信息系统由最贫困家庭信息收集系统、投资项目系统和贫困家庭接受服务记分系统这三个分系统组成；三个系统分别由社会行动与国际合作署、国家计划署和社会保障部负责；三个系统间共享信息、互相协作，在数据收集、贫困动态监测管理、项目和政策评估等方面发挥重要作用。例如，贫困家庭信息收集系统已配备9000台移动信息采集终端和1000个数据采集中心，通过互联网传输数据，大大提高工作效率。

案例

家庭行动项目

在1999年经济危机的影响下，哥伦比亚以往的减贫成果遭受损失，贫困家庭的生活条件进一步恶化。因此，总统府在1999年发起家庭行动项目。家庭行动项目是一项有条件的现金转移支付项目，项目开支约占国内生产总值的0.1%。该项目在哥伦比亚一系列减贫和社会发展项目中处于核心地位，旨在增加家庭尤其是最贫困家庭孩子的喂养、医疗供给，减少（小学和初中学生）缺课率和退学率等。项目实施后，12~17岁孩子的出勤率或入学率得到增加，农村地区增加12.1%，城市地区增加5.9%；农村地区0~2岁孩子慢性营养不良率减少10.0%；家庭对健康方面的成长和发展控制项目的参与率增加37.0%；农村地区10~12岁未成年人劳动力减少6.0%①。

该项目的主要内容包括：（1）执行机构。家庭行动项目的负责机构是

① 刘洋. 哥伦比亚的"家庭行动"[J]. 中国扶贫，2012，(23)：73-75.

总统社会行动及国际合作行动署。该机构于2003年设立，主要负责整合所有针对脆弱群体实施的行动。此外，家庭行动项目的协调职能由总统承担。补贴款由国家协调局、各区域协调局和市联络办公室协调确定；主要通过一家当地银行直接支付给孩子母亲，因为这些孩子母亲通常会将这笔钱用于家庭的食物消费、教育和医疗上。(2) 瞄准机制。该项目采取有条件转移支付的瞄准机制，首先是区域瞄准，即各市选定符合项目条件，即人口小于10万、有充足教育卫生、有一个银行的市。其次是受益对象瞄准，即各市选择社会计划受益人选择系统中第一等级的家庭、在流离失所人口注册系统中注册过的家庭或得到本地人口普查确认的土著家庭。然后是选定受益人，即各市将“社会计划受益人选择系统”的调查问卷发放给选定的家庭，根据每个家庭的住房质量和耐用品拥有情况、公共事业服务、人力资本水平、家庭人口状况这四方面的信息计算出每个家庭的“社会技术受益人选择系统”指数，再确定受益家庭资格。最后是退出机制，受益家庭5年后从“家庭行动”项目计划中退出。(3) 项目补贴。一是营养补贴：0~7岁的孩子每人每月50000比索（约人民币174.5元），但是他们必须定期到卫生所接受诊疗，转移支付时需要相关的检查票据作依据。二是教育补贴：每个学生每年补贴10个月；2—5年级的在校学生每人每月约15000比索（约人民币51.7元）；6—11年级的在校学生每人每月30000比索（约人民币103.4元）。但是母亲必须保证孩子的学校出勤率，转移支付时需要学校记录的出勤率作依据。若儿童连续3个月未能遵守营养和教育的支付条件，或12个月中有4个非连续月未能遵守营养的支付条件或教育的支付条件，受益人会被停止补贴①。

(四) 坦桑尼亚多维贫困治理经验

1. 多维贫困概况。近年来，坦桑尼亚在国内生产总值快速增长、人均

---

① 吴华. 中等收入阶段中国减贫发展战略与政策选择［D］. 财政部财政科学研究所，2012.

国内生产总值稳步增长等经济方面表现强劲，但它仍然是世界上最贫穷的国家之一。坦桑尼亚的贫困线分为食品贫困线和基本需求贫困线，前者主要是根据最穷的50%人口的食品支出（即每人每天2200大卡热量所需的最低限度的食品支出）定义的；后者则是根据坦桑尼亚国家统计局进行的两次住户调查中，最穷的25%人口的非食品项目支出确定的，即基本需求贫困线=食品贫困线+最穷25%人口的非食品项目支出的均值。1991—2012年，坦桑尼亚食物贫困线以下的人口比例从22.0%下降到9.7%，低于基本需求贫困线的贫困人口比例则从39.0%下降到28.2%。此外，坦桑尼亚的HDI指数有所上升，从2011年的0.47增加到2014年的0.52。

坦桑尼亚经济结构中农业占GDP的40.0%，农业出口占总出口的85.0%，吸收全国80.0%的劳动力。但受地形、气候以及基础设施等影响，坦桑尼亚的作物种植只占其土地面积的4.0%，农民基本靠天吃饭，生产易受草害、虫害和干旱影响。此外，农业中公共部门和私有部门针对农业的投资很少，对农产品加工业的支持有限，农产品主要是未经加工的初级产品，小生产者的积极性受到抑制。再加上仅有少数人口可在公共部门和商业部门拥有稳定职业，大部分人口工作的可能性和稳定性较低。根据世界银行2015年的数据，全国失业率达2.4%，其中男性失业率为1.8%，女性失业率为3.1%。

坦桑尼亚道路基础发展落后，全国范围内的高等公路很少，真正的沥青公路仅有4000多公里，部分低等级公路甚至无法使用；全国普遍供电不足，仅有10.0%的国民能用上电且断电、限电现象时有发生；清洁水普遍缺乏，获得改善水源的城市人口比例达77.2%，但获得改善水源的农村人口占比仅为45.5%[①]。此外，卫生设施的改善也是一大难题。世界银行2015年的数据表明，坦桑尼亚获得改善卫生设施的城市人口比例仅为

① 数据来源于世界银行，2015.

31.3%，获得改善卫生设施的农村人口占比更是低至8.3%。在坦桑尼亚学校内，58个女生共用一个女厕所和61个男生共用一个男厕所的现象仍十分普遍。

近年来，坦桑尼亚将经济发展与教育、卫生等事业的发展统筹安排，但在教育、卫生等方面仍存在忧患。坦桑尼亚儿童入学率较低，且高等教育情况堪忧。根据世界银行2015年的数据，小学总入学率达到81.71%，其中男童入学率为80.48%，女童入学率为82.93%①；但25岁以上且无高中文凭的人口占总人口的96.6%，其中男性占比为95.4%，女性占比高达97.7%。此外，坦桑尼亚直至2016年仍有超过1200万的人口面临饥饿威胁，与2011年人口比例基本持平。其中，5岁以下的儿童是饥饿威胁的首要对象，根据世界银行2011年的数据，坦桑尼亚儿童营养不良率达到13.6%，男童营养不良率为14.2%，女童营养不良率为12.9%；儿童死亡数达128092，为同期哥伦比亚的9.11倍。

2. 治理措施。

（1）政府将减贫纳入国家发展战略。1964年，坦桑尼亚联合共和国成立后，政府就开始制定促进经济增长与减贫的各项战略规划，并将“忽视、疾病和贫困”作为发展的三大敌人。坦桑尼亚涉及减贫的战略规划主要包括：1967年提出《阿鲁沙宣言》，制订一系列增加社会服务的计划，涉及教育、健康、通信、交通、农业和经济等领域；1986、1989年提出结构调整政策；1997年制定首个专项减贫战略，即国家减贫战略；1999年主持通过《2025年发展意愿（大陆地区）》和《2020年发展远景（桑给巴尔）》，并出台多项符合并支持发展愿景的政策；2005年制定另一个专项减贫战略，即增长和减贫国家战略，并分两期执行。但坦桑尼亚没有专门负责减贫的部门，减贫工作和规划的制定分别由计划委员会和财政部下属

① 数据来源于世界银行，2015.

的减贫和经济复兴局等多部门负责。

（2）通过经济增长促进贫困治理。自20世纪80年代末，坦桑尼亚政府推进以经济结构调整为中心的经济改革，加快经济自由化和国有企业私有化进程。政府鼓励投资，在1990年成立投资促进中心，除审批投资项目外，还向国内外投资商提供咨询；在2001年成立以总统为首的“国家商业协会”和以总理为首的“投资指导委员会”，减免外资企业税费和高科技产品进口税；在21世纪初出台微型信贷政策，扶植中小企业发展。同时，坦桑尼亚加大对黄金、钻石等贵重矿物的勘探、开采，重新修订国家旅游战略并加快旅游业的发展。因此，坦桑尼亚基本保持7%左右的经济增长速度，很大程度上促进了坦桑尼亚减贫目标的实现。

（3）全面改善各类公共服务。20世纪90年代，坦桑尼亚开始高度重视反人类贫困和人力资本投资，将经济发展与教育、卫生等社会事业的发展统筹安排。2005年，坦桑尼亚更是在其年度减贫战略报告中将卫生医疗与艾滋病防治、教育、安全用水、城乡发展确定为国家减贫战略中的重点。2005—2010年间，坦桑尼亚通过社区参与以及政府与社区合作，新建2171所公立中学，改善各级教育情况。2007年，政府制定新的《健康政策》构想以及《2007—2017年基本健康服务发展计划》，新建一批卫生室、保健中心和医院，在医疗设备和药品提供方面也加以一定改进。此外，政府增加清洁水供给，获得清洁水的农村人口比例从2005年的53.7%增加到2010年的60.1%，城市人口比例从2005年的74.0%增长到2010年的84.0%等。

（4）积极推进国际社会合作减贫。坦桑尼亚是一个重要的受援国，1967年就得到世界银行和国际社会的援助。20世纪90年代，坦桑尼亚政府大规模征税以及腐败丑闻使其与援助者的关系日趋紧张。但1996年，坦桑尼亚政府发布《独立顾问团关于坦桑尼亚与其援助者发展合作问题报告》，承认政府宏观经济管理不善等问题，同时签订《非洲发展新伙伴计划》，加强良政建设。因此，国际货币基金组织批准了一笔 2.3 亿美元（约人民币 19.7 亿元）的新贷款，为其他援助者加大援助力度、提供债务减免以及商业银行提供贷款奠定了基础。同年，坦桑尼亚政府与援助伙伴协商签订《坦桑尼亚援助战略》、重债穷国动议重要组成部分的《减贫战略文件》，为稳定、可持续的国际援助做出了贡献。

案例

增长和减贫国家战略

增长和减贫国家战略是坦桑尼亚 2005 年提出的专项减贫战略，也是目前该国最主要的减贫发展战略，主要致力于千年发展目标的完成，注重实现经济增长和消除收入贫困，从而提高贫困群体的生活品质和社会福利。该战略通过积极调动社会各界力量以及私人部门的力量，共同促进社会和经济的发展。增长和减贫国家战略主要由财政部下属的减贫和经济复兴局设立的秘书处协调，主要职能是：管理由政府和捐助者共同出资、用于支持贫困监测系统的“汇集基金”（Pooled Fund）；协调各个技术工作组的信息交流，支持各个技术工作组秘书处的工作，包括工作成绩年度审查监督及战略评估；协调各利益相关方对该战略项目的咨询工作；确保各部门和地方之间就公共支出的审查过程和规划过程间保持联系；确保每个跨领域问题都能被考虑到①。

该战略的主要内容为：第一期（2005—2010 年）提倡参与式发展机制，以一种包容性的方式调动政府部门、宗教团体、私人部门、社会团体和援助伙伴等参与该计划。通过通信战略确保各类信息在政府部门和利益

① 贫穷与公共政策研究小组. 尼日利亚与坦桑尼亚的贫穷与减贫：国家方案研究［D］. 2007.

相关方之间的有效传递和交换。其围绕三大目标执行：实现并保持覆盖面广且均衡的经济增长，消除收入贫困；提高贫困人口和弱势群体的生活质量和社会福利，同时消除地区、收入阶层、年龄、性别之间的不平等现象；创造良好的治理结构，实行国家领导人和公务员责任制，实现民主政治和社会的宽容，增强和平、政治稳定、民族团结以及社会凝聚力。第一期结束后，政府评估发现该战略最大的问题在于经济增长没能转化为减贫成效和社会福祉。2010 年，政府财政收入由每月的 1770 亿先令（约人民币 8.6 亿元）增加到 3900 亿先令（约人民币 18.9 亿元），但并没有实现减贫目标，而且大多数农村居民仍然无法获得健康服务。因此第二期（2010—2015 年）在总结第一期经验的基础上，更加强调治理结构和促进减贫的增长。在目标上，第二期保持着同第一期一样的三大目标，只是在第一项“经济增长及消除收入贫困”中，主张消除环境变化对粮食安全造成的不利影响①。在财政支持上，坦桑尼亚政府计划将减贫作为最重要的项目，在第二期计划起草时，就依据预测的年度财政预算表，设计了增长和国家减贫战略资金投入表。

三、多维贫困治理国际经验与启示

世界上各个国家的具体国情不同，经济发展存在差异，所以在选择贫困治理模式、路径、方法上也不尽相同。但纵观各国的贫困治理历程，可以发现有效的治理措施大致呈现出某些相似性，概括起来主要有以下六个方面：

（一）完善相关法律法规，形成制度化、规范化减贫进程

法律法规是减贫工作的保障，为减贫工作设立相关法律法规有助于体

① 中国国际扶贫中心.研究报告：坦桑尼亚减贫概述［R］. 2012.

现发展的公平价值取向、实现减贫工作制度化和规范化。因此，首先应以法律形式明确规定贫困者的各项权利和扶贫主体的职责义务，使贫困对象有意识地维护自身权益，并履行自身的义务，防止出现“过度”依赖政府救助的现象。一方面，应明确在扶贫工作中违反相关立法的行政、刑事、民事等行为者应负的法律责任。扶贫资金是扶贫工作的“命根子”，在我国扶贫历程中曾出现将扶贫资金挪作他用、贪污等现象。因此，明确法律责任是保障扶贫工作顺利推进的关键。另一方面，应明确扶贫组织目标体系、机构网络、信息传递系统等。有明确的目标，才能精准施策，从上至下的政策法规才能使全国扶贫工作形成组织化、规范化的活动；而信息的传递要求及时性、精准性及保密性，因此，从法律上维护信息系统的安全，是扶贫工作的基本原则。其次，应建立和完善减贫所涉及的教育培训、社会保障、区域发展等领域的相关法律法规。如美国 1935 年颁布《社会保障法》，1962 年、1964 年分别颁布《人力发展和培训法》和《经济机会法》，1964 年将“反歧视”列入《民权法》，20 世纪 60 年代相继通过《阿巴拉契亚地区发展法》和《公共工程经济开发法案》，1993 年通过《联邦受援区和受援社区法案》，这些法律为贫困人群的基本生存权、教育、职业培训、社会权利等提供了保障，同时也为贫困地区的经济机会的获取、自我创新与可持续发展能力的培育提供了保障。

（二）强化多维贫困测度，建立精准化、全面化识别体系

“精准识别”是贫困工作中的“重要一步”，只有找准救助对象，才能精准施策。因此，多维贫困识别、测度是多维贫困治理政策制定的前提与基础。英国早在 2000 年就针对英格兰贫困地区制定了首个多维贫困指标体系，经 2004、2007 年两次改进后，在部分地区政府运用到多维贫困测量的实践中，具体包括经济、社会和住房问题三大维度。后来该体系在多重剥夺模式导向方面加以改进，涉及 7 类 37 个不同的指标。而菲律宾在 20 世

纪90年代构建贫困的社区监测系统，经修改和完善形成了8个维度的指标，包括健康、营养、住房、水和卫生、基础教育、收入、就业和平等秩序。在实际的测度中，各地方政府可以根据自身情况选择合理的测度指标。因此应充分调动各相关方的积极性，建立与当地贫困环境相适应的多维贫困测度的维度与指标，同时寻求政府、非政府组织间的合作与支持，以及相关领域的学者与研究机构对多维贫困测度指标及方法进行持续的更新与修正，以保证贫困对象贫困维度的全面化及多维贫困测度的精准化，实现贫困测度实践的可持续性。

（三）健全贫困监测系统，掌握及时化、动态化减贫信息

运用信息化手段开展减贫行动，有利于动态的观察贫困人口与贫困地区的需求、提高扶贫工作与项目的执行效果。因此，在贫困治理领域引入并完善信息系统和监测体系，动态性、全面性、真实性地掌握贫困群体信息，可以有效缓解多维贫困状况。如哥伦比亚建立全国统一的信息分享系统，通过互联网实现分系统之间信息的共享，促进各负责机构间的有效协作，同时还建立一套清晰的贫困监测指标体系和评估系统，用以动态监测管理和评估项目政策，这两大系统不仅提高了贫困对象瞄准的工作效率，而且提高了各扶贫资源使用的有效性。例如，印度尼西亚政府在制订减贫规划时，格外注重加强减贫发展计划结果的导向性运用，支持统计系统的发展，尤其是基层多维减贫的数据采集分析，并且要求各部门对相关项目进行定期评估，加强基层政府的益贫式发展计划与预算的结果导向性运用。

（四）联合多元主体力量，构建组织化、多样化治理结构

在反贫困历程中，扶贫的主体经历了从政府到民间组织，再到政府、非政府组织机构等多元化主体共同参与的进程。不同维度的贫困，扶贫主体可以有所侧重，但政府要发挥重要主导作用，积极动员一切社会力量与

国际力量。目前，世界上有28个国家设有单独扶贫机构，其他大多数国家也在政府的某个部、委内设有相应扶贫机构或贫困地区经济发展职能机构；以世界银行为代表的国际组织和以美国为代表的援助国关注世界贫困并积极采取行动；非政府组织、专家学者、贫困人口等也采取具体行动——这些力量共同促进减贫事业的发展。如印度尼西亚政府制订一系列战略性减贫计划，同时推动基层政府、非政府组织、社区、学界、贫困人口广泛参与，并积极发展与美国、中国等国家的关系，获得大量国外援助并将其用于农业、教育、医疗等方面。我国在实行“一带一路”战略中，政府积极完善政策措施并与他国签署合作协议，同时支持高校联盟等组织成立，共同致力于构建亚欧非大陆及附近海洋的全方位、多层次、复合型的互联互通网络，实现沿线各国多元、自主、平衡、可持续发展，以促进全球减贫事业的发展。

（五）改善各类社会服务，推进基础化、多维化服务供给

贫困治理措施与政策必须真正惠及贫困者，最直接的方式就是改善针对贫困人口或贫困地区的文化教育、医疗卫生、社会保障等基本服务领域的公共服务。发达国家，例如美国，通过立法将转移支付资金更多用于资助薄弱学校的基础设施建设及生活处境困难的学生，从而有效保障了贫困农村地区义务教育的均衡发展；另外，针对贫困者和老年人分别设立了医疗保险项目和医疗补贴项目，以及各种扶持弱势群体的医疗补助计划，保障他们能享受到免费的最基本的医疗服务。而发展中国家，例如印度，同样也通过非正规教育保障计划、黑板计划等和在全国实行的免费医疗制度，来改善农村医疗卫生和基础教育情况。因此，在扶贫政策体系中应引入与发展阶段和经济实力相适应的社会公共服务，保障社会公共服务供给与均等化，推进社会公共服务供给主体多元化，使教育、医疗和社保等投入向贫困地区和贫困人口倾斜，从而进一步推进减贫工作的开展。

（六）注重区域综合发展，探索重点化、综合化治理路径

连片特困地区的贫困原因是多方面的，因此开发贫困区域时必须采取多渠道、多方式、综合性的规划措施，彼此之间相互促进、相互配合；同时必须注重贫困区域经济、社会、文化、生态的协调发展性。如日本振兴后进地区时，希望建立一个“自然—空间—人类系统”相协调的社会，从而有助于区域的可持续发展。日本在制订国土规划时，尤其是第四次国土规划时，他们不再主张一维的或二维的、追求部分的、对症疗法思路基础上的规划，而是主张三维的或多维的、追求整体的、综合疗法思路基础上的规划；另外，在制订北海道的开发计划时，他们将其划分为不同的阶段，每阶段都有各自的发展计划，每期开发计划都有一个重点，并严格围绕每期开发计划的重点进行，如从第一期开发资源和振兴产业发展到第五期提高北海道国内外经济竞争力，从建设公路及其他基本设施到实施网走湖水污染治理项目，循序渐进并且全面发展。

·第五章·

中国多维贫困治理典型案例

作为全球减贫事业的重要推动者，中国在减贫领域已经进行了多年艰苦卓绝的投入，成效显著且举世瞩目，并在多年的扶贫实践中已经探索、积累了丰富的经验。随着绝对贫困人口的日渐减少，2020年中国将实现全面消除贫困的伟大目标，单维视角下的贫困治理已经无法适应中国当前的扶贫态势。无论是对贫困人口的识别，还是对贫困人口的帮扶，多维度的贫困治理才能确保当前中国贫困人口稳定、持续地实现脱贫。当前实施的精准扶贫正是基于多维贫困的理念所开展的“靶向性”的贫困治理。精准扶贫是中国贫困治理体系的重要组成部分，在这一阶段中，可以将扶贫资源更好地瞄准贫困家庭差异化的贫困缺失维度，通过针对性的帮扶从根本上消除导致贫困的各种障碍，进而实现持续、稳定的脱贫。这种精细化的贫困治理方式，改变了过去单一地以收入贫困为识别标准而忽视贫困人口其他维度贫困的弊端，将“贫困”放在更加全面的视野中审视，进而针对住房、教育、医疗等逐户提出精准而综合的帮扶方案，是中国在多维贫困治理中的实践创新。

在多维贫困与贫困治理的视角下，中国的扶贫实践不仅参与主体众多，针对贫困不同维度的扶助方式也多种多样，取得了多元的扶贫成效。本章将通过案例更加生动、细致地呈现中国贫困治理中具有代表性的举措，总结其经验与启示，以便为其他地区或扶贫项目参考借鉴。在案例的选择上，本章以前文多维贫困的不同维度为主要依据，综合选择了针对教育、营养、医疗、住房、生计等维度的扶贫案例；同时，注重贫困治理参与主体的多元化，所选案例的主体包含了中央政府、省级政府、社会组织、企业多个主体；还将典型项目与区域性亮点相结合，所选案例，既以扶贫项目形式呈现项目设计机制上的特点与启示，也通过典型地区在项目实施中的关键举措体现不同的贫困治理主体在治理方式上的可圈可点之处。

一、政府主导的教育与就业扶贫——“雨露计划”案例

“雨露计划”以贫困人群能力建设为核心，是政府主导的职业教育扶贫开发项目，也是国务院扶贫办实施的三大重点扶贫工作之一。该项目以“政府推动、部门组织、学校主办、农民受益”为宗旨，主要内容是帮助贫困地区青壮年农民解决就业、创业中遇到的实际困难，鼓励农村贫困家庭子女接受职业教育。

(一) 案例背景

我国在 20 世纪 80 年代开始实施大规模扶贫开发之时，已经认识到劳动力素质低是致贫的重要原因。基于此开始提出通过培训提高劳动力素质和就业技能，促进贫困地区劳动力向发达地区和非农产业转移就业。2004 年起，国务院扶贫办开始全面实施面向贫困地区的农村剩余劳动力转移培训项目，即“雨露计划”。该项目的全面实施，标志着我国的扶贫开发工作由以自然资源开发为主的阶段，发展到以自然资源开发与人力资源开发并举的新阶段。

(二) 主要举措

随着贫困治理进程的演进，我国贫困态势也随之发生重大变化，“雨

露计划”的实施进程也根据实际情况有所调整侧重。从项目的实施进程来看，大致可分为三个阶段，具体措施如下：

1. 项目初期以农村贫困地区剩余劳动力转移培训为工作重点。2004—2009年是“雨露计划”实施的第一阶段，这一时期的培训对象主要有三类：（1）建档立卡的青壮年农民（16—45岁）；（2）贫困户中的复员退伍军人；（3）扶贫开发工作重点村的村干部和能带动脱贫的乡村精英。培训课程内容主要是职业技能培训、农村实用技术培训和创业培训，时间以3个月、6个月、1年的中短期培训为主。这一时期的补助标准因地制宜，且主要针对培训基地，培训形式有订单培训和定向培训两类。由此形成项目的四大工程：贫困家庭新生劳动力职业教育培训工程、贫困家庭青壮年劳动力转移就业培训工程、贫困家庭劳动力扶贫产业发展技能提升工程、贫困产业发展带头人培育工程。

2. 改革试点阶段工作重点转向对贫困家庭劳动力接受教育和培训进行补助。2009年后，随着贫困特征的转变，“雨露计划”进入改革时期。此时项目着重在于引导和鼓励贫困家庭子女在完成九年义务教育和普通高中教育后，继续接受中高等职业教育和一年以上技能培训，提高新生劳动力的整体素质，增强稳定就业能力。这一时期项目主要内容为：（1）对贫困家庭新生劳动力实施职业教育和技能培训；（2）对农村留守贫困劳动力开展农村实用技术和产业发展技能培训；（3）对成年劳动力实施中短期转移就业职业技能培训；（4）为农业产业化发展急需人才进行培训。补助资金来源于中央政府和各级地方政府，标准仍由各省制定，大部分采取的是3个月培训每人补助600元，6个月每人1000元，1年每人1500元，1年以上技能培训为1500元。改革试点工作中，针对就读高职高专和中职中专的学生，每人每学年1500元，秋季学期发放700元，春季学期发放800元。这一时期补助资金直接发放给个人，采取申请制，通过培训券的形式直接补贴或将补贴资金直接打入参与人员的“一卡通”。

3. 扶贫新时期项目内容与“转移就业脱贫一批”紧密结合。进入扶贫新时期，贫困基本态势发生转变，我国已明确到2020年实现贫困人口全部脱贫的目标，进而全面实施以“五个一批”为指导的精准扶贫方略。其中，通过转移就业脱贫一批是“五个一批”中重要的组成部分。《“十三五”脱贫攻坚规划》从大力开展职业培训、促进稳定就业和转移就业两方面详细阐述了“转移就业脱贫”的具体举措，内容包括：完善劳动者终身职业技能培训制度，为贫困家庭农民工提供职业技能精准培训，开展地区间劳务协作，为贫困家庭子女、未升学初高中毕业生等提供免费职业培训，实施“春潮行动”①、返乡农民工创业培训、技能脱贫千校行动等就业脱贫举措，紧密结合精准扶贫的目标与措施拓展丰富“雨露计划”的各项内容，提高项目瞄准贫困人群的精准度，强化项目的“益贫性”，进一步深化该项目促进就业的脱贫内涵。

（三）成效与启示

“雨露计划”在促进我国贫困地区劳动力转移方面取得了重要的成效，主要包括以下三个方面：

1. 充分体现人力资本提升的助贫成效。该项目培训效果显著，有效提升了贫困群体人力资本。“雨露计划”自2004年全面启动以来，到2011年底，中央和地方累计已投入培训资金61亿元，近1600万农村贫困劳动力接受了职业技能、创业和农村实用技术等相关培训，绝大多数家庭实现了1~2年后“一人就业，全家脱贫”，在阻断贫困代际传递方面成效显著。从项目资金使用效率来看，如按照人均1000元资助标准计算，则“每万元可支持10个贫困劳动力参与劳动力培训项目，就可带动40个人贫困人

① 到2020年，力争各类农村转移就业劳动者都有机会接受1次相应的职业培训，平均每年培训800人左右，优先保障有劳动能力的建档立卡贫困人口的培训。

口脱贫”。[①]“转移一人，脱贫一户”的目标实现良好。

2. 提高参与者的就业稳定性。相较于自发性外出打工或靠亲戚朋友介绍工作的劳动力相比，参与过“雨露计划”培训的贫困劳动力就业相对更加稳定，对自身权益的维护意识也更高。就业的稳定性对贫困对象形成保障性高的收入来源有显著的积极作用。

3. 激发参与者的创业意愿。贫困劳动力在通过技能培训实现转移之后，不仅经济收入提高，打工经历更使其开阔眼界、更新观念。在积累了资本和经验之后，这类群体返乡创业的意愿往往较高，有部分参与者返乡创业后成为当地脱贫致富的带头人。

二、教育与就业扶贫的地方探索——“9+3”免费教育计划案例

“9+3”是四川省委省政府实施的免费职业教育扶贫项目。项目以中等职业教育为契机，主要针对民族地区的青年学生，为其在九年义务教育的基础上再提供三年免费职业教育。该项目是以开拓民族地区青年学生的就业能力，提高贫困地区群众的就业层次为目标，举全省之力所开创实施的大规模跨区域民族地区免费职业教育。

（一）案例背景

四川省是全国第二大藏区、最大的彝族聚居区、唯一的羌族聚居区，少数民族人口众多。受自然环境恶劣、经济发展滞后等因素的制约，占全省总面积62.9%的民族自治地区与全省四大连片特困地区高原藏区、大小凉山彝区、秦巴山区、乌蒙山区高度重合。虽然政府连年加大对以上地区

---

① 数据来源于国务院扶贫办政策法规组《“雨露计划”的做法与成效》。

的扶贫投入，使民族地区的贫困面貌有明显改善，但多地轻视教育的传统观念仍是制约其自主发展的根源，使贫困地区可持续发展的人力资本迟迟未能有突破性提升。2009年初，四川省政府出台《四川省人民政府办公厅关于藏区免费职业教育的实施意见》，标志“9+3”计划的正式启动。2014年，项目覆盖到大小凉山彝区。2016年，根据《四川省教育与就业扶贫专项方案》，该项目部分政策扩展到秦巴山区、乌蒙山区，实现全省集中连片特困地区的全覆盖。

（二）主要举措

“9+3”项目的具体实施内容主要包括以下几方面：

1. 为民族地区适龄学生免费提供职业教育。“9+3”计划鼓励民族地区的初中毕业生和未升学的高中毕业生在九年义务教育基础上，到省内其他具有优质教育资源的地区免费就读职业院校，为期三年。项目不仅为学生免去所有学费，还在日常生活、就医等方面给予全面细致的帮扶。参与学生每人每月可获得300元生活补助，以及住宿、往返学校交通、一次性冬装等杂费补助。学生在校期间可享受与学校驻地城镇居民同等的医疗保障。在民族地区就读中等职业学校的学生，也可享受免除学费、获得生活补助等支持。

2. 不断扩大覆盖范围，让更多的民族学子享受政策提供的优质教育资源。“9+3”计划自2009年起实施，成效显著、反应热烈，得到民族地区贫困家庭、基层政府及教育等行业部门的一致认可。2014年起，该计划在大小凉山彝区全面推行。2016年，《四川省教育与就业扶贫专项方案》将“9+3”政策扩展到秦巴山区和乌蒙山区。至此，全省四大连片特困地区均已纳入政策覆盖范围。

3. 重视政府在项目实施中的引领作用。“9+3”计划是四川省教育扶贫、人才培养、扶持民族地区发展的创新举措。从2009年以来，中央和四川省投入该计划的经费已超过20亿元，政府为项目的成功实施发挥重要的引领作用。为确保计划的顺利实施，省委、省政府成立了工作领导小组，由省领导担任正副组长，15个省级部门共同参与，省教育厅也组建“9+3”专项工作办公室。并且，四川省政府与各市州政府签订目标责任书，实行党政“一把手”负责制，并将项目实施成效纳入目标管理实施绩效考核，进一步保障项目的顺利实施。

（三）成效与启示

作为地方政府在贫困治理中对教育领域的重要探索，“9+3”项目不仅取得显著成效，并且对民族地区职业教育的发展有重要启示：

1. 开创民族区域大规模免费职业教育先河。“9+3”计划在四川乃至全国教育史上写下了浓墨重彩的一笔。这是少数民族地区的学生首次大规模奔赴内地就学，享受先进地区优质的教育资源，参加计划的学生中近九成来自少数民族地区农牧民家庭。提供免费职业教育不仅解决了民族地区部分孩子因贫失学的问题，同样是职业教育模式的创新，弥补了民族地区职业教育的“短板”。目前，“9+3”已经逐步探索出一条“州内打基础，内地学技能”“一人成才，全家脱贫”的民族地区人才培养和教育扶贫的协同路径。

2. 项目覆盖面广，教育成效显著。“9+3”计划自实施以来，全省除三个民族自治州以外的全部18个市均已覆盖有承担教育任务的学校，且均是国家级示范、国家级重点和省级重点的优质中职学校。全省现共有90所中职学校、5所高职院校承担藏区“9+3”教育任务，共招收藏族地区学生4万余人；34所中职学校承担彝区“9+3”教育任务，共招收彝区学生1万余人。

3. 项目培育的学生素质优异，就业率高。据统计，参与“9+3”计划的学生中有1万多人次受到各级各类表彰，全省发展学生党员1700多人，在校生中团员比例达到85%。目前，已毕业的4届藏区学生初次就业率均达到98%以上，其中2015年达到99.28%。有3000多人通过招考（聘）充实到藏区基层公务员和事业单位，成为促进藏区繁荣稳定的新生力量，1000多人参军入伍，2000多人考入高职院校继续学习深造，其余毕业生在藏区和内地实现了就业创业。

4. 民族地区职业教育发展，应充分利用发达地区职业教育资源。民族地区经济发展滞后，其职业教育基础薄弱，整体发展滞后。如果用传统思维去发展民族地区职业教育，既要提升学校的教学条件、教学设施、基础建设等，又要考虑师资、生源和规模效益等，需要较长时间才能转变职业教育薄弱基本态势。[①] 而在以“9+3”计划作为教育扶贫的重要手段的推动下，民族地区完成义务教育的孩子被吸纳到内地优质成熟的国家级、省级示范和重点中职学校免费就读，这是利用内地优质的教育资源弥补贫困地区教育资源匮乏的短板，一定程度上能够平衡区域间教育水平的差距，同时促进民族地区职业教育体系的丰富和发展。

三、改善贫困儿童营养状况的实践——“营养午餐”案例

“营养午餐”项目通过为贫困地区适龄儿童提供午餐，帮助其免于饥饿，尽可能获得足够的营养健康成长。“营养午餐”计划缘于社会组织发起的“免费午餐”项目，并最终促进农村义务教育学生营养改善计划的全面实施，大规模改变中国乡村儿童营养状况，是我国贫困治理中民间探索助推国家行动的典型代表。

① 刘永富等. 新发展理念案例选·脱贫攻坚［M］. 北京：党建读物出版社，2017.

（一）案例背景

儿童的健康水平是衡量人类发展程度、判断贫困与否的重要指标。在联合国（UNDP）提出的人类贫困指数（HPI）以及牛津贫困与人类发展中心（OPHI）提出的多维贫困指数（MPI）中均对儿童营养状况设置了相应的指标。然而，过去对我国贫困地区适龄儿童的投入目标更多地集中在保障其获得正规教育方面，而忽视了对其营养健康的帮扶。2011 年国务院发展研究中心一项关于中国贫困地区学生营养状况的调查报告揭示，中西部贫困地区儿童营养摄入严重不足，受调查的学生中，12% 发育迟缓，72%上课期间有饥饿感；学校男女寄宿生体重分别比全国农村学生平均水平低 10 公斤和 7 公斤，身高低 11 厘米和 9 厘米。儿童贫困将导致其未来人力资本产生巨大损失，容易形成贫困代际传递。一些民众也对此提出意见，希望政府应把儿童营养干预作为基本职责，并由党和政府保障这项干预的成功实施。

（二）主要举措

“营养午餐”项目从社会组织发起的公益项目进而发展到由政府全面推进的扶贫项目，根据项目的具体进展，主要的措施包括以下几个方面：

1. 由社会组织发起，为贫困地区学童提供免费午餐。该项目自 2011 年 4 月 2 日起正式实施，以知名记者邓飞联合 500 名记者、国内数十家主流媒体和中国社会福利基金会发起“免费午餐基金”公募计划为启动标志。该项目倡议每天捐赠 3 元钱，旨在为贫困学童提供免费午餐，帮助其免于饥饿，健康成长，希望通过若干年的努力，使免费午餐成为中国儿童的基本福利，大规模改变中国乡村儿童营养状况。项目启动前五年一直执行 3 元餐标，受各地物价持续上涨影响，从 2016 年 3 月起，全面执行 4 元餐标。同时，通过社会捐助力量，一些贫困山区学校简陋的厨房条件也得到改善。

2. 邀请各界人士深度参与一线监管。公益项目的透明性一直是社会关注的焦点。免费午餐项目自2011年成立伊始，始终坚持透明、公开和接受监督，用廉洁、安全和高效赢得广大群众的信任。自2011年4月正式启动至2017年3月底，免费午餐募款已超过27633万元，累计开餐学校达到738所（现开餐学校601所），分布于全国26个省市自治区，受惠人数达199061人。并且，免费午餐保持了没发生一起食品安全事故和资金安全事故的记录。在确保透明、公正方面，项目主要采取的方式包括：一方面，项目为确保善款善用，志愿者协助参与的学校开通微博，每日公开收支信息，并通过稽核团队暗访突查的形式，不定期抽查各地实施情况。另一方面，项目邀请当地政府、媒体、NGO、家长、网友、驴友等共同参与一线监管，保证项目公开、透明的实施。

（3）政府全面推进“营养午餐”计划。发起于公益界的“免费午餐”项目在扶贫领域引起极大的关注，并取得显著的效果。多个公益组织和多位学者提出政策建议，共同建言“保障贫困地区学生营养应是政府责任，应当形成普惠制的政策”。自2011年起，政府开始正式实施“农村义务教育学生营养改善计划”，截至目前，全国已有29个省份的1590个县加入试点，覆盖13.4万所学校。当前，由中央财政支付的学生营养膳食补助资金标准为每生每天4元，每天有3600多万学生受益。为惠及更多贫困家庭的学生，该项目从2017年秋季学期开始进一步扩大试点范围，覆盖全国国家扶贫开发重点县，有效改善了农村贫困学生的营养状况。

（三）成效与启示

“营养午餐”是我国贫困治理中在儿童健康领域具有里程碑意义的项目，不仅成效显著，社会影响力大，更是我国社会组织与政府在减贫领域有效互补、通力合作的重要实践，对未来的贫困治理有较强的启示意义。

该项目的主要成效和启示包括以下几点：

1. 有效改善了农村学龄儿童营养状况。根据国家统计局抽样调查数据，2010年中国农村居民年人均食品消费支出为1081元/年，贫困地区支出水平较平均值更低。按照每人每天3元的补助标准，营养午餐计划仅是提供一顿午餐已经为每位学生每年提供食品消费补助1095元，高于农村居民年人均食品消费支出。根据中国发展研究基金会2017年发布的《贫困地区农村学生营养改善进展》报告，营养午餐项目实施六年来，成效显著，有效保障了贫困地区农村学生在校基本营养需求，学生体质有了明显改善，项目监测各县学生营养不良率已经由2012年的18.5%下降到2016年的15.4%。并且，监测数据显示，2012—2016年，主要受益于该项目的8—12岁学生平均身高均有增长，其中11岁男、女生身高分别比2012年增长了5.7和5.6厘米，贫困地区学生营养不良、生长迟缓的状况正在发生重要转变。据多个学校的老师和家长表示，自从实施了营养午餐计划，不仅解决了孩子们吃不到、吃不好的难题，而且提高了孩子们的生活水平，很多离家远的孩子中午能在学校吃上一顿热腾腾的饭菜。

2. 为提升贫困地区人力资本打下良好基础。儿童营养不良是人类可持续发展的重大挑战，消除孩子营养不良的重要性丝毫不亚于在贫困地区进行基础设施建设。儿童是国家的未来，儿童的营养和健康状况直接关系到一个国家的人口素质、发展水平和国际竞争力。当前，对儿童进行早期投资在我国现阶段的发展中尤为重要。营养午餐项目不仅仅是努力改善贫困农村学生的营养状况这一简单的帮扶行为，更是对贫困地区人力资本的重要投资，意义深远。同时，保障儿童营养还有利于阻断贫困代际传递。根据该项目监测数据显示，受益学生中有16%来自精准扶贫建档立卡贫困户，营养午餐计划为这些儿童的身体健康、学习能力和未来劳动生产率的提高奠定了良好的基础。

3. 社会公益力量撬动政府行动，开展合作扶贫。营养午餐计划是贫困治理领域一个典型的民间试验推动国家计划的案例。社会组织具有专业性、灵活性等特点，是减贫的重要主体，也是中国在贫困治理中，政府重要的合作伙伴。该项目虽然发起于慈善公益项目，但因其显著成效最终撬动政府全面投入，使得获益群体范围得到极大扩展。并且，在项目的具体实施过程中仍体现了社会组织与政府合作扶贫的特征。一些免费午餐项目点采取政府与民间公益组织合作的模式，由政府出一部分资金负责建设食堂，民间公益组织出一部分资金负责午餐制作与供应，有效发挥扶贫领域政社协同的作用。

四、针对医疗健康的贫困治理——精准扶贫医疗救助案例

因病致贫、因病返贫是导致贫困的重要原因。长期以来，我国农村地区医疗救助保障水平较低，困难群众因病需要支付大额医疗费用，显著加剧家庭经济负担，有效防止因大病致贫、返贫是贫困治理亟须解决的问题。精准扶贫思想是中国政府当前关于贫困治理的指导性思想，“五个一批”中明确提出“通过医疗救助扶持一批”，正是希望减轻贫困人口的医疗负担，杜绝因病致贫增加贫困人口，也防止因病返贫，使扶贫工作倒退。健康扶贫政策的核心是要让贫困地区农村贫困人口“看得上病、看得起病、看得好病、少生病”，湖北红安县开展的医疗救助因政策全面、措施精准，取得良好成效，是精准扶贫医疗救助中的典型代表，具有一定的启示意义。

（一）案例背景

湖北红安县位于鄂东北、大别山南麓，是全国唯一以“红”字命名的县。在 1796 平方公里的县域面积内，有 12 个乡镇、402 个行政村，总人

口66万。全县耕地总面积50.05万亩，是一个典型的山区农业县。中华人民共和国成立之前因受到严重的战争影响，加之自然禀赋不足，红安县贫困情况严重。“十二五”期间，红安县贫困人口从2010年的15.99万人减少到2014年的10.16万人，贫困发生率从30%下降到18%，剩余的贫困人口中因病致贫、因病返贫情况突出，占贫困户总数的69.6%，患病人口占贫困总人口的61%左右。在这一地区，“小病拖，大病扛，扛不过去亲人忙”是贫困群众因病致贫的真实写照。即使有新农合与大病保险，贫困患者住院治疗依然面临巨大的经济压力。同时，受到分级诊疗报销比例、科目内外用药等限制，患者住院仍需承担一半以上的医药费用。对于部分患大病的贫困户而言，一次性就医费用就可能高达几十万元，根本无法支付。大病、重病成为贫困人口致贫、返贫的重要原因。

（二）主要举措

红安县在精准扶贫中在为贫困户提供医疗救助方面推出了体系性强、覆盖面广的多种帮扶措施，具体内容如下：

1. 系统构建医疗救助精准扶贫“4321”政策支撑体系。2015年开始，红安县正式推行《红安县医疗救助精准扶贫实施办法》，探索实行“4321”医疗救助扶贫体系。首先，明确“四定”原则，对救助对象、服务机构、救助标准、结算方式予以确定。其次，推行“三大”举措，针对建档立卡贫困户实施入院不缴费、就诊一卡通、报账一站式的就医举措。再次，强化“两项”保障，对贫困对象全部实施“健康全管理”“就医全兜底”的重要保障。最后，明确“一个”医疗救助目标，即通过健康扶贫达到不让一个贫困户因病致贫、因病返贫的医疗救助工作目标。

2. 推行“新农合（或基本医保）+大病保险+民政大病救助+医疗救助”四位一体医疗救助精准扶贫模式。首先，县新农合取消住院起付线，新农合大病保险按政策标准及时给予结报，对政策报销后仍未到90%的由县政府资金整合办公室补偿到90%；个人当年自付累计超过5000元的部分由县政府实行政策性兜底。其次，整合新农合、大病保险、商业医疗补充保险、城乡居民医疗救助基金等政策，多途径降低贫困对象就医负担。救助对象的医疗费用报销以新农合为主（占60%），政策兜底保障30%，患者自付10%。经测算，政府每年新增3600万元投入医疗救助扶贫，其中，医疗救助资金2246万元，健康体检费用200万元，临时救助资金1154万元。此外，县政府还在整合民政部门五保户、低保户大病救助基金的基础上，为精准扶贫救助对象购买大病医疗救助保险。①

3. 创新实施“先诊疗后付费”、建立专属健康档案、配备“家庭医生”等措施，让贫困户享受医疗VIP待遇。过去贫困户看病通常存在就医难、费用高、报账不便等问题。根据红安县的医疗扶贫政策，精准扶贫对象在定点医院住院治疗时，可以实行“先诊疗后付费”，无须缴纳入院押金。贫困户只需要在出院时，在定点医院专用窗口一次性结清自付部分即可。同时，省、县、乡三级医疗机构之间实行双向转诊、分级诊疗。目前，红安县整合全县卫计系统执业（助理）医师、乡村医生，对其统一登记造册后与所有建档立卡贫困户结成“一对一”的帮扶关系，为贫困户设立“一对一”的家庭健康管理医生。这些家庭医生会指导患病贫困户如何用药、实施随访服务，使贫困户免于奔波乡镇、县城的医院，大大提高其就医便捷性。

4. 充分发挥信息化的优势，推行“互联网+”医疗救助精准扶贫。红安县充分发挥大数据时代信息技术的优势，将医疗救助精准扶贫与“互联网+”相结合。该县不仅自主开发设计了全县健康扶贫服务管理信息系统，录入所有扶贫对象的详细资料，形成一个实时的数据查询库，并且按照扶

① 陈欢欢，邹珺，苏剑楠. 湖北红安精准扶贫兜底性医疗救助政策评估[J]. 卫生经济研究，2017(9).

贫对象的健康状况与患病情况进行分类，有针对性地通过手机短信形式向患者推送健康保健知识与相关服务政策，帮助群众养成良好的生活习惯和行为方式，降低疾病发生的概率。

（三）成效与启示

1. 医疗救助精准扶贫应学会“算账”。在实施医疗扶贫时既要考虑综合社会效益，也要对资金进行严格管控。红安县在医疗扶贫过程中通过多元化的举措既提升了本地区人口的整体健康水平，为本地区社会经济发展储备宝贵的人力资本；同时对资金实施严格管理，解决好钱从哪里来、怎么少花钱多办事、如何防止资金被侵占挪用等问题。在此过程中，政府通过构建政策体系及多方参与的监管机制，保障贫困群众的身体健康，使其得实惠、享方便，拥有更多获得感，进而确保每一户群众都能迈入小康。

2. 医疗救助精准扶贫应有“大健康”的视野。医疗扶贫不仅应解决好“看病”的问题，更要努力帮助群众做到“不病”。国内外的实践均表明，开展系统的健康管理，可以有效控制疾病的发生或发展，显著降低群众实际的医疗支出。相较而言，贫困人口的健康知识较少、健康观念较为薄弱，更需要政府在公共卫生服务中多加关注。红安县的实践启示我们，应采取灵活多样的办法，促进贫困人口改善身体状况，降低发病率；做到早发现，早诊断，早治疗，协助贫困群众做好健康管理。

3. 医疗救助精准扶贫应凝聚共识，形成合力。红安县的经验表明，政府的巨大决心、老百姓的积极配合、医疗机构的社会责任、保险企业的专业服务，是确保医疗救助产生良好成效的重要保障。在医疗扶贫的具体实践中，也需要统筹财政、卫计、人社、民政、扶贫、定点医疗机构等多部门，使其形成有效的合作。①

---

① 刘永富等. 新发展理念案例选·脱贫攻坚［M］. 北京：党建读物出版社，2017.

五、贫困人口生计的有效改善——湖北巴东县产业扶贫案例

生计安全与质量是贫困地区脱贫致富的核心问题，稳定持续的生计是消除贫困的重要指标。产业扶贫以解决贫困人口的生计问题为主要目标，以经济效益为中心，以产业发展为杠杆实现扶贫目标，是增加贫困农户收入、促进贫困地区发展的有效途径，更是贫困治理中实现经济目标的重要方式。通过产业支撑，脱贫才具有可持续性。湖北巴东县作为武陵山片区脱贫攻坚的“主战场”，在贫困治理中以产业扶贫挑起扶贫“大梁”，探索实现产业扶贫的新路径，在改善贫困农户生计方面取得了重要成效。

（一）案例背景

巴东县位于湖北省恩施土家族苗族自治州东北部，属典型的喀斯特地貌，大多数群众居住环境恶劣，素有“看山跑死马”之称，是集老、少、边、穷以及库区移民为一体的贫困县。全县共有 322 个行政村，全部为贫困村，其中重点贫困村 118 个。2015 年底，全县农业人口为 41.56 万人，建档立卡扶贫对象 53928 户 17.25 万人。2015 年以来，巴东县按照“精准扶贫、不落一人、三年为期、整体脱贫”的总要求，通过脱贫计划到年、任务分解到月、挂图作战到村、帮扶措施到户，紧紧围绕“发展生产脱贫一批”下功夫，将产业发展作为扶贫的关键点和突破口来抓。

（二）主要举措

巴东县在产业扶贫中以当地自然资源禀赋为基础，发挥贫困农户的主体作用，推行了多项有代表性的重要举措。

1. 充分尊重民意，通过“屋场会”推动特色农业项目落地。巴东县是

武陵山片区实施精准扶贫的“主战场”，当地政府始终将发展产业作为贫困户脱贫致富的关键途径，在实施产业扶贫过程中，充分尊重群众意愿，拓展产业帮扶渠道，协助其制订产业帮扶计划，精准实现帮扶目标。在帮扶项目实施过程中，多地通过“屋场会”的形式积极鼓励村民共同讨论项目实施细节，提出自己的意见，深度参与项目。

2. 通过区域性规模开发，推动特色农业产业化。巴东县根据地域特征、资源禀赋，坚持走规模化、产业化发展之路，将全县12个乡镇的产业统一划分为五个片区，在茶叶、蔬菜、药材、干鲜果、畜牧产业中每个区域重点发展一个支柱产业。其中，茶叶产业片区覆盖45个贫困村，总面积达到6.6万亩；反季节蔬菜产业片区涉及322个村30万亩；药材产业片区种植面积22.5万亩；干鲜果产业片区有柑橘11.5万亩，核桃10万亩；畜牧产业片区通过“产业片区+公司+合作社+养殖小区+贫困户”的方式，使全县全年生猪、山羊、牛、家禽出栏分别稳定在80万头、27万只、0.6万头、200万羽的规模水平。

3. 发挥信息技术优势，实施“互联网+”产业扶贫。巴东县属喀斯特地貌，辖区内沟壑纵横、山高路险，贫困村普遍存在自然条件严酷、基础设施滞后、信息闭塞等问题。为有效破解贫困群众产业发展中“最后一公里”的难题，补齐农村发展信息化的先天短板，巴东县组织每个月在各个乡镇巡回举办一届“互联网+精准扶贫”的信息赶集活动。通过该活动不仅让贫困地区的农户学会上网“淘宝”，并且将深山中的土特产运往山外，促进农户产业增收。目前，信息赶集活动效果显著，农户“触电”电商的人数越来越多，收入持续增加，农村电商产业化发展也初见成效。例如，通过政府“做媒”，淘实惠、邮掌柜等电商企业代表分别与清太坪镇两个贫困村签订帮扶协议，双方协议在2018年前，帮扶、培植100户贫困户成为从事特色农产品外销的电商大户和微商大户。

（三）成效与启示

贫困人口的生计问题是脱贫攻坚的核心内容，巴东县在产业扶贫方面所进行的有益探索，对于实现贫困人口稳定、持续脱贫具有重要意义。

1. 产业扶贫是解决贫困农户生计问题的重要路径。我国许多贫困地区多年来一直以传统农业为主，仅仅能够解决农村人口温饱问题，而难以实现农民持续、稳定的增收以及经济社会和谐发展。我国40年的农村扶贫开发实践证明，产业扶贫是解决农户生存和发展的根本手段。产业扶贫能够有效促进贫困地区从“输血式扶贫”向“造血式扶贫”转变，是新阶段我国实现精准扶贫精准脱贫的重要路径。通过解决农户可持续生计问题不仅能够促进贫困人口脱离贫困状态，同时也是推进中国农村、农业以及农民现代化的重要支撑，应是我国贫困治理中极为重要的举措。

2. 产业扶贫应坚持以“精准扶贫精准脱贫”战略为指导。不同于工业化、城镇化背景的农业产业化发展，精准扶贫背景下的产业扶贫应是以产业为基础、以扶贫为目的的产业发展。产业扶贫重在坚持以贫困农户为受益对象，以其资源禀赋为基础推行适宜的产业发展措施。因此，在产业扶贫中应鼓励龙头企业、集体经济组织等通过与贫困户建立“益贫性”的利益联结机制，引导扶贫对象以组织化的形式对接市场，增强贫困农户群体的产业发展能力。

3. 产业扶贫应以区域资源禀赋为基础。贫困地区在实施产业扶贫的过程中，应充分考虑地区整体经济发展水平、产业结构与市场现状，合理选择贫困区域的特色产业。在区域整体发展的背景下考量产业扶贫，发动贫困农户充分参与产业发展、共享发展成果，才能有效促进贫困群体提高内生发动力，实现持续稳定脱贫。

六、为贫困群体提供住房保障——四川巴中市易地扶贫搬迁案例

易地扶贫搬迁是指将生活在缺乏生存条件地区的贫困人口搬迁安置到其他地区，并通过改善安置区的生产生活条件，为贫困家庭提供安全住房，同时通过调整经济结构和拓展增收渠道，帮助搬迁人口逐步脱贫致富。早在“十五”期间，国家发改委便组织实施了易地扶贫搬迁试点工程，共安排国债资金56亿元，搬迁120多万人，取得了显著成效。“十一五”期间，我国政府继续积极稳妥推进易地扶贫搬迁工程。到“十三五”时期，易地扶贫搬迁对象主要是居住在深山、荒漠化、地方病多发等生存环境差、不具备基本发展条件，以及生态环境脆弱、限制或禁止开发地区的农村建档立卡贫困人口，并且优先安排位于地震活跃带及受泥石流、滑坡等地质灾害威胁的建档立卡贫困人口。四川巴中市在易地扶贫搬迁工作中，统筹多项政策、多方资源，积极发挥群众主体作用，探索出一系列新模式、新办法、新机制，让贫困群众搬进新家园、过上好日子，值得各地借鉴。

（一）案例背景

巴中位于四川东北部，川陕地区交界处，属秦巴山区集中连片特困地区，总面积约1.23万平方千米，总人口390万。巴中市所辖三县两区均为国家扶贫开发片区县。2010年底，巴中全市有41.39万户152万人长期生活在高寒山区、地质灾害隐患区和洪水淹没区的危旧（土坯）房内，生活环境、生存条件极差，旱涝、山体滑坡、泥石流等自然灾害频发，每年因灾返贫约2万人。截至2015年底，巴中仍有贫困人口31.8万，贫困发生率10.5%。易地扶贫搬迁是巴中精准扶贫进程中的关键举措。根据巴中市

"十三五"规划，该市"十三五"时期计划完成易地扶贫搬迁总投资184.24亿元，是"十二五"时期的30.25倍。到2020年，巴中市易地扶贫搬迁将遍及全部198个乡镇2347个村，计划搬迁10万户37万人，其中搬迁建档立卡贫困户5万余户18万余人，占全省易地搬迁人口总数的15.6%，是全省易地扶贫搬迁任务最重的市（州）。①

（二）主要举措

巴中市易地扶贫搬迁项目推行的关键举措包括：

1. 充分利用土地政策，盘活资源。巴中地处秦巴山区，区域内山地、丘陵地形占总面积的90%，贫困户多项生产生活的基础设施建设滞后。得益于广袤的森林资源，巴中生态优势明显，农村建设用地节约利用有较大的空间。通过盘活土地资源，实施旅游产业，推进绿色发展，是巴中精准扶贫的重要抓手。2014年，为支撑巴中地区的精准扶贫，国土资源部为其提供针对性支撑，出台允许其"在省内跨县、市开展增减挂钩"等多项支持政策。该举措使巴中市成为四川省第一个开展增减挂钩节余指标省域流转改革的市（州），也是全国第一个在省域范围内流转使用存量增减挂钩指标的地区，为巴中市激活土地资源提供了政策途径。2016年，成都市高新区以每公顷442.5万元的价格购买该市300公顷的土地结余指标，金额高达13.28亿元。以通木村为例，该村以19公顷土地获得8400余万建设资金，每户参与农户可获得8万元建房补助。并且，巴中在全国率先探索建设农村廉租房，例如平昌县赵垭村、巴州区新庙村等地利用增减挂钩指标收益建设廉租房，为贫困农户住房问题提供更多的解决途径。

2. 坚持以贫困群众为主体，科学实施搬迁。截至2015年底，巴中市全市仍有5.2万贫困群众居住在高寒山区、地质灾害隐患区、洪水淹没区，

① 刘永富等. 新发展理念案例选·脱贫攻坚［M］. 北京：党建读物出版社，2017.

安全住房状况仍面临严峻挑战。2016 年初，巴中市在易地扶贫搬迁项目实施中，首先向省农贷款 40 亿元，用于开展此项工作。巴中市力求精准搬迁、科学搬迁，在迁、建、管各个环节充分发挥群众主体作用，例如通过院户评、村组评、村民大会评、乡镇初审、县区复审、市级审定的“三看三评三审”的方式，精确确定搬迁对象，最大限度调动群众的积极性。在户型设计上，巴中按照建设标准，根据每户人口数不等，规划设计了 75—150 平方米的多种户型；并且，对鳏、寡、孤、独及五保对象集中建设美丽幸福院，实行“三共有三独有”，即共有客厅、餐厅、厨房，独有卫生间、卧室、厨位、餐位。

3. 优先发展配套产业，解决搬迁农户生计问题。生计问题一直是农户决策是否参与易地搬迁项目的重要考量。搬迁农户大多会对迁移之后如何解决生计和就业问题表示担忧。为了让搬迁农户实现稳定持续脱贫，巴中市在项目实施过程中将促进就业增收也作为关键内容，配套实施相应措施。例如，通过壮大茶叶、核桃、中药材、养殖业等主导产业，发展生态旅游和休闲农业等新业态，在集中迁入区培育多个龙头企业、家庭农场、专业大户等新型经营主体，确保搬迁户仍能通过土地流转或自主经营等方式参与生计项目，获得持续的收入来源。2016 年，巴中市 85%的搬迁户均可获得产业增收。同时，巴中市通过多种渠道促进搬迁户就业脱贫。针对搬迁农户的不同情况，巴中市通过提供聚居点服务性就业岗位、引入园区景区就业、进入城镇就业、进行自主创业等方式，确保搬迁户均能参与持续性的生计项目。

（三）成效与启示

对于生活在自然条件恶劣地区的贫困家庭而言，拥有安全理想的住房和便捷的生产生活环境是其重要的奋斗目标，但也是其难以负担的一个“梦想”。巴中市通过易地扶贫搬迁项目，有效改善了这类贫困人口的居住、生产环境，该项目的成效与启示包括以下几点：

1. 抓住政策机遇，充分发挥其引领作用。易地搬迁扶贫项目政策性强、牵涉面广、帮扶力度大，是众多扶贫项目中资金、人力等投入极高的项目。项目实施关键在于整合各方力量和资源，充分挖掘政策资源空间。巴中市在精准扶贫过程中用好了国土部门给予的政策试验机会，有效盘活土地资源，为实施该项目获得宝贵的资金支持，成为区域内贫困治理的重要突破口。

2. 充分尊重群众在项目中的主体地位。易地扶贫搬迁因其政策力度大、会彻底改变贫困户落后的居住条件，容易对贫困户的生产生活带来强烈冲击。因此，项目在实施过程中，必须尊重搬迁对象的意愿和意见，统筹考量贫困户的生活生计需要和经济承受能力，避免使其增加新的经济负担。巴中市在项目实施的整个过程中，注重发展贫困群众的主体性，尊重其参与意见，项目成效得到贫困群众的广泛认可，使项目对贫困群众的生活改善有了立竿见影的效果。

3. 将培育配套产业作为项目的重要支撑。易地扶贫搬迁首要解决的是环境与发展的问题。贫困户从原有居住地搬迁至更为便捷的新居所，虽然能摆脱之前的贫困环境，但并不意味着在此新环境下就一定能获得新的产业支持。因此，巴中市在项目实施过程中高度重视配套产业的扶持，积极开发生态旅游和休闲农业等新业态，同时引进龙头企业、专业大户、家庭农场等新型经营主体，成功地把搬迁对象纳入涉农产业的链条，使其能够共享经济发展成果。

七、企业主导的生态扶贫探索——亿利集团生态扶贫案例

荒漠化地区生态系统的恢复和管理是普遍性的难题。在沙漠边缘生活

的人们是世界上最脆弱的困难群体，他们选择何种发展方式来发展经济，极具挑战。亿利资源集团（以下简称“亿利集团”）是全球领先的从事生态修复产业的民营企业。该企业创立于1988年，始终致力于“生态环保、绿色金融”。多年来，亿利集团坚持把沙漠治理、生态产业发展与扶贫开发同步推进，以沙漠资源为依托，以技术创新为支撑，通过“三个带动”，即科技带动企业发展，产业带动规模治沙，生态带动民生改善，形成了“治理—发展—再治理—再发展”的良性循环发展模式。亿利集团探索的生态扶贫模式通过市场化手段治理沙漠修复生态，促进绿色经济发展带动群众脱贫。在内蒙古库布其沙漠地区，亿利集团经过26年的努力，使当地10多万人不仅拥有了广袤的绿洲，更拥有了体面的工作收入，创造了具有中国特色的治沙模式——“库布其模式”，成为中国荒漠化地区生态扶贫的典型样本，为生活在其他沙漠地区的近十亿贫困人口带来新的启发。

（一）案例背景

习近平总书记指出，建设生态文明，关系人民福祉，关乎民族未来；造林绿化、改善生态任重道远。中国是世界上受荒漠化危害比较严重的国家之一。中国政府长期致力于防沙治沙事业，组织开展了一系列重大生态建设工程项目。并且，中国1/3的贫困人口在沙漠，西部地区态势更加严峻，有1/3左右的地区是沙漠，沙漠一度成为西部地区贫困的代名词。位于内蒙古境内的库布其沙漠是我国第七大沙漠，被称为“死亡之海”，20多年前几乎寸草不生，当地居民日常生活没水、没电，生计没有出路，草原的生态屏障功能也受到削弱。20世纪90年代，当地贫困人口年均收入不足400元。当地的支柱企业杭锦旗盐场，经济效益差，面临连年亏损的局面。

（二）主要举措

“亿利集团”在其坚持多年的治沙过程中，以生态治理与脱贫攻坚并进，探索实施多项重要举措，其中较为关键的包括以下几项：

1. 坚持生态优先保障治理成效。20 世纪 90 年代，亿利集团将濒临倒闭的杭锦旗盐场承包。为救活盐场，亿利集团开始了治沙之路，盐场决定每卖出一吨盐就拿出 5 元钱搞绿化，自此开启了坚守近 30 年的生态治理事业。近 30 年来，亿利集团先后投入 10 多亿元用于治沙技术研发，培育了 1000 多个耐寒、耐旱、耐盐碱的生态种子；投入公益资金 30 多亿元，绿化库布其沙漠 6353 平方公里，将曾经被称为“死亡之海”的沙漠变成经济绿洲。近 30 年来，亿利集团自始至终坚持把沙漠治理、生态产业发展与扶贫开发同步推进，带动库布其沙漠 10 万农牧民脱贫致富，成为中国荒漠化地区打赢脱贫攻坚战的典型样本。治穷先治沙，亿利集团通过生态治沙使库布其的沙尘天气减少了 95%，降水量增加 6 倍。目前，亿利集团依托种质、技术、工艺包三项核心技术，已修复库布其沙漠 1.86 万平方千米，形成了沙漠生态产业体系，实现了生态、经济、民生协调可持续发展。

2. 深耕绿色发展确保脱贫成效。亿利集团通过市场化机制，在沙区发展沙漠生态产业，从农牧业到沙漠旅游，从制药到光伏发电，围绕六大产业，创造出价值 300 亿元的生态修复、生态牧业、生态健康、生态旅游、生态光伏、生态工业“六位一体”的产业体系。例如，亿利集团在荒漠化地区建立产业小镇，让农牧民进行养殖，发展订单农牧业，取得了良好效果；并组织近 300 支主要由贫困农民组成的民工连队，经过专业培训后赴全国各地，甚至出国到沙特参与生态修复工程的劳务工作，通过就业实现脱贫。并且，亿利集团大力发展生态光伏产业，以“板上发电、板间种草、板下养羊”的模式立体式生产经营，增加效益。在修复生态的过程中，亿利集团找到了把治沙和扶贫结合起来同步推进的产业发展新路径，探索出了政府政策支持、企业商业化投资、农牧民市场化参与的新机制。

3. 重视生态治理技术研发。自有的生态治理技术是亿利集团有效开展生态治理的关键因素。多年来，亿利集团先后投入10多亿元用于治沙技术研发，先后发明了20多项新技术，通过“引种、驯化、扩繁、培育”的方式，创新开发种质资源，打造成中国西部最大的种质资源库。该种质库不仅培育了1000多个耐寒、耐旱、耐盐碱的生态种子，并且拥有气流法植树、甘草平移栽种等100多项沙漠生态技术成果，豆科混交植物固氮改土等100多种“沙漠生态工艺包”。这座种质资源库成为30年来亿利集团在库布其沙漠积淀的科技含量最高、研究时间最长、输出价值最大，最为丰富的生态成果，成为亿利集团成功治沙、治贫强有力的科学技术支持，更是为世界荒漠化地区提供了种质资源、技术、生态工艺和生态修复可持续商业模式。

（三）成效与启示

亿利集团通过多年生态扶贫实践，实现了“防沙治沙、产业发展、生态改善、社会稳定、民族团结、农民富裕”互动多赢的多元成效，其重要的启示包括以下3点：

1. 企业是贫困治理的重要主体。贫困治理需要多元主体参与，企业是其中重要的组成部分。亿利集团生态扶贫的案例充分体现了一家民营企业的社会责任，通过一企之力撬动当地百姓、政府、企业共同创造治沙、治贫的丰硕成果。并且，亿利以治沙兴业、改善民生为目标，以民众相应、社会参与为基础，通过不断的自主技术创新，加之政府有力的政策扶持，实现了群众脱贫、经济发展、生态优化的多元目标，证明了企业有效参与贫困治理的可行性。

2. 经济发展与生态治理能够协同开展。以改善环境为前提的发展，才是一种可持续的发展。生态脆弱地区的贫困治理，既要解决生态问题，又要解决生存问题；既要解决“绿起来”的问题，又要解决“富起来”的问题；既要解决环境问题，又要解决产业问题，只有这样的精准扶贫，才能“稳得住、不返贫、可持续”。亿利在治沙的同时，通过向外输出技术和种子获得经济收入，例如，一棵经过改良的甘草，不仅可以治理十几平方米沙土，三至五年后还能造出一块有机田，经过深加工后还能使价值增加几十倍。亿利集团通过“企业+合作社”的模式，由公司提供种苗和技术指导、负责产品收购，农牧民成立合作社参与种植，仅经过几年，当地已发展起700多个合作社，种植甘草220万亩。经过近30年的努力，亿利集团已帮助10万沙区群众摆脱贫困，创造生态财富5000多亿元，助力地处沙漠腹地的鄂尔多斯杭锦旗摘掉了国家级贫困旗县的帽子，创造出治沙生态产业扶贫“库布其模式”，被授予“全国脱贫攻坚奖”奉献奖、“国土绿化奖”，被联合国授予“全球治沙领导者”称号。

3. 应进一步推广库布其模式。亿利集团的生态扶贫实践已经证明了库布其模式的有效性，值得将该模式向更多适宜的地区推广。目前，亿利集团正在积极参与“万企帮万村”精准扶贫行动，把库布其治沙生态扶贫的技术、经验和模式加快输出到内蒙古乌兰布和沙漠、新疆塔克拉玛干沙漠、甘肃腾格里沙漠、河北坝上及一带一路沿线荒漠化地区，让沙区贫困人口通过生态修复和生态产业脱贫致富。该集团成立100多支治沙队伍，跟着亿利集团走出内蒙古，到新疆、甘肃等地承接生态环境修复工程。2016年起，亿利资源集团在内蒙古库布其沙漠、新疆塔克拉玛干沙漠、甘肃腾格里沙漠等5地同时启动“生态产业治沙扶贫项目”，并与河北省张北县政府签署扶贫协议，启动生态扶贫项目，其生态修复区域已经深入到北上广、京津冀以及澳大利亚、中东、中亚等地，业务范围已扩展至荒漠化土地、盐碱化土地和城市垃圾山、污水沟。

·第六章·

中国多维贫困治理全球贡献与推广

贫困是一个世界性难题，反贫困是人类共同的任务。中国是世界上最大的发展中国家，一直积极倡导世界减贫事业并持续有力推动减贫进程。改革开放以来，中国始终致力于减贫事业，已经使超过7亿农村贫困人口摆脱贫困，成为世界上减贫人口最多的国家。多年的努力与付出使得中国在减贫领域取得卓越成绩，而近年来中国在实施精准扶贫方略后，扶贫成绩更引人注目，2013年至2016年4年，中国每年都超额完成减贫1000万人的目标任务，创造了世界反贫困的奇迹，对世界减贫做出卓越贡献。中国的积极探索实践，走出了一条极具中国特色的减贫道路，为世界减贫事业积累了宝贵经验。作为发展中国家，基于自身减贫实践的探索与启示，中国的扶贫经验必然能够对其他发展中国家有重要借鉴意义。同时，中国始终坚持积极分享减贫经验，提出中国减贫方案，为全球贫困治理贡献中国智慧和力量。本章将首先从中国本土及对外减贫的实践与成效的角度来体现中国多维贫困治理的全球贡献，重点对实施精准扶贫后取得的成效进行介绍；其次，基于此梳理多维贫困治理中重要的中国经验；再次，对多维贫困治理的“中国方案”的重要价值、推广的现状和趋势进行阐述。

一、中国多维贫困治理的实践与成效

（一）中国本土减贫的实践与成效

中国政府在过去几十年的减贫进程中不断探索创新，取得显著成效。近年来全国实施的精准扶贫、精准脱贫基本方略，通过落实扶贫对象精准、项目安排精准、资金使用精准、措施到户精准、因村派人精准、脱贫成效精准的要求，大大提高了扶贫成效，加快了贫困人口的脱贫进度。主要成效有以下几方面：

1. 贫困人口大幅减少。自改革开放以来，中国已经实现累计减少农村贫困人口超过7亿，大规模减少绝对贫困人口是这一阶段中国最大的发展成就。根据世界银行贫困数据库数据，中国绝对贫困人口从1990年的6.83亿减少到2010年的1.57亿，绝对贫困发生率从60.2%下降到11.8%。在实施精准扶贫之后，脱贫人口逐年稳步降低。据国家统计局发布的《2015年国民经济和社会发展统计公报》数据，我国农村贫困发生率从2000年的10.2%下降到2015年的5.7%，2016年下降到4%以下，预计2017年脱贫人口将超过1000万。

2. 贫困群体教育水平显著改善。教育扶贫始终是中国脱贫攻坚的重要内容，长期以来，政府、社会、公益组织等贫困治理主体都投入大量精力致力于全面改善贫困地区的教育条件。近年来，中国陆续实施学前教育三年行动计划、乡村教师生活补助计划，实施中等职业学校免学费、补助生活费政策及面向贫困地区定向招生专项计划，切实保障贫困人口受教育的权利。2012—2015年，全国连续实施学前教育三年行动计划，学前三年毛入园率从2011年的62.3%提高到2015年的75%，中西部地区幼儿园数从

2011 年的 2153 万增加到 2015 年的 2789 万，增长了 30%。① 中央财政通过多种途径为贫困学生提供学费减免，例如对公办中等职业学校全日制在校生中所有农村（含县镇）学生、城市涉农专业和家庭经济困难学生免收学费；对涉农专业学生和非涉农专业家庭经济困难学生发放国家助学金；实施面向贫困地区定向招生等；2012—2015 年中央财政共计投入 417 亿元，其间面向 832 个贫困县累计录取学生 18.3 万人，贫困地区农村学生上重点高校人数连续（2013—2015 年）增长 10%以上。②

3. 贫困群体医疗保障水平得到提高。因病致贫、因病返贫是中国贫困人口突出的贫困特征。减轻农村贫困人口医疗负担、增强贫困地区医疗服务能力一直是中国扶贫的重要内容。目前，我国已基本建立起覆盖了贫困人口的多项医疗体系，例如新型农村合作医疗制度已逐步完善，覆盖 97%以上的农村居民；全国已全面实施城乡居民大病保险和重特大疾病医疗救助，并在精准扶贫进程中重点向贫困人口覆盖。并且，多个地区针对建档立卡贫困户设立县域就医“零支付”、就医“绿色通道”等帮扶措施，大大减轻贫困人口就医负担，为其就医提供便捷。

4. 弱势群体健康水平明显改善。妇女、儿童等弱势群体是中国减贫重点关注的对象。近年来，中国逐步开展农村妇女“两癌”检查项目，每年为全国 1000 万名适龄农村妇女进行免费宫颈癌检查，为 120 万名适龄农村妇女进行免费乳腺癌检查，目前已覆盖 532 个贫困县，并通过实施“母亲安居工程”“母亲健康快车”等公益项目，帮助贫困单亲母亲、患病贫困妇女改善生存和发展状况。③ 不仅如此，儿童的健康状况也得到明显的改

① 《中国的减贫行动与人权进步》白皮书，中华人民共和国国务院新闻办公室，2016 年 10 月，http：//www. scio. gov. cn/zxbd/tt/zdgz/Document/1494216/1494216. htm.

② 《中国的减贫行动与人权进步》白皮书，中华人民共和国国务院新闻办公室，2016 年 10 月，http：//www. scio. gov. cn/zxbd/tt/zdgz/Document/1494216/1494216. htm.

③ 《中国的减贫行动与人权进步》白皮书，中华人民共和国国务院新闻办公室，2016 年 10 月，http：//www. scio. gov. cn/zxbd/tt/zdgz/Document/1494216/1494216. htm.

善。一方面，婴儿死亡率、五岁以下儿童死亡率显著下降，其中农村地区的婴儿死亡率从 1991 年的 58‰下降到 2013 年的 11. 3‰，五岁儿童死亡率从 1991 年 71. 1‰下降到 2013 年的 14. 5‰。另一方面，儿童营养状况得到改善。自 2012 年起，政府实施贫困地区儿童营养改善项目，通过为贫困地区婴幼儿免费提供营养包，普及科学喂养知识等措施进一步促进贫困地区婴儿健康发展。截至 2015 年，项目已覆盖 21 个省（区、市）14 个国家集中连片特困地区的 341 个县，共 211 万名儿童受益。同时，政府自 2012 年起实施贫困地区儿童营养改善项目，为农村义务教育学生提供营养膳食补助。

5. 贫困家庭住房条件得到更有力的保障。确保贫困家庭“住房有保障”是中国贫困人口脱贫的重要目标。其中，易地搬迁项目是解决贫困人口住房困难的重要举措。该项目启动于 2012 年，截至 2015 年，国家已累计安排中央预算内投资 404 亿元，撬动各类投资近 1412 亿元，搬迁贫困人口 591 万人，地方各级统筹中央和省级财政专项扶贫资金 380 亿元，搬迁 580 多万贫困人口，有效改善贫困家庭的居住条件。随着精准扶贫进入攻坚阶段，2016 年政府启动实施新一轮易地扶贫搬迁项目，增加预算内资金投入，提高补助标准，拓宽融资渠道，确保通过搬迁脱贫一批贫困人口。并且，政府也在农村实施危房改造工程，以农民自筹为主、政府补助为辅，帮助农村家庭解决住房隐患，保障其最基本的住房安全。截至 2015 年底，全国累计安排 1556. 7 亿元支持 1997. 4 万户贫困农户改造危房。

6. 贫困地区基础设施建设大幅提高。水利、电力、道路等基础设施项目始终是国家扶贫开发的工作重点。经过持续多年努力，截至 2015 年，全国通公路、通电、通电话、能接收电视节目的行政村比例均达到 98. 5%以上。贫困地区实现所有行政村通电话、所有乡镇通宽带网络，在消除信息贫困人口方面取得显著的成就，有效改善“数字鸿沟”对贫困地区的发展制约。在水利方面，通过实施《全国水利扶贫专项规划》等 10 多个水利扶贫规划或方案，到2015年全国农村集中式供水覆盖率已提高到75%以上。在电力方面，2015年我国已彻底消灭无电人口，并通过实施农村电网改造工程提升贫困地区的供电能力，尤其加大了对贫困地区，特别是西部偏远少数民族地区农村电力建设的支持力度。自2011年起，中国全面加快集中连片特困地区道路建设进程，截至2015年底，集中连片特困地区已经实现96.1%的乡镇和86.2%的建制村通硬化路，95.5%的乡镇和83.1%的建制村通班车。

（二）中国对外援助的实践与成效

消除贫困和饥饿是全球共同面对的问题。中国在致力于本国贫困治理的同时，始终坚持向全球其他发展中国家提供对外援助，有力推动全球贫困治理的进程。中国对外援助的受援方主要包括与我国已经建立外交关系且有接受援助需要的发展中国家，以及以发展中国家为主的国际或区域性组织。其中，最不发达国家和其他低收入国家是中国对外援助的重点国。在援助领域方面，中国根据本国的国情与实力以及受援方的实际需要，从各个领域向受援国提供力所能及的帮助，具体的领域涉及农业、工业、公共设施、教育、医疗、卫生、交通、通信、电力、环境等社会基础设施和经济基础设施的众多领域。其中，民生和人才培训方面是中国对外援助的重要领域。特别是对各个领域技术人才、管理人才等的培训，为提高受援方的自主发展能力、推进受援国的持续发展提供了源泉和动力。在援助形式方面，中国主要以无偿援助、无息贷款和优惠贷款的形式为受援国提供帮助。其中，无偿援助主要帮助受援国建设中小型社会福利项目以及实施人力资源开发合作、技术合作、物资援助和紧急人道主义援助等。无息贷款主要用于帮助受援国建设社会公共设施和民生项目等。优惠贷款主要用于帮助受援国建设有经济社会效益的生产性项目、大中型基础设施项目，提供较大型成套设备、机电产品等。[①]

经过多年持续不断的努力，中国对外援助成效显著。总体上，自中华人民共和国成立以来，中国已累计向 166 个国家和国际组织提供了近 4000 亿元人民币的援助，总共派遣 60 多万援助人员；并且，先后 7 次对重债穷国和最不发达国家无条件免除其对华到期政府无息贷款债务；在医疗方面向 69 个国家提供医疗援助，为 120 多个发展中国家落实千年发展目标提供帮助。

随着中国经济实力的提高，中国政府愈加重视对外援助，不断加大对外援助力度，扩展援助领域，全面推动中国对外援助的发展，同时加强中国与其他发展中国家的深度合作。总体上看，2000—2014 年，中国对外所提供的援助资金达到 3000 亿元人民币，涉及 120 多个发展中国家。其间，中国还向发展中国家派遣了 3000 名以上的医疗专家队伍，为发展中国家培训 5000 名以上医护人员，帮助非洲地区在疾病控制方面取得重大进展；所实施的各类对外援助工程项目超过 800 项，涉及基础设施、文化教育卫生、农业扶贫等领域。2015 年，中国对外援助实施 293 个成套项目，提供 270 批物资，开展 245 个技术援助项目，举办 1156 期培训班，在华培训各类人才 3 万名，惠及 155 个国家和组织。2016 年，中国对外援助实施各类工程及物资项目近 250 个，培训各类人才 2.9 万名，派出管理技术人员、医疗队员和志愿者等各类援助专家约 5000 人次，惠及 156 个国家和地区及国际组织[②]，有力促进全球贫困治理的进程。

二、中国多维贫困治理经验与启示

在长期减贫实践中，中国坚持不照搬照抄，走具有中国特色的扶贫开

① 屈彩云. 新时期中国对外援助规模及实施［J］. 中国发展观察，2017（Z3）.

② 屈彩云. 新时期中国对外援助规模及实施［J］. 中国发展观察，2017（Z3）.

发道路，切实总结出具有中国特色的贫困治理基本经验，具体包括以下几个方面。

（一）坚持政府主导的多维贫困治理

中国有13亿多人口，是世界上最大的发展中国家。中国减贫的成就很大程度上得益于坚持政府对扶贫开发工作的主导性，将制度优势作为减贫的根本保障。中国政府强大的资源动员能力在扶贫开发、应急抢险及救灾重建等重大减贫事项中能够有效发挥积极作用。中国政府长期以来高度重视扶贫工作，充分发挥贫困治理领域的政治优势和制度优势。尤为值得重视的是，当前中国的贫困治理工作由习近平总书记亲自挂帅，将脱贫攻坚作为全面建成小康社会的突出短板和底线目标，纳入“五位一体”总体布局和“四个全面”战略布局，摆到治国理政的重要位置，以前所未有的力度推进。①

在立足基本国情的基础上，中国政府将扶贫开发纳入国家发展战略，中央各部门首先对脱贫攻坚进行了顶层制度设计，各地省市县各级政府再根据当地情况制定配套措施，通过“党的领导、政府主导、社会参与”的工作机制，加强政府部门在扶贫领域作为主导力量的发挥，形成跨地区、跨部门、跨行业、全社会共同参与的多元主体的多维贫困治理体系。目前，中国政府更是将扶贫、脱贫工作作为“十二五”工作的重中之重，并通过精准扶贫、精准脱贫方略，明确政府扶贫职责，充分体现中国政府重视贫困治理的态度和全面实现消除绝对贫困的信心。

（二）坚持以经济发展全面推进贫困治理

经济发展能够为减贫提供坚实的物质基础。作为发展中国家，追求经

---

① 黄承伟. 中国脱贫攻坚经验国际化意义重大［J］. 环球，2017（25）.

济总量的增长是消除贫困的重要手段。中国始终将减贫作为发展经济的重要目标，并以发展经济促进减贫，发挥扶贫开发与经济社会发展相互促进的作用。一方面，政府始终坚持把扶贫开发作为经济发展的主要内容，将贫困治理、经济发展、社会发展等方面统筹规划。另一方面，各级政府不断加大财政扶贫投入，在脱贫攻坚过程中推动贫困地区经济发展。并且，中国政府积极调整财政支出结构，持续加大对贫困治理的投入力度，2011—2015年，中央财政累计安排专项扶贫资金1898.4亿元，年均增长14.5%，并安排专项彩票公益金50.25亿元，支持贫困革命老区推进扶贫开发。同时，积极创新财政扶贫体制机制，发挥财政投入的杠杆作用，例如通过市场化机制撬动金融资本支持易地扶贫搬迁工程等。一系列扶贫项目的实施，不仅促进了脱贫目标的实现，同时有效推进了贫困地区的经济发展。

（三）充分发挥部门和行业的扶贫力量

贫困治理不仅仅是政府职能，也需要社会的广泛参与。构建专项扶贫、行业扶贫、社会扶贫等多方力量、多种举措互为支撑的“三位一体”大扶贫格局是我国贫困治理中的重要途径。各行业部门是我国贫困治理中的重要主体，其通过履行行业管理职能，支持贫困地区和贫困人口实现发展，或者通过行业部门对口帮扶，直接帮助贫困群体实现脱贫目标，在我国的贫困治理中发挥了积极的作用。一方面，政府在贫困治理中有效落实定点扶贫政策。全国320个中央单位均在此轮精准扶贫中承担了定点扶贫任务，对口帮扶592个国家扶贫开发工作重点县。国内68家中央企业在定点扶贫的108个革命老区贫困县开展“百县万村”活动。“十二五”期间，中央单位共向592个重点县选派挂职干部1670人次，投入帮扶资金（含物资折款）118.6亿元，帮助引进各类资金695.8亿元，组织劳务输出31万人次。另一方面，各行业和部门深入开展东西部扶贫协助。东部9个省

（直辖市）和9个城市对口支持西部10个省（自治区、直辖市）207个重点县。北京、上海、天津、辽宁、山东5省市建立了对口支援西部地区资金稳定增长机制，每年以8%～10%的幅度增加帮扶资金投入。“十二五”期间，东部省市共向西部贫困地区提供财政援助资金56.9亿元，动员社会力量捐款3.8亿元，引导企业实际投资1.2万亿元。部门与行业对中国减贫事业的投入与政府专项扶贫形成有效的补充和互动，进一步加快了中国贫困治理的推进。

（四）积极动员民营企业、社会组织、公民个人广泛参与扶贫

贫困治理不仅需要政府、行业部门的重要投入，同样需要全社会的积极参与。中国的贫困治理从早期完全由政府承担逐步向由政府主导、社会广泛参与转变，更加注重贫困治理主体的多元化。中国政府不仅持续加大减贫投入力度，同时不断改革创新贫困治理机制，引导社会各界全面参与脱贫攻坚。国家通过组织一系列活动鼓励企业、社区组织以及普通群众积极参与扶贫。例如，将每年的10月17日设立为“扶贫日”，在扶贫日前后组织开展系列活动，2014年和2015年这一系列活动共募集资金约150亿元；开展全国社会扶贫先进集体和先进个人评选及“中国消除贫困奖”评选表彰活动；开展民营企业“万企帮万村”精准扶贫行动，万达集团、恒大集团等民营企业率先开展包县扶贫行动，苏宁、京东等企业积极参与电商扶贫工作；中国扶贫基金会等社会组织募集大量资金用于精准扶贫项目；成立中国扶贫志愿服务促进会，建设社会扶贫网，着力打造社会扶贫参与平台；等等。企业、社会组织、普通公众等积极参与扶贫进一步完善了中国贫困治理体系，多元化的治理主体引导更多的资源投向贫困人口，加快贫困群体脱贫的速度。

（五）持续健全完善扶贫工作机制

贫困治理是一项系统性工程，通过建立系统的扶贫工作机制全面指导庞大的贫困治理事业是中国脱贫成效显著的重要保障。在政府扶贫体系中，中国实行中央统筹、省（区、市）负总责、市（地）县抓落实的领导责任制，各项扶贫任务分工明确、责任清晰，并建立了相应的考核机制。在当前脱贫攻坚的关键阶段，各级政府高度重视扶贫工作，各级党委和政府层层签订脱贫攻坚责任书，将脱贫攻坚任务完成情况作为考核贫困县党政领导的重要指标。同时，各级政府建立年度脱贫攻坚报告和督查制度，实施省市县乡村逐级督查问责机制，对落实不力的部门和地区严格追责。在完善干部驻村帮扶机制方面，全国共计选派机关优秀干部到村任第一书记18.8万人，驻村工作队12.8万个，驻村干部53万人，覆盖全国所有的贫困村。完善的扶贫工作机制，为提高扶贫工作效率、确保脱贫目标实现提供了重要保障。

三、中国多维贫困治理的国际化

消除贫困是国际社会的共同责任，过去几十年中国对全球减贫事业做出了极大贡献。多年来，中国创新性地开展大规模扶贫活动，为全球扶贫行动提供了非常具有建设性的范例。当前，中国精准扶贫精准脱贫方略为有效推进全球贫困治理提供了极具价值的“中国方案”。通过多种途径和方式向国际社会分享中国的扶贫经验，为发展中国家提供借鉴，是中国义不容辞的责任。更重要的是，广泛的交流不仅可以使国际社会对中国扶贫有更多了解，助力其他发展中国家提升贫困治理能力，也可以使中国对国际反贫困事业做出更大的贡献。同时，中国也在努力将国际上有益的反贫困经验引入中国，推动中国贫困治理事业的发展。

（一）多维贫困治理“中国方案”的重要价值

1. “中国方案”已为全球贫困治理做出巨大贡献。中国在贫困治理领域取得的成效全球有目共睹，改革开放40年来，中国使7亿多人摆脱贫困，有力推动全球贫困人口的下降。2000年，《联合国千年宣言》正式提出的旨在将全球贫困水平在2015年之前降低一半的千年发展目标，成为人类有史以来第一个共同的发展目标，也是衡量国家贫困治理成效的重要指标。从这个千年发展目标的实现程度来看，中国大幅度提高了人类发展指数，为世界人类发展总值以及全球千年发展目标的实现做出巨大贡献。在人类发展水平（Human Development Index，HDI）方面，1990年中国HDI仅为0.502，刚刚进入中等人类发展水平门槛，到2013年这一水平已经提高到0.719，高于世界平均水平0.693。从人类发展指数增长率来看，中国在1990—2015年的年均增长率达到1.58%，连同教育指数、健康指数增长率均为全球最高的国家之一。在人类发展总值（GHDI）方面，1990年中国这一指标仅占全球总量比重的18.06%，2013年比重达到19.46%，其增长率在1990—2013年之间为年均2.34%，是世界上增长率最高的国家之一。这一时期，中国人类发展总值净增加量达到4.04亿人，占全球人类发展总值净增量的21.84%，是对全球人类发展贡献最大的国家。在最核心的降低绝对贫困人口数量方面，1990—2015年，中国绝对贫困人口减少6.31亿人，同期世界减少了10.71亿人，中国贡献率高达58.9%，其中1990—2005年中国贡献率达到90.4%。中国自身已经于2002年提前实现绝对贫困人口减半目标，并将于2020年全面实现消除绝对贫困人口的目标。①

① 胡鞍钢. 中国对世界人类发的巨大贡献——对中国实现MDG目标的评估（1990—2015年）［R］//清华大学国情报告（2015年），第18卷：462-477.

2.“中国方案”是发展中国家贫困治理的探索创新。贫困是人类发展进程中共同的议题，任何一个国家都需要面对消除贫困的问题。中国作为一个发展中国家，在改革开放40年间成功大幅消除绝对贫困人口，极大促进社会经济全面发展，为提高人类发展水平做出巨大贡献。中国在较短时间内从拥有世界最多绝对贫困人口数量的国家转变为世界最大的小康社会国家，其在全球贫困治理领域所取得的卓越成绩令全世界震惊，这样瞩目的成绩也是首次出现在一个拥有庞大人口的发展中国家。

基于全球众多国家的减贫实践，全球贫困治理领域已经形成诸多的减贫战略或模式。然而，这些总结了发达国家成功减贫的方案在不同国家的实施效果却各不相同。中国是有着13亿多人口的大国，在贫困特征，贫困治理态势、贫困治理机制等方面有其特殊性，难以靠照搬他国经验实现全面脱贫的目标。中国在本国贫困治理进程中，始终清晰认识发展中国家的基本国情，在吸收学习他国成功经验的基础上，努力探索适用于本国贫困情况的路径和措施，并在减贫实践中不断修正完善，逐渐形成具有中国特色的贫困治理方案。这一方案也是首个发展中国家在贫困治理领域系统探索的重要成果，向世界证明了除西方模式之外另一种发展道路的可能性，并且，这也是经过实践证明取得卓越成效的减贫方案，将对其他发展中国家以及发达国家的减贫都具有重要的借鉴意义。

3.“中国方案”是根植于贫困治理实践的重要经验。中国在多年的贫困治理历程中已经积累了大量的扶贫经验，在这一进程中，各个治理主体通过在实践中发现问题、寻求解决方式、开展试点总结经验、调整方式，再向更广泛的区域推广，以进一步优化扶贫经验。由此使得多维贫困治理领域的“中国方案”具有极强的指导实践的价值。中国贫困治理的重要经验多是从贫困地区基本实际出发，以解决各地贫困治理中的实际问题为导向，强调通过因地制宜的方式实施脱贫。中国在减贫过程中，同样出现过扶贫资源供需错位、贫困人口依赖性变强、扶贫资金使用效率不高等诸多问题，但各个治理主体敢于直面问题，积极采取应对措施进而优化减贫措施。同时，由于中国区域之间发展程度迥异，东部、中部等当前发展程度较高的地区也经历过减贫的历程，积累了大量的扶贫经验。这些本土地区探索而得的经验因同样根植于中国国情，为西部等发展水平较低的地区实现脱贫目标提供重要借鉴。中国卓越的减贫成效充分证明其已经走出具有自身特色的扶贫开发道路，贫困治理“中国方案”是可行且能够成功的。

（二）多维贫困治理“中国方案”的推广现状

当前，中国通过在减贫领域长期而持续的努力，为全球贫困治理贡献的“中国方案”，受到全球广泛关注。中国贫困治理的实践及成就表明，在此过程中形成的做法和经验完全可以为其他发展中国家更有效地治理贫困提供借鉴和参考。国际社会也对中国贫困治理的模式和经验表达了强烈的关注与学习意愿。从全球减贫的角度来看，构建合作的减贫机制已经成为各国发展的共识，在贫困治理领域，中国积极参与全球各国的减贫合作，并在梳理总结中国减贫经验的基础上对此加以推广意义重大，此举不仅有助于推进其他发展中国家的减贫进程，同时也能为中国完善自身的减贫方案形成互动与反馈。

1. 推广主体。中国政府始终认真履行减贫国际责任，积极落实联合国可持续发展议程，高度重视与发展中国家和其他国际机构在减贫领域的交流合作，广泛分享中国扶贫经验，并积极借鉴国际先进减贫理念和经验。在扶贫经验推广方面，从分类来看主要的推广主体包括政府机构和社会组织。为协助欠发达国家推进减贫进程，实施以政府为主导的对外援助项目并推广中国扶贫经验是中国义不容辞的责任；同时，中国民间社会组织走出国门，开展对外援助，探索和深化国际公益同样能促进社会组织在中外贫困治理交流合作中发挥桥梁和纽带作用。在这些推广主体中，尤以中国国际扶贫中心、中国扶贫基金会两家机构最为典型。其中中国国际扶贫中心是中国唯一专注于减贫对外交流合作的政府机构，该机构是直属于国务院扶贫办的事业单位，同时又是中国政府与联合国开发计划署等国际组织共同发起并组建的国际性扶贫机构。机构的双重属性使其既成为中国政府开展南南合作的重要渠道，又是全球唯一专职从事减贫研究、培训、交流和合作的国际平台。① 社会组织中，在扶贫经验推广方面更具代表性的是中国扶贫基金会，该机构成立于1989年，是在民政部注册，由国务院扶贫办主管的全国性扶贫公益组织，是中国扶贫公益领域规模最大、最具影响力的公益组织。为积极响应国家鼓励社会组织走出去的政策号召，该机构持续在多个发展中国家开展扶贫项目，在推广中国扶贫公益模式、扩大扶贫项目覆盖等方面走在了前列。

延伸阅读

中国国际扶贫中心②

中国国际扶贫中心是中国政府与联合国开发计划署等国际组织共同发起、资助并组建的，以创新扶贫理论、促进政策转换、增强国际互动、推动南南合作为宗旨的国际性扶贫机构。中国国际扶贫中心发端于2004年5月中国国务院扶贫办、商务部与联合国开发计划署签署的《关于建立中国国际扶贫中心的谅解备忘录》。该机构的成立是中国政府积极参与国际减贫事业和努力推动南南合作的具体体现，也标志着中国与国际社会的扶贫交流、合作进入了一个新的历史阶段。

中国国际扶贫中心致力于全球扶贫领域的应用性政策研究与人力资源合作。基本职能包括：立足中国，面向世界特别是广大发展中国家，组织

① 中国国际扶贫中心官方网站，http：//www. iprcc. org. cn/Home/Index/skip/lid/2. html.

② 中国国际扶贫中心官方网站，http：//www. iprcc. org. cn/Home/Index/skip/lid/2. html.

反贫困领域内的政策研究和经验总结；承担国际组织和中国政府委托的有关国际培训和能力建设项目；开展外资扶贫项目的组织、论证、立项和管理；实施扶贫领域的国际合作与交流；等等。

自成立以来，中国国际扶贫中心在贫困治理领域开展了多方面的工作：

在研究方面建立了自己的专业研究团队，完成了一系列关于中国减贫政策与经验总结提炼和国际减贫与发展理论及实践的比较研究，与北京大学、中国社科院、英国发展研究院等国内外高校和研究机构建立了广泛的合作关系。

在培训方面针对不同需求，为91个国家720名中高级官员举办了几十期减贫培训班，基本建立起一个较为完善的国际减贫培训体系，与高校联合开展减贫与发展硕士研究生学位教育，已成为国际上专职从事减贫培训的重要基地。

在交流方面与主要国际组织和发展机构及诸多发展中国家建立了伙伴关系，每年举办的“减贫与发展高层论坛”和“中国—东盟社会发展与减贫论坛”成为目前国际上最活跃的减贫交流平台。

在合作方面与非洲、亚洲、南美洲国家开展双边减贫合作，为坦桑尼亚等国派送减贫专家，提供政策咨询，组织举办减贫培训，开展减贫试点项目以及建立减贫合作中心等。

延伸阅读

中国扶贫基金会

中国扶贫基金会是一家致力于消除贫困的民间组织，是中国扶贫公益领域规模最大、最具有影响力的公益组织之一。自1989年成立以来至

2016年底该机构已经累计筹措近249亿人民币的资金和物资，惠及约2909万贫困人口和受灾群众。针对贫困的主要成因，中国扶贫基金会主要在健康扶贫、教育扶贫、生计扶贫、救灾扶贫四大领域开展扶贫项目，建立起了完整、系统的项目管理制度。通过无偿捐赠和有偿服务两种方式，解决贫困人口的困境，提升其能力。在专注于国内减贫的同时，该基金会同时致力于全球减贫工作。自2005年起，先后在尼泊尔、厄瓜多尔等18个国家和地区开展灾害紧急救援和国际发展援助行动。截至2016年，累计在国际救灾和发展援助方面投入资金和物资1600万美元，惠及30万人次。目前该机构已在埃塞俄比亚、苏丹、缅甸、尼泊尔四个国家设立或注册成立项目办公室，开展长期国际援助项目。例如，中国扶贫基金会与苏丹比尔特瓦苏慈善组织已在医疗物质捐赠、NGO能力建设培训、阿布欧舍医院援建和公益非洲论坛等方面开展了良好合作，其中阿布欧舍医院更是被评为中国外交部2011年公共外交典范工程。

2. 推广方式。推进中国贫困治理经验国际化的意义重大，在多年的减贫实践中，中国已通过多种形式开展扶贫经验的推广，具体包括以下两点：

（1）通过出席或举办各类国际或区域性会议和活动，交流中国扶贫开发经验。例如，联合国开发计划署、世界粮食计划署、世界银行等机构会定期召开国际性扶贫论坛。其中，由中国主办的扶贫经验推广活动中尤以“中国扶贫国际论坛”影响力最广，最具代表性。该论坛每年设定相应主题，邀请全球扶贫领域的学者、实践者等代表共同分享中国的扶贫经验。2016年的中国扶贫国际论坛主题为“可持续发展目标下中国扶贫经验分享”，深入探讨联合国可持续发展目标下的脱贫攻坚。并且，在本次论坛上，南南合作减贫知识分享网站正式开网，为分享中国经验、促进国际减贫领域的交流提供了极好的平台和载体。

（2）搭建扶贫信息交流平台。利用互联网新技术助力减贫发展是贫困治理中的重要举措，信息通信技术的发展也有力地促进了国际减贫经验的交流。2016 年中国正式成立“南南合作减贫知识分享网站”，该网站由中国互联网新闻中心与中国国际扶贫中心共同建设，旨在搭建服务南南合作的扶贫知识分享平台，成为汇集中国和国际扶贫发展经验的信息中枢。在世界银行和亚洲开发银行的支持下，一年来，该网站发布大量减贫重要信息，运营状况良好，初步构建起服务南南合作的扶贫信息分享平台，成为既讲述中国减贫故事，又汇集国际扶贫发展经验的世界级平台，受到国际减贫领域的高度关注和积极响应。在此基础之上，2017 年中国扶贫国际论坛上，南南合作减贫知识分享网站的“中外减贫案例库及在线案例分享平台”正式上线。该平台以期利用信息通信技术提升减贫经验交流水平，是利用互联网新技术助力减贫事业发展、更好推动南南合作的重要举措；并以这个平台为枢纽，汇总全球减贫最新案例和生动实践，帮助发展中国家寻找减贫的解决方案。

延伸阅读

南南合作减贫知识分享网站与中外减贫案例库及在线案例分享平台

南南合作减贫知识分享网站由世界银行发起，亚洲开发银行支持，中国国际扶贫中心与中国发展门户网站联合运营。该网站以开放、共建、共享为原则，在国际社会的广泛参与和大力支持下，努力打造全新的国际减贫知识分享交流平台，以期实现从知识分享型平台向知识生产型平台的转变。自上线一年多来，网站发布大量减贫重要信息，运营状况良好，初步构建起服务南南合作的扶贫信息分享平台，成为既讲述中国减贫故事，又汇集国际扶贫发展经验的世界级平台，受到国际减贫领域的高度关注和积极响应。

2017 年 5 月，南南合作减贫知识分享网站的“中外减贫案例库及在线案例分享平台”正式上线。该平台旨在通过结构树与具体案例相结合的方式，向公众直观展示中国和世界的减贫经验与做法。此案例库通过绘制减贫结构树，将中国扶贫案例划分为“市场主导型”、“政府主导型”和“社会参与性”，国际扶贫案例则分为“提供机会的减贫”、“提高能力的减贫”及“改变脆弱性的减贫”。各国可通过分享案例，迅速了解项目的具体做法，实现减贫案例的可复制性，推动本国的扶贫事业发展。

（3）邀请国际友人实地考察。将对贫困地区的实地考察加入国事访问的内容，是有效推广中国扶贫经验的重要方式。如 2007 年 9 月南非副总统姆兰博 · 努卡在访华时表示：“中国的扶贫经验非常重要，值得南非进行深入的学习和借鉴。”同年，委内瑞拉外长马杜罗访华时表示：“中国在扶贫方面取得的经验对委内瑞拉非常重要，中国的扶贫工作既从宏观上制定政策、协调整合力量，又根据不同情况采取不同扶贫措施，在村一级实施规划，这些创新值得委内瑞拉学习和借鉴。”2007 年 12 月，越南劳动、荣军和社会事务部代表团访华后也认为中国的减贫政策和措施对越南有很重要的借鉴意义，越南已经从中国学习到了很多有效的扶贫方法，这对越南国内的减贫工作起到了积极的促进作用。

（4）举办援外培训，交流中国经验。中国国际扶贫中心是中国政府与联合国开发计划署等国际组织联合发起并成立的国际性发展援助机构，以“交流扶贫经验、推进减贫进程、组织应用研究、促进政策优化、加强国际交往、推动国际合作”为根本宗旨，致力于总结、研究、交流并推广全球各国的减贫经验，促进国际社会减贫领域的交流与协作，开展针对发展中国家减贫领域实际需求的专项培训。中国国际扶贫中心多次举行扶贫援外培训研修班，全球有近70个国家的数百名政府中高级官员参加了培训。培训采取理论讲解、经验介绍、案例分析、实地考察、参与式讨论等方式进行，特别是通过对我国陕西、广西、江苏、甘肃、湖北、内蒙古等省区的扶贫开发整村推进、劳动力转移就业培训、扶贫移民搬迁、产业化扶贫、退耕还林还草、小流域综合治理、连片开发减贫等扶贫开发项目的考察，使学员不仅增加了对我国扶贫开发工作的感性认识，加深了他们对我国扶贫开发基本经验的理解，而且提高了他们的理论水平和政策设计能力。

（5）通过举办对外扶贫援助项目，交流中国扶贫开发基本经验。一是开展对外医疗卫生扶贫援助项目。为了帮助非洲地区发展医疗卫生事业，2007年5月，中国扶贫基金会启动了“非洲地区贫困母婴援助计划”，通过物资援助、派遣医疗队和培训当地医务人员等方式来提高非洲地区贫困母婴的保障水平，并向几内亚比绍捐赠了价值600万元人民币的物资，作为援助计划的首笔捐赠。二是开展对外科技扶贫援助项目。例如作为“多边援助”项目的我国菌草技术培训，从1995年至2005年就成功举办了13期培训班，共有54个国家的299名学员来华参加了菌草技术国际培训班的学习。学员回国后建立了菌草技术实验室、培训示范基地，开始了利用菌草栽培食用菌、药用菌的适应性研究和开发工作。各国专家高度赞扬菌草技术为保护环境、食品安全和解决发展中国家贫困问题提供了新途径。

（三）多维贫困治理“中国方案”的推广趋势

交流与沟通，合作与共享，是中国与世界在攻克贫困问题过程中的必然选择。减贫是人类社会的共同事业，中国在未来几年的脱贫工作非常艰巨，全球的减贫工作也充满困难和挑战，而国际交流可以成为解决这些问题的有力手段。

在未来的贫困治理经验推广中，首先，中国应充分运用各类平台和机会，不断加强与非洲、拉美、亚洲的减贫经验交流，讲好中国减贫故事，也借鉴国际减贫中有价值的经验和举措，在国际减贫合作方面取得更多进展。可通过构建中国减贫经验国际化立体式网络化体系，加强海外减贫学习基地的建设，让中国减贫经验在当地看得见、摸得着、用得着。[①] 在区域合作方面，应促进一带一路参与国在减贫领域的国际合作，建立长期有效的学习合作机制，通过共享减贫信息或建立基地等方式，为沿线各国分享减贫发展经验和知识提供平台，促进交流合作。其次，应加强与国内外各有关机构的合作，共同推进可持续发展议程，为2030年消除贫困做出新的贡献。中国应重视与发达国家发展援助机构的交流与合作，加强在非洲等发展中国家项目的协同性，在现有援助项目的设计中加入贫困治理视角。通过联合国、欧盟等多边、双边合作平台，发挥中国政府设立的“南南合作援助基金”的作用。再次，应加强知识分享和国际合作力度，简单的输血式减贫不可持续，应推动地区间的知识分享，让中国减贫解决方案更快更好地被世界学习借鉴。同时，应充分考虑不同国家的贫困程度、贫困特征等差异，在借鉴中国扶贫经验时应与当地实际情况相结合，并协助他国在实践中探索将“中国方案”本土化的路径。

① 黄承伟. 中国脱贫攻坚经验国际化意义重大［J］. 环球，2017（25）.

·第七章·

后小康时代中国多维贫困治理战略构想

后小康时代是相对小康社会而言的。“小康社会”是由中国改革开放的“总设计师”邓小平于20世纪80年代初在规划中国经济社会发展蓝图时提出的战略构想。随着中国特色社会主义建设事业的深入推进，其内涵和意义不断地得到丰富和发展。在20世纪末基本实现“小康”的情况下，中国共产党十八大报告首次正式提出全面“建成”小康社会。全面建成小康社会的核心在于“全面”，在于解决极端贫困人口。因此，后小康时代是对应全面建成小康时代而言的，是全国全面达成小康目标，进入进一步提升小康质量的时期。后小康时代，中国贫困治理将随着绝对贫困人口的消除而发生变化，其治理方式、治理机制等都会有所调整。

一、后小康时代中国多维贫困治理基本思路

（一）后小康时代贫困特点及治理面临的挑战

1. 后小康时代贫困特点。绝对贫困基本消除，相对贫困问题将更加凸显。绝对贫困主要是指一个家庭处于所拥有的收入不足以维持其最低生理上的需要，其核心的最低生理上的需要包括食物、衣着、住房和医疗。相对贫困则是以社会平均生活状况来衡量的，如果一个人或一个家庭的生活状况（如以收入或消费来衡量）低于社会平均水平（如平均或中值收入）达到一定的程度，就认为他们处于贫困状态。在后小康时代，“现行标准下农村贫困人口实现脱贫、贫困县全部摘帽、解决区域性整体贫困”等应

该会顺利实现。而现行标准主要是针对最基本的生存、发展问题而设立的，其目标是解决绝对贫困问题。随着绝对贫困人口的消除，贫困治理的主要问题将由解决绝对贫困向解决相对贫困转变。

贫困治理重心将由农村向城乡统筹转移。从“八七扶贫攻坚计划”到精准扶贫，中国在较长期的脱贫攻坚任务主要针对的是农村地区的贫困人口。随着农村绝对贫困人口的消除、城市化的加快，以及城乡一体化的发展、城乡户籍改革的稳步推进，城乡人口之间的界限将越来越模糊。因此，后小康时代将更多地打破城乡的“二元分割”体制，从城乡一体化的角度统筹开展贫困治理。

贫困人口贫困维度将更宽，贫困治理将更深层次化、常态化。在解决绝对贫困阶段，主要针对的是贫困人口的基本生存问题，特别是瞄准贫困人口的短期性增收、脱贫问题。随着贫困人口收入的提高，贫困人口在文化、能力等维度的贫困问题将更加凸显。同时，随着贫困人口短期内增收“达标”的实现，贫困人口稳定持续脱贫问题以及深层次贫困的阻断问题也将更加凸显。这也就意味着，贫困治理将更多地往深层次化、常态化转变。

2. 后小康时代贫困治理面临的挑战。随着共享发展理念不断深入人心、全面小康社会建成以及城乡一体化快速推进，在后小康时代，贫困特征的变化和城乡二元分割的扶贫制度现状将使得贫困治理面临诸多现实挑战。

第一，贫困对象空间动态变化面临着扶贫资源政策属地供给的挑战。精准扶贫就要瞄准全部贫困群体（困难群体），无论是农村居民、城镇居民，还是城乡一体化中的流动人口，要规避城乡分割减贫政策因贫困乡城转移而产生的目标偏误。2016 年，相较于中国 57.35%的常住人口城镇化率，户籍人口城镇化率只有 41.3%，意味着全国有 16%的常住城市人口存在着因户籍隐含的城市社会保障福利可及性较差问题，主要包括农民工、流动儿童、流动老人等，他们很难从原籍地农村扶贫开发中直接受益，也不能享受城市最低生活保障，易成为扶贫“死角”。

第二，扶贫体制分割化、政策“碎片化”面临着城乡一体化的挑战。随着《国务院关于建立统一的城乡居民基本养老保险制度的意见》（国发〔2014〕8号）、《国务院办公厅关于全面实施城乡居民大病保险的意见》（国办发〔2015〕57号）、《国务院关于整合城乡居民基本医疗保险制度的意见》（国发〔2016〕3号）等城乡一体政策实施，扶贫工作必然要求适应城乡一体化的趋势；非均质的城乡“二元结构”导致扶贫的二元制度，这虽是实事求是的做法，但扶贫政策缺乏衔接、政策“碎片化”等问题不容忽视，加大城乡扶贫政策统筹力度是现实需要。

第三，扶贫战略方向及重心变化，将给二元分割的扶贫带来前所未有的挑战。可以预期，随着2020年农村现行标准下贫困人口全面脱贫，农村绝对贫困现象消除，加之贫困对象乡城空间转移导致扶贫战略重心开始变化，截至2016年11月，城市最低生活保障1490余万人，给城乡扶贫工作提出了新要求。后小康时代的中国扶贫战略由重点解决农村贫困转向城乡扶贫统筹推进，城市贫困和农村贫困构成国家扶贫的重要内容。随着扶贫重心的变化，在贫困人口城乡识别上、扶贫标准的统筹上将面临挑战。

（二）后小康时代多维贫困治理的两个阶段

多维贫困的治理阶段与国家经济发展和城市化水平密切相关。一方面，根据党和国家的建设战略，特别是党的十九大报告中明确提出的“两步走”战略目标：从2020年到2035年，基本实现社会主义现代化；从2035年到21世纪中叶，把我国建成富强民主文明和谐美丽的社会主义现代化强国。其中，2020年是全面建成小康社会的时间节点，2035年基本实现社会主义现代化，包括了农村和农业的现代化，特别是乡村振兴要取得决定性进展；到2050年，社会主义现代化强国建成，乡村全面振兴，农业强、农村美、农民富全面实现。另一方面，根据魏后凯等人的研究，中国到2040年城镇化率将接近发达国家水平。① 这也就意味着农村向城市的流动人口将趋于长期的均衡和稳定状态。根据这些政策和研究背景，本书认为后小康时代，贫困治理将分为两个阶段。

第一阶段是基本实现社会主义现代化期间的贫困治理，即从2020年到2035年的阶段（本文简称第一阶段）。该阶段内，尽管城乡社会保障体系统筹达到了较高水平，但是城乡发展水平、城乡福利还有一定差距，农村人口和城市人口，特别是和一线发达城市人口的教育、医疗、社会保障等还存在着一定的差异。在此背景下，农村人口向城市的转移还未达到长期的稳定状态，流动人口贫困问题、农村暂时摆脱绝对贫困人口的稳定脱贫问题还比较突出。

第二阶段是建成社会主义现代化强国期间的治理，即从2035年至2050年的阶段（本文简称第二阶段）。该阶段，城乡发展水平、福利水平已经没有明显的差距，城乡之间人口转移已经接近长期稳定和均衡状态。在此背景下，贫困治理将向城乡同一化、制度化转变，扶贫方式将更加接近发达国家的“社会保障式”扶贫。

（三）后小康时代多维贫困治理目标与要求

后小康时代多维贫困治理的目标是与贫困治理的阶段紧密相关的。在第一阶段，主要是在实现绝对贫困人口稳定脱贫、不返贫的同时，逐步制定城乡统筹的贫困识别、治理和监测机制，探索对相对贫困人口的帮扶，初步缓解相对贫困问题。在第二阶段，相对贫困问题已得到缓解，初步实现了共同富裕，但是还有一些“插花式”的相对贫困人口，需要通过常态化的制度进行保障。

① 高春亮，魏后凯. 中国城镇化趋势预测研究［J］. 当代经济科学，2013，35（4）：85-90.

后小康时代，社会、经济发展情况都将发生变化，城乡之间的各种差距和差异也将发生改变，同时，贫困特征、贫困治理目标等将与小康时代有所不同。因此，需要在理念上、制度上、体制机制上进行创新。一方面，要借鉴发达国家在相对贫困的治理、社会保障建设等方面的经验，将其优势的方面融入中国的贫困治理模式当中。另一方面，要立足国情，敢于改革和创新体制机制，构建低成本、高质量、有效益的贫困治理模式。

二、后小康时代中国多维贫困治理机制探讨

（一）贫困识别机制探讨

根据前文对贫困治理阶段的分析，贫困人口的构成和特点在不同阶段有一定的差异。这些差异对贫困识别有着关键性的影响，不同的贫困类型其识别方法、识别机制会有所不同。因此，有必要以贫困治理的不同阶段为依据，对不同的阶段进行贫困识别的探讨。

在第一阶段（基本实现社会主义现代化阶段），应构建统筹识别机制。由于此阶段，城市化还未完全达到长期均衡状态，城乡发展、城乡社会保障等还有一些差异，因此在识别标准上，采用差异化、可比较的标准。用统一的计算方法、贫困指标，根据城乡不同物价，分别计算出城市的贫困标准和农村的贫困标准。这种方法计算出的城乡标准尽管有差异，但可相互换算和衔接，既保证了城乡扶贫的公平，使城乡贫困人口平等享受政策福利，又有利于政策的有效执行。在贫困识别运行方面，将改革机构设置，打破目前城市和农村分割的识别体系，形成城乡统筹、可对接的识别机制。

第二阶段（建成社会主义现代化强国阶段），应构建同一识别机制。此阶段，城乡差距已经消失，城市化已经完成，因此，在识别标准上，可以采用“同一化”的标准，即农村和城市同一个扶贫标准，无论是农村人

口，还是城市人口、城乡流动人口，都采用统一的贫困标准线。在识别机制上，城乡也是同一个识别机制。同时，随着贫困治理的深入，识别体系需要不断拓宽贫困识别维度，而不能简单停留在收入方面。

（二）贫困阻断机制探讨

第一阶段（基本实现社会主义现代化阶段），建设趋制度化治理机制。改革开放以来，中国的扶贫模式主要是“非制度化”的扶贫，这契合了该时期阶段性、临时性攻坚脱贫任务的目标。随着绝对贫困的消除，常态化、制度化扶贫将更加重要。结合前文对贫困治理的阶段性划分可知，第一阶段存在着一部分绝对贫困人口脱贫稳定性问题，同时又存在着相对贫困问题。因此，在第一阶段，应该一方面以“运动式”方式针对临时出现的反贫困情况，进行临时性的帮扶；另一方面，逐步构建常态化的反贫机制，探索通过长期的福利制度进行帮扶。

第二阶段（建成社会主义现代化强国阶段），建设制度化治理机制。纵观美国、英国、德国等发达国家的扶贫机制，其主要是以社会保障的形式进行制度化、常态化的扶贫。这种方式政策实施成本小，便于构建稳定、成熟、公平的扶贫系统，从而进行常态化贫困治理。具体来讲，在第二阶段，需要从社会保障城乡一体化为基础入手，从医疗、教育、收入等维度建立统一的帮扶制度，使得在某一维度出现贫困的人群，随时可以通过相关机制，获得常态化的帮扶。

（三）治理保障机制探讨

第一，组织机构保障。在机构设置方面，后小康时代将打破目前城市和农村分割的机构体系，形成城乡统筹、可对接的机构设置。后小康时代，扶贫机构和组织部门需要进行转型。现有的扶贫机构主要是针对农村的，而城市的扶贫工作主要由城市社会保障部门负责。在后小康时代，随着城市化的加快，将更多地关注城乡及城市贫困问题，这就必然带来针对农村的扶贫机构运行限制。转型后，城乡可以探索一体化的大扶贫联动模式，将城乡社保、医疗、教育等部门联合起来形成统筹一体的扶贫组织机制。

第二，资源投入保障。在资源投入方面，后小康时代要更加注重城乡的平等。随着现代化进程的加快和经济实力的增强，国家将更有能力通过平衡城乡教育、医疗等方面的投入，强化贫困治理长期成效。投入方式也将更加多元化，而不仅仅限于目前的基础建设和扶贫救济。对扶贫资源的使用也将更多地考虑长期的效益问题，比如能够交给市场，通过市场带动的交给市场，能够交给社会化公司进行服务的交给社会，减少政府的“大包大揽”，更多地通过政府引导，提供多样化的扶贫方式供贫困人口有效选择，从可持续发展角度增强扶贫人口的自我发展、自我获得能力，增强其幸福感和获得感。

第三，激励考核保障。转入后小康时代，扶贫工作将会有许多新的变化，但这并不是意味着之前的扶贫经验没有了意义。在后小康时代需要继续发挥政策激励的作用，需要从扶贫主体和扶贫对象两方面出发构筑一套脱贫帮扶的考核体系和激励机制。一方面是构建考核体系，在建立脱贫成效考核指标的基础上，可建立一套完整的脱贫考核体系，系统性解决几个问题：在后小康时代，扶贫工作考评谁（考评对象）、考评什么（考评内容）、如何考评（考评方法）、考评结果怎么用（奖惩措施）。另一方面是构建两个双向激励机制。考核能否起到预期的激励和引导作用，考核结果运用是决定因素之一，可针对扶贫主体和扶贫对象设计两个双向激励机制，从政治激励、物质激励两个方面激发政府部门动力，从物质激励和政策扶持方面激发贫困人口内生动力，以适当问责和处罚从反面引导行为人的行动。此外，要形成两个考核参与机制。后小康时代在加强脱贫评价纵向考评的同时，同样需要加强扶贫攻坚的过程考核，实行年度考核和政府任期考核相结合，加强日常督察，继续强化第三方评估。

三、后小康时代中国多维贫困治理对策探讨

（一）构建一体化扶贫体系

后小康时代的贫困治理，最重要的是做好扶贫顶层制度的设计。总体上来说，需要探索两个方向的改革。一个是扶贫体系的城乡对接，即做好城乡一体化扶贫体系的建设。从贫困识别、贫困帮扶、贫困监测与管理等层面构建城乡对接的扶贫体系。另一个是由“运动扶贫”向“制度化扶贫”转变。中国在改革开放后，国家经济发展突飞猛进，扶贫对象的特点，扶贫的方式和内容也在不断调整，因此扶贫采用“运动式”的模式是切合实际的，是符合阶段性临时攻坚任务需要的。但是在后小康时代，扶贫将进入常态化、稳定化阶段，通过一系列长期的制度安排，特别是通过社会福利制度进行扶贫，将是未来大势所趋。因此，需要探究扶贫的制度创新与整合问题。在创新方面，探索切合中国国情的贫困治理制度，比如从政府基层到扶贫机构的扶贫动员机制、社会各界参与的多元扶贫机制。在整合方面，将改革开放以来农村的好的扶贫机制融入城市扶贫中，将农村扶贫与城市社会保障等相融合，形成城乡一体化的识别、帮扶和治理机制。

（二）解决稳定脱贫问题

后小康时代，相对贫困为主要问题，绝对贫困为次要问题，但绝对贫困人口不可忽视，2020 年后仍然可能出现绝对贫困问题，这主要是因脱贫不稳定性所造成的。因此，需要将贫困人口脱贫稳定性纳入脱贫考核范围。一方面，一些地方在脱贫考核时只考虑了收入总量，一些贫困人口的收入中政府补助占了大部分，他们一旦脱贫后失去扶贫补助，就会有再次

陷入贫困的危险。因此，在最终脱贫时，要考虑收入结构问题，对于政府临时救济等收入超过一定比例的脱贫人口应重点关注。另一方面，应正视返贫问题，贫困人口自身收入等情况是动态的，出现一定比例的返贫是正常的，但是没有完整的应对机制则会严重影响脱贫成效，对于返贫问题重点是建立好前期“防治”、中期识别、后期“救治”的机制。比如采用稳定脱贫的指标，及时识别、跟踪返贫人口，及时找准致贫原因，从根本上阻断贫困。

（三）重视相对贫困问题

随着全面小康社会的建成，相对贫困愈发突出，而较长时期内，相对贫困中的流动人口贫困问题成了扶贫的难题。这里指的流动人口，主要是从农村流动到城市的人口。在我国城市化未完成之前，农村人口流向城市是常态。在家庭联产承包责任制长期保持不变的情况下，农村人口住房在农村，打工在城市，亦工亦农，这就给扶贫工作带来了极大的挑战。在后小康时代中城市化未完成之前，这种挑战将一直存在。因此，需要进一步强化城乡扶贫的对接性，特别需要从城乡流动人口的角度，制定城市和农村对接的扶贫机制。根据流动人口在城市和农村不同生活状态制定扶贫标准，比如探索在相对贫困标准基础上，制定城市和农村相对贫困的标准，根据城乡生活时间获取相应的扶贫帮助。根据城市和农村不同的生活空间确定城乡一体的帮扶手段，比如建立城乡联网的帮扶系统，将城乡教育、医疗等进行城乡对接。

（四）扩展治理维度与深度

随着绝对贫困的消除，温饱、小康问题已基本得到解决，贫困治理将更加注重长效化治理，注重多维度“治本”。一方面，处理好深层次贫困治理中的脱贫动力问题。首先，对于暂时失去劳动能力的贫困者，应完善相应的服务措施，如贷款、技能培训等，使其尽快实现再就业；其次，对于“等靠要”思想严重、发展动力不足的贫困人口，要积极做好宣传工作，要有一定奖惩措施，充分激发其自身脱贫动力，形成脱贫自生能力；最后，帮扶方式、形式应多样化，在物质、精神、能力和权利等维度进行针对性帮扶，注重扶贫先“扶志”，增加贫困人口收入、增强发展能力、赋予发展权利、削弱发展排斥力、注入发展动力。另一方面，后小康时代的贫困治理是长期工作，需要更好地发挥市场的作用，以市场为主体，以政府为引导，以贫困村、贫困人口自主创新为抓手，促进其持续发展。同时，需要拓宽贫困治理维度，要特别重视文化维度的扶贫，从根源上改造贫困人口的落后观念和思想。可以通过提升教育、开展文化活动等渐进式地影响贫困地区的文化观念。倡导村民设立文明村规，倡导减少“红白喜事”酒席，减少送礼，倡导文明生活，杜绝不良攀比，努力开拓贫困人口的眼界，提升贫困人口素质，不仅要实现硬件设施达标脱贫，更要实现思想意识“脱贫”。宣传孝敬、和谐等传统文化，强化家庭责任，特别是要强化家庭中子女赡养老人的义务，使老年贫困人口的子女积极加入扶贫当中，改变贫困人口过度依靠政府扶贫的局面，形成社会、家庭、政府多元帮扶，参与扶贫的大格局。

（五）健全动态监测机制

后小康时代在“制度化”扶贫的模式下，更需要进一步提高信息效率，减少信息成本，提高扶贫精准度。信息占有量是决定扶贫“精准”与否的重要变量，改变信息表达和传递的机制与方式，就可以改变相关行为主体信息占有量的多寡、克服信息不对称问题，进而可能改变“不精准”现象背后科学规律的作用方向。目前的扶贫工作信息化整合较少，已建立的建档立卡数据平台仅仅用于识别，没有在考核中发挥好作用，而且考核只是对暂时性脱贫对象进行考核，不能通过动态化监测建档立卡对象将脱贫不稳定性对象纳入常态化考核当中，当各类灾害、大病侵袭等导致脱贫脆弱性群体发生返贫现象时，静态化的传统考核方式将失效。在后小康时代，可以根据国家已建立的建档立卡信息平台，各行业部门监督考核和第三方评估统计信息，以及基层的网络平台的情况，完善基于移动互联网技术的参与式扶贫“大数据”平台，以建档立卡数据平台为依托，整合各地方信息平台、各部门、第三方评估信息，同时结合基层网络，通过视频、电话等方式调查贫困村、贫困户，实施动态化的监测，降低信息成本。

参考文献

[1] WATTS H W. An economic definition of poverty [M]. Institute for Research on Povert, 1968.

[2] ALCOCK. Understanding poverty [M], Maemillan Press, 1993.

[3] TOWNSEND P. The international analysis of poverty [M]. New York: Harvester, 1993.

[4] SEN A. Development as Freedom [M]. Oxford: Oxford University Press, 1999.

[5] NUSSBAUM M, Women and Human Development: The Capabilities Approach [M]. Cambridge: Cambridge University Press, 2000.

[6] ALKIRE S. Choosing Dimensions: The Capability Approach and Multidimensional Poverty [M] // The Many Dimensions of Poverty. Palgrave Macmillan UK, 2007.

[7] SEN A. Poverty: An Ordinal Approach to Measurement [J]. Econometrica, 1976, 44 (2).

[8] HAGENAARS A. A Class of Poverty Indices [J]. International Economic Review, 1987, 28 (3).

[9] ZHENG B. Poverty Orderings [J]. Journal of Economic Surveys, 2000, 14 (4).

[10] TSUI K Y. Multidimensional poverty indices [J]. Social Choice and Welfare, 2002, 19 (1).

[11] ALKIRE S. Dimensions of Human Development [J]. World Development, 2002, 30 (2).

[12] ETHICS J. Frank J, Calzonetti F. Growing competitiveness in Appalachia: Strategic science technology planning in West Virginia [J]. Journal of Appalachian Studies, 2003 (9).

[13] ALKIRE S, SETH S. Measuring multidimensional poverty in India: a new proposal [R]. OPHI Working Paper No. 15, 2008.

[14] CHAKRAVARTY S R, DEUTSCH J, SILBER J. On the Watts Multidimensional Poverty Index and its Decomposition [J]. World Development, 2008, 36 (6).

[15] ALKIRE S, FOSTER J. Counting and multidimensional poverty measurement [J]. Journal of public Economics, 2010, 95 (7).

[16] BERNARD, VAN PRAAG, ADA FERRER-I-CARBONELL. A Multi-dimensional Approach to Subjective Poverty [M] //The Measurement of Multidimensional Poverty, Theory and Evidence. Brasilia, 2005.

[17] GARCIA, GRUAT. Social Protection: A Life Cycle Continuum Investment for Social Justice, Poverty Reduction and Development [R]. Geneva: Social Protection Sector, ILO, 2003.

[18] CRUZ M, FOSTER J, QUILLIN B, SCHELLEKENS P. Ending Extreme Poverty and Sharing Prosperity: Progress and Policies [R]. World Bank Group, 2015.

[19] United Nations. The Copenhagen Declaration and Program of Action: World Summit for Social Development [R]. 1995.

[20] Asian Development Bank. Reducing poverty: major findings and im-

plications Asian development bank [R]. Asian Development bank Report, 1999.

[21] African Development Bank, Asian Development Bank, European Bank for Reconstruction and Development, et al. G8 Okinawa Summit Global Poverty Report [R]. 2000.

[22] United Nations Development Programme. Human development report2010 [R]. New York: UNDP, 2010.

[23] 朗特里. 贫困与进步：对约克镇的第二次社会调查 [M]. 朗曼出版公司，1941.

[24] 习近平. 摆脱贫困 [M]. 福建：人民出版社，1992.

[25] 阿马蒂亚·森. 贫困与饥荒 [M]. 王宇，王文玉，译. 北京：商务印书馆，2001.

[26] 世界银行. 2000/2001 年世界发展报告：与贫困做斗争 [M]. 北京：中国财政经济出版社，2001.

[27] 樊怀玉等. 贫困论——贫困与反贫困的理论与实践 [M]. 北京：民族出版社，2002.

[28] 郭熙保. 论贫困概念的内涵 [J]. 山东社会科学，2005 (12).

[29] 多博林科夫等. 社会学 [M]. 北京：社会科学文献出版社，2006.

[30] 张培刚，张建华. 发展经济学 [M]. 北京：北京大学出版社，2009.

[31] 托达罗. 发展经济学：第 9 版 [M]. 北京：机械工业出版社，2009.

[32] 张建华. 贫困测度与政策评估 [M]. 北京：人民出版社，2010.

[33] 王小林. 贫困测量：理论与方法 [M]. 北京：社会科学文献出版社，2012.

[34] 马克思恩格斯文集：第 5 卷 [M]. 北京：商务印书馆，2014.

［35］王艳慧. 基于 GIS 的多维贫困精准识别与评价［M］. 北京：科学出版社，2015.

［36］黄承伟等. 鉴往知来——十八世纪以来国际贫困与反贫困理论评述［M］. 南宁：广西人民出版社，2017.

［37］庄天慧等. 残疾人精准扶贫研究［M］. 北京：中国农业出版社，2016.

［38］刘永富等. 脱贫攻坚——新发展理念案例选［M］. 北京：党建读物出版社，2017.

［39］川端俊一郎. 北海道開発の展望をめぐる最近の論説［J］. 開発論集，1987（2）.

［40］童星，林闽钢. 我国农村贫困标准线研究［J］. 中国社会科学，1994（3）.

［41］唐钧. 社会政策的基本目标：从克服贫困到消除社会排斥［J］. 江苏社会科学，2002（3）.

［42］周林刚. 论社会排斥［J］. 社会，2004（03）.

［43］冯星光，张晓静. 贫困测度指标及其评价［J］. 统计与信息论坛，2006（03）.

［44］成德宁. 中国“贫困人口城市化”的趋势与对策［J］. 中国地质大学学报（社会科学版），2007（5）

［45］王小林，SABINA . 中国多维贫困测量：估计和政策含义［J］. 中国农村经济. 2009（12）.

［46］林娜. 多维视角下的农民工贫困问题研究［J］. 中共福建省委党校学报. 2009（1）.

［47］王素霞，王小林. 中国多维贫困测量.［J］中国农业大学学报（社会科学版），2013（6）.

［48］邹微，方迎风. 关于中国贫困的动态多维度研究［J］. 中国人口

科学. 2001（6）.

［49］周怡. 贫困研究：结构解释与文化解释的对垒［J］. 社会学研究，2002（3）.

［50］李晓明. 贫困代际传递理论述评［J］. 广西青年干部学院学报，2006（02）.

［51］陈立中. 转型时期我国多维度贫困测算及其分解［J］. 经济评论. 2008（5）.

［52］谢勇，李放. 贫困代际间传递的实证研究——以南京市为例［J］. 贵州财经学院学报，2008（01）.

［53］胡永和. "有利于穷人的增长"与中国城镇反贫困［J］. 海南大学学报（人文社会科学版），2009（4）.

［54］刘敏. 贫困治理范式的转变——兼论其政策意义［J］. 甘肃社会科学. 2009（5）.

［55］汪乃澄. 论治理理论的中国适用性［J］. 当代社科视野，2010（12）：8-12.

［56］李佳路. 农户多维度贫困测量——以 S 省 30 个国家扶贫开发工作重点县为例［J］. 财经贸易. 2010（10）.

［57］张海霞，庄天慧. 非政府组织参与式扶贫的绩效评价研究——以四川农村发展组织为例［J］. 开发研究，2010（03）.

［58］庄天慧，杨宇. 民族地区扶贫资金投入对反贫困的影响评价——以四川省民族国家扶贫重点县为例［J］. 西南民族大学学报（人文社科版），2010，31（08）.

［59］庄天慧，刘洪秀，张海霞. 新阶段西南民族地区农户扶贫需求实证研究——基于 1739 户农户的调查［J］. 农业经济问题，2011（10）.

［60］张海霞，庄天慧. 西南四省市国家扶贫重点县农户收支结构变动对反贫困需求影响的研究［J］. 人口与发展，2011，17（03）.

［61］汪毅霖. 人类发展指数测度方法的改进路径与方向——基于HDR2010和中国经验分析的思考［J］. 西部论坛，2011，21（4）.

［62］李昕. 我国农村贫困代际传递的机制分析［J］. 郑州轻工业学院学报（社会科学版），2011（1）.

［63］郭建宇，吴国宝. 基于不同指标及权重选择的多维贫困测量——以山西省贫困县为例［J］. 中国农村经济，2012（2）.

［64］范小建. 创新扶贫工作机制 推进扶贫事业发展［J］. 中国机构改革与管理，2012.（02）.

［65］施杨. 经济体制转型中工人从贫困到相对贫困的生活变迁［J］. 求实，2012（7）.

［66］王小林. 贫困标准及全球贫困状况［J］. 经济研究参考，2012（55）.

［67］杜明义，赵曦. 中国藏区农牧区反贫困机制设计［J］. 贵州社会科学，2010（08）.

［68］高艳云，马瑜. 多维框架下中国家庭贫困的动态识别［J］. 统计研究，2013，30（12）.

［69］高春亮，魏后凯. 中国城镇化趋势预测研究［J］. 当代经济科学，2013，35（4）.

［70］蓝红星. 中国少数民族地区贫困问题研究［M］. 北京：经济科学出版社，2013.

［71］李飞，唐丽霞，于乐荣. 走出多维贫困研究的“内卷化”与“学徒陷阱”［J］. 中国农业大学学报（社会科学版）. 2013（3）.

［72］张伟宾，汪三贵. 扶贫政策、收入分配与中国农村减贫［J］. 农业经济问题，2013（02）.

［73］侯石安，谢玲. 贵州农村贫困程度及其影响因素分析——基于2001—2012年贵州农村FGT贫困指数的多维测度［J］. 贵州社会科学，

2014（7）.

［74］张全红，周强. 多维贫困测量及述评［J］. 经济与管理，2014（01）.

［75］王春超，叶琴. 中国农村农民工多维贫困的演进——基于收入与教育维度的考察［J］. 经济研究，2014（12）.

［76］高帅. 社会地位、收入与多维贫困的动态演变——基于能力剥夺视角的分析［J］. 上海财经大学学报，2015（03）.

［77］刘小珉. 民族地区农村最低生活保障制度的反贫困效应研究［J］. 民族研究，2015（2）.

［78］胡鞍钢. 中国对世界人类发展的巨大贡献——对中国事先 MDG 目标的评估（1990—2015）［J］. 国情报告，2015（18）.

［79］何芬，赵燕霞. 美、日促进集中连片特困地区减贫的经验借鉴［J］. 世界地理研究，2015（04）.

［80］黄承伟，覃志敏. 论精准扶贫与国家扶贫治理体系建构［J］. 中国延安干部学院学报，2015（1）.

［81］汪三贵，郭子豪. 论中国的精准扶贫［J］. 贵州社会科学，2015（5）.

［82］庄天慧，陈光燕，蓝红星. 精准扶贫主体行为逻辑与作用机制研究［J］. 广西民族研究，2015（12）.

［83］杨浩，庄天慧，汪三贵. 少数民族贫困测量：理论和实践［J］. 西南民族大学学报（人文社科版），2015，36（09）.

［84］杨亚非. 乡村贫困乡城市转移的趋势与治理——以广西为例［J］. 学术论坛，2015，38（10）.

［85］庄天慧，杨帆，曾维忠. 精准扶贫内涵及其与精准脱贫的辩证关系探析［J］. 内蒙古社会科学（汉文版），2016，37（03）.

［86］庄天慧，陈光燕，蓝红星. 农村扶贫瞄准精准度评估与机制设计

——以西部 A 省 34 个国家扶贫工作重点县为例 [J]. 青海民族研究, 2016, 27 (01).

[87] 杨浩, 汪三贵, 池文强. 少数民族地区精准脱贫进程评价及对策研究 [J]. 贵州民族研究, 2016, 37 (07).

[88] 余芳东. 国际贫困线和全球贫困现状 [J]. 调研世界, 2016 (5).

[89] 杜毅, 孙晓锦. 我国农村贫困致因研究综述 [J]. 洛阳理工学院学报 (社会科学版). 2016. (4).

[90] 吴孙沛璟, 赵雪梅. 多维视角下的拉美贫困及扶贫政策 [J]. 拉丁美洲研究. 2016. 38 (3).

[91] 叶慧, 陈静, 向楠, 柴玲玲. 多学科视角下民族地区贫困问题研究综述 [J]. 农村经济与科技, 2016 (09).

[92] 孙靓莹. 中国发展合作范式的国际共享——评《超越发展援助——在一个多极世界中重构发展合作新理念》 [J]. 社会发展研究, 2017, 4 (04).

[93] 王微. 国际援助协调的多中心治理研究 [J]. 中北大学学报 (社会科学版), 2017, 33 (06).

[94] 蔡昉. 金德尔伯格陷阱还是伊斯特利悲剧?——全球公共品及其提供方式和中国方案 [J]. 世界经济与政治, 2017 (10).

[95] 戴小文, 曾维忠, 庄天慧. 循证实践框架下的精准扶贫探索: 研究者定位与职责 [J]. 贵州社会科学, 2017 (01).

[96] 杨帆, 陈凌珠, 庄天慧, 曾圣丰. 可持续生计视阈下县域多维贫困测度与时空演化研究——以四川藏区行政区划县为例 [J]. 软科学, 2017, 31 (10).

[97] 杨帆, 庄天慧. 精准扶贫的理论框架与实践逻辑解析——基于社会发展模型 [J]. 四川师范大学学报 (社会科学版), 2017, 44 (02).

[98] 何佩德. 人类发展指数之生活水平维度: 应用大数据测量中国贫

困 [R]. 联合国开发计划署驻华代表处, 2016.

[99] 徐宽等. 关于森的贫困度量方法及该领域最近的研究进展 [J]. 经济学, 2001.

[100] 许源源. 中国农村扶贫瞄准问题研究 [D]. 中山大学, 2006.

[101] 银平均. 社会排斥视角下的中国农村贫困 [D]. 南开大学, 2006.

[102] 吴华. 中等收入阶段中国减贫发展战略与政策选择 [D]. 财政部财政科学研究所, 2012.

[103] 朱霞梅. 反贫困的理论与实践研究 [D]. 复旦大学, 2010.

[104] 李刚. 民族地区城镇化进程中的城市贫困问题研究 [D]. 中央民族大学, 2010.

[105] 张永祥. 社会资本视角下的中、日、韩三国反贫困研究 [D]. 西南财经大学, 2011.

[106] 宋蔼瑕. 江西省农村居民贫困问题研究 [D]. 江西财经大学, 2013.

[107] 何苑. 孟加拉国贫困问题研究 [D]. 云南大学, 2016.

[108] 明拥军. 新疆贫困地区反贫困研究 [D]. 新疆农业大学, 2006.

[109] 文建龙. 城市弱势群体权利贫困问题及治理研究 [D]. 同济大学, 2007.

[110] 胡鞍钢. 2050, 中国要实现什么目标 [N]. 光明日报, 2017-06-18.

[111] 国家统计局,《中国城镇居民贫困问题研究》课题组. 中国城镇居民贫困问题研究 [J]. 统计研究, 1991.

[112] 屈彩云. 新时期中国对外援助规模及实施 [J]. 中国发展观察, 2017 (23).

［113］黄承伟. 中国脱贫攻坚经验国际化意义重大［J］. 环球，2017（25）.

［114］胡鞍钢. 中国对世界人类发的巨大贡献——对中国实现 MDG 目标的评估（1990—2015）［R］//清华大学国情报告，2015 年，第十八卷.

［115］国家统计局住户调查办公室. 中国农村贫困监测报告 2016［R］. 北京：中国统计出版社，2016.

［116］国家统计局住户调查办公室. 中国农村贫困监测报告 2015［R］. 北京：中国统计出版社，2015.

［117］国家统计局住户调查办公室. 中国农村贫困监测报告 2011［R］. 北京：中国统计出版社，2012.

［118］中共中央办公厅、国务院办公厅. 关于建立贫困退出机制的意见［EB/OL］.（2016-04-28）. http：//www. xinhuanet. com/2016-04/28/c_ 1118764988. htm.

［119］联合国开发计划署. 2010 人类发展报告［R/OL］. http：//www. un. org/zh/development/hdr/2010/pdf/HDR_ 2010_ CN_ Contents. pdf.

［120］陈欢欢，邹珺，苏剑楠. 湖北红安精准扶贫兜底性医疗救助政策评估［J］. 卫生经济研究，2017（9）.

［121］国务院新闻办公室.《中国的减贫行动与人权进步》白皮书［EB/OL］.（2016-10-17）. http：//politics. people. com. cn/n1/2016/1017/c1001-28784713. html.

［122］新华社. 中办国办印发意见 支持深度贫困地区脱贫攻坚［EB/OL］.（2017-11-21）. http：//www. xinhuanet. com/politics/2017-11/21/c_ 1121990069. htm.

［123］国家能源局印发《关于加快推进深度贫困地区能源建设助推脱贫攻坚的实施方案》的通知［EB/OL］.（2017-11-08）. http：//www.

gov. cn/xinwen/2017-11/08/content_ 5238087. htm.

［124］习近平. 在深度贫困地区脱贫攻坚座谈会上的重要讲话［N］. 人民日报，2017-09- 07（24）.

后记

本书是“中国扶贫攻坚前沿问题研究”丛书中的一种。全书共分为七章，前两章着重阐释多维贫困与贫困治理的理论基础，其中第一章介绍多维贫困与贫困治理背景，厘清基本概念，第二章在梳理多维贫困与贫困治理理论演进的基础上，着重分析了多维贫困与精准扶贫的逻辑机理，并对贫困测度的方法，包括贫困测度的一般方法、多维贫困主要测度方法以及空间信息等新技术在贫困测度中的运用进行了介绍；第三章着重分析中国农村贫困现状，同时运用多维贫困测度方法对中国农村多维贫困进行测度并比较分析了不同区域的多维贫困现状；第四、五章从国际、国内两个角度梳理总结贫困治理经验，第四章从发达国家、发展中国家各选取四个典型国家，第五章重点选择七个国内多维贫困治理典型案例，总结提炼具有启示意义的治理经验；第六、七章聚焦于多维贫困与贫困治理的前瞻性内容，总结中国多维贫困与贫困治理的经验与贡献，重点针对如何强化多维贫困治理“中国方案”的推广以及后小康时代中国多维贫困治理战略构建两个方面分析现状与趋势，并提出可供探讨的治理对策。

全书由四川省社会科学高水平研究团队“农村精准扶贫创新研究”团队带头人、西南减贫与发展研究中心主任庄天慧教授为总负责人，西南减贫与发展研究中心骆希博士协助全书统稿并负责部分章节写作工作，书稿撰写的主要参与人员还有：西南减贫与发展研究中心蓝红星教授、杨浩副教授，严子明、袁源、罗明辑、罗春梅、胡原等研究生参与部分章节撰写，杨帆博士、胡海博士参与稿件修改工作。本书的顺利出版首先要感谢书稿的写作团队，本书付梓得益于他们的辛勤付出。同时要感谢国务院扶贫办全国宣传教育中心黄承伟主任对丛书编写工作的精心组织，为本书修改提出的宝贵意见，以及友情提供的大量扶贫参考案例，使本书得以完善、生动、鲜活呈现。最后，感谢湖南人民出版社黎红霞编辑辛苦的编校工作。限于作者的研究视角和研究水平，本书的不足之处在所难免，敬请读者批评指正。

图书在版编目（CIP）数据

多维贫困与贫困治理 / 庄天慧，杨浩，蓝红星著. —长沙：湖南人民出版社，2018. 7
（中国扶贫攻坚前沿问题研究丛书 / 黄承伟主编）
ISBN 978-7-5561-1747-5

I. ①多… II. ①庄… ②杨… ③蓝… III. ①扶贫—研究—中国 IV. ①F126

中国版本图书馆CIP数据核字（2017）第293715号

DUOWEI PINKUN YU PINKUN ZHILI

多维贫困与贫困治理

著　　者　庄天慧　杨　浩　蓝红星
责任编辑　黎红霞
装帧设计　黎　珊

出版发行　湖南人民出版社［http://www.hnppp.com］
地　　址　长沙市营盘东路3号
邮　　编　410005

印　　刷　长沙超峰印刷有限公司
版　　次　2018年7月第1版
　　　　　2018年7月第1次印刷
开　　本　710 mm × 1000 mm　1/16
印　　张　19. 25
字　　数　250千字
书　　号　ISBN 978-7-5561-1747-5
定　　价　68.00元

营销电话：0731-82683348　（如发现印装质量问题请与出版社调换）